中东铁路

建筑遗产价值评价研究

Research and Evaluation on Values of Architectural Heritage of Chinese Eastern Railway

张军◎著

中国建筑工业出版社

图书在版编目（CIP）数据

中东铁路建筑遗产价值评价研究/张军著.—北京：中国建筑工业出版社，2017.9
 ISBN 978-7-112-21046-6

Ⅰ.①中… Ⅱ.①张… Ⅲ.①铁路沿线-古建筑-研究-东北地区 Ⅳ.①K928.713

中国版本图书馆 CIP 数据核字（2017）第 183414 号

责任编辑：陈海娇 徐 冉
责任校对：王宇枢 姜小莲

中东铁路建筑遗产价值评价研究
张 军 著

*

中国建筑工业出版社出版、发行（北京海淀三里河路 9 号）
各地新华书店、建筑书店经销
北京佳捷真科技发展有限公司制版
北京建筑工业印刷厂印刷

*

开本：787×1092 毫米 1/16 印张：16½ 字数：359 千字
2017 年 9 月第一版 2017 年 9 月第一次印刷
定价：**52.00** 元
ISBN 978-7-112-21046-6
（30693）

版权所有 翻印必究
如有印装质量问题，可寄本社退换
（邮政编码 100037）

前言

中东铁路附属地内的城镇建设在规模、速度、品质上都体现了当时的技术水平和时代特点。这种建设活动的时空发展模式具有一定的规律性，中东铁路建筑遗产在新时代背景下作为城镇的重要组成部分，其多元价值仍在延续；而且随着时代的发展，作为中东铁路文化传播的重要载体，遗产本身的价值范畴也在不断地拓展。除了持续的使用，它还承载了人们的记忆和情感，很多遗产成为当地重要的文化节点。只有充分厘清遗产的价值内涵，建立合理的遗产价值评价模型，才能进一步高效地对遗产进行保护和管理。本书主要包括以下内容：

（1）以多元的视角分析了中东铁路建筑遗产的特征及价值脉络，探寻隐藏在建筑遗产空间形态之后的本质价值内涵；建构属于当代的中东铁路建筑遗产的价值体系；分析了遗产多维价值的逻辑关系及价值指标体系在建构过程中受到遗产特殊性的影响和制约；完善了遗产评价指标体系和评分标准；体现了中东铁路建筑遗产的价值构成的多样性与价值评价的独特性。

（2）在遗产整体保护的前提下建立了中东铁路建筑遗产多维价值评价模型；采用熵值法、雷达图法和德尔菲法等评价方法综合实现了遗产的多维价值评价。模型能够清晰地反映遗产多维度价值及指标因子的变化规律及差异，反映遗产的价值特性及价值排序；通过雷达图的叠加还可以进行多种价值分类和判断，简化评价过程，提高评价效率，把遗产保护和遗产价值评价建立关联；模型具有直观、形象的特点，使评价过程逻辑性强、有针对性，评价结果更有利于中东铁路建筑遗产特色价值的传承。

（3）在评价方法上强调了各价值维度相对于遗产的平等性和独立性，评价的权重通过熵值法结合评价统计计算出来，符合数学逻辑，避免了先验的、主观的权重确定；明确了遗产进行价值评价的目的，不仅是为了分级，也是为了分类。正视遗产的当代价值，而不是仅仅关注遗产文化层面的价值，以正面和积极的视角去面对遗产与社会发展的联系，纳入多元视野的价值构成与保护规划衔接，拓展了中东铁路建筑遗产的价值范畴，为中东铁路建筑遗产保护的研究提供新思路、新方法。

目录

第一章 导论 — 1
第一节 研究的背景与意义 — 1
一、研究背景 — 1
二、研究意义 — 4
第二节 相关概念 — 5
一、遗产概念 — 5
二、铁路附属地与中东铁路建筑遗产 — 5
第三节 研究的范围与内容 — 5
一、研究范围 — 5
二、研究内容 — 6
第四节 国内外研究现状 — 8
一、关于遗产保护文献 — 8
二、关于价值与价值评价 — 9
三、中东铁路建筑遗产 — 11
四、研究现状综述 — 12
第五节 研究方法与框架 — 13
一、研究方法 — 13
二、研究框架 — 14

第二章 建筑遗产多维价值评价模型 — 16
第一节 建筑遗产价值 — 16
一、建筑遗产价值认知发展 — 16
二、建筑遗产价值类型的多元化趋势 — 17
三、当代建筑遗产价值类型拓展 — 20
四、以价值为导向的建筑遗产保护 — 22
第二节 评价理论与方法 — 23
一、建筑遗产价值评价的本质与内涵 — 23
二、建筑遗产价值评价的方法 — 24
三、遗产价值评价效度提升途径 — 26
第三节 建筑遗产评价体系 — 27
一、建筑遗产评价体系层级划分 — 28
二、价值指标体系的特点 — 32
三、建筑遗产价值评价体系的研究趋势 — 33

　　　　四、建筑遗产评价案例分析 ·· 35
　　第四节　遗产多维价值评价模型 ··· 37
　　　　一、评价方法对比 ·· 38
　　　　二、模型创建的缘起 ··· 39
　　　　三、模型中使用的方法 ·· 41
　　　　四、模型图示解析 ·· 48
　　第五节　遗产多维价值评价模型的特点 ···································· 50
　　　　一、同层次分析法评价模型的差异 ··································· 50
　　　　二、模型的价值排序的功能 ··· 51
　　　　三、各维度价值评价的独立性 ·· 53
　　　　四、价值评价与保护措施的关联 ······································ 53
　　第六节　评价模型的效度与信度 ··· 54
　　　　一、信度与效度的差异 ·· 54
　　　　二、信度与效度检验 ··· 55
　　第七节　本章小结 ·· 56

第三章　中东铁路建筑遗产价值体系
　　第一节　中东铁路建筑遗产特征 ··· 57
　　　　一、建造与发展的分形 ·· 58
　　　　二、建筑文化的包容 ··· 66
　　　　三、建筑技术的地域性 ·· 72
　　　　四、建筑遗产的活态 ··· 74
　　　　五、遗产功能类型多样 ·· 76
　　　　六、承托精神情感 ·· 82
　　第二节　中东铁路建筑遗产价值建构 ······································· 83
　　　　一、遗产价值建构基础 ·· 84
　　　　二、遗产价值建构的价值观 ··· 84
　　　　三、遗产价值的本质与内涵 ··· 85
　　第三节　中东铁路建筑遗产的多维价值 ··································· 92
　　　　一、遗产多维价值构成 ·· 93
　　　　二、遗产的多维价值解析 ·· 94
　　　　三、多维价值的递进层级 ·· 100
　　　　四、遗产多维价值的整体关联 ·· 101
　　第四节　本章小结 ·· 102

第四章　中东铁路建筑遗产价值指标体系
　　第一节　价值指标体系的影响因素 ·· 103
　　　　一、遗产信息自相似带来的同质化倾向 ·························· 103
　　　　二、遗产价值的历时性延续 ··· 105
　　　　三、遗产形成与分布的地域差异 ···································· 108
　　　　四、区域保护缺少衔接和配合 ·· 113
　　第二节　遗产价值指标因子提取 ··· 117

一、遗产价值指标因子提取的原则 ·· 117
　　二、遗产价值指标因子提取的方法 ·· 119
　　三、遗产价值指标因子集的预设与筛选 ·· 119
第三节　遗产价值指标因子释义 ··· 121
　　一、历史价值指标因子 ·· 121
　　二、科技价值指标因子 ·· 125
　　三、艺术价值指标因子 ·· 133
　　四、使用价值指标因子 ·· 139
　　五、环境价值指标因子 ·· 144
　　六、情感价值指标因子 ·· 151
第四节　遗产价值指标因子评分标准 ·· 158
第五节　本章小结 ·· 164

第五章　中东铁路建筑遗产价值评价实证 ·· 165
第一节　中东铁路建筑遗产价值评价的目标与原则 ································· 165
　　一、评价目标 ·· 165
　　二、评价原则 ·· 166
第二节　中东铁路建筑遗产价值评价主体 ·· 174
　　一、专家作为评价主体 ·· 174
　　二、"情感利益"相关者评价主体 ·· 174
第三节　中东铁路建筑遗产价值评价客体 ·· 177
　　一、评价客体基本情况调查 ·· 177
　　二、专家评价指标数据分析 ·· 179
　　三、公众参与评价指标数据分析 ·· 180
第四节　中东铁路建筑遗产价值评价过程 ·· 188
　　一、评价指标评分处理 ·· 188
　　二、熵值法权重计算 ··· 189
　　三、利用评价模型综合求值 ·· 190
　　四、评价模型的执行逻辑 ··· 196
　　五、遗产价值特征与价值分类 ··· 198
第五节　中东铁路建筑遗产价值评价与遗产保护 ···································· 204
　　一、基于雷达图的遗产价值排序 ·· 204
　　二、价值评价与保护对策 ··· 205
　　三、价值评价与价值传承 ··· 205
第六节　本章小结 ·· 208

第六章　结论 ·· 210
附录 ·· 212
参考文献 ·· 251

第一章 导 论

第一节 研究的背景与意义

中东铁路的修建直接影响了东北地区的工业化进程。中东铁路附属地内的建筑活动和城镇建设从规模、速度、品质上都反映了当时的技术水平和时代特点。时空发展都有其独特之处，铁路建设的影响涵盖了社会生活的各个方面，而且留下了大量实用、精美的建筑遗产。在新的时代背景下，有些建筑遗产已成为城镇的重要组成部分而且其功能仍然在延续，它承载了人们的记忆和情感，成为当地文化的重要节点。然而，随着中东铁路原有功能的衰退，很多以中东铁路运营为依托形成主导产业的城镇也因此而衰退，大量的建筑遗产在自然和人为因素的破坏下衰败或消失（表1-1），对这些建筑遗产进行合理的评价、保护、管理和修缮势在必行，只有充分厘清这些遗产的价值内涵，建立合理的评价体系，才能进一步编制好保护规划，从而进行科学的管理。

残破、废弃的中东铁路建筑　　　　　　　　　　　表 1-1

名称	一面坡	下城子	马桥河	绥芬河
图片示意				
名称	庙台子	肇东	宋站	安达
图片示意				
名称	富拉尔基	扎兰屯	博克图	兴安岭
图片示意				

一、研究背景

1. 中东铁路建设概况

中东铁路全名是中国东清铁路，也称"东清"或"东省"铁路。这段铁路是指沙皇俄国西伯利亚大铁路在中国境内的部分，以俄罗斯赤塔为起始点从满洲里进入中国境内，经过哈尔滨，从绥芬河出中国国境，最后到达终点俄罗斯的符拉迪沃斯托克，即海参崴。[1,2] 从满洲里到绥芬河全长1480多公里，是中东铁路的干线，修建于清朝光绪二十二年（1896年）。沙俄与清政府签订了《中俄御敌互相援助条约》，其主要内容是允许俄国在中国修筑"东清铁路"。

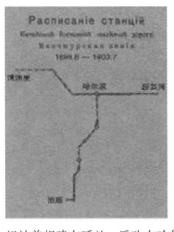

图1-1
中东铁路的"T"字形分布[5]

1898年2月14日，中东铁路全线勘测完成。1898年3月27日，中俄签订了《旅大租地条约》，允许中东铁路公司，由中东铁路干线向南修筑一条支线铁路，一直到旅顺口，全长940km。干支线合计2489.2km。[3] 1898年8月，中东铁路开工，以哈尔滨为中心，东线、西线为主干线，南线为支线，三条线路同时相向动工。北部干线、南满支线及其他支线，采用1524mm的俄制轨距，干线、支线相互交错，平面形态呈现"T"字形（图1-1）。[4] 1903年7月14日，东清铁路全线通车。其枢纽站曾想建在呼兰，后改在哈尔滨。

日俄战争后，俄军战败，南支线从长春到大连为日本所占，称为"南满铁路"。"十月革命"后，中东铁路干线由中苏合办。中国抗日战争取得胜利以后，中东铁路全线改为中国长春铁路，由中苏合营。1952年末，苏联将中东铁路完全交还我国。

随着中东铁路的修建，沿途城镇建设及建筑业随之快速发展。伴随着铁路沿线站房的修建，为铁路员工服务的学校、商场、医院、浴池、俱乐部、管理单位、护路兵营等公共建筑，为俄国铁路工作人员服务的教堂，以及为铁路运营直接服务的各类工厂、砂石场、机车库、食品厂等服务配套建筑也随之建设（图1-2）。

中东铁路从开通之日起（图1-3），先后经历过沙俄、日本和苏联的管制，直至1952年回归中国，期间经历了跌宕起伏的历史发展过程，修建了数量巨大的交通、公共、居住建筑及工业、军事等铁路与城市市政设施。异域风格浓郁的建筑以点、线、面的空间分布方式呈串珠状散落在中东铁路沿线上，俄罗斯传统建筑风格、新艺术风格、装饰艺术风格，甚至中西合璧的多元化建筑风格，奠定了中东铁路沿线建筑的基本格调。很多建筑由俄罗斯设计师设计，或是以国际招标方式设计建造，工艺精美，反映了当时建筑艺术与技术的较高水平。

图1-2 横道河子施工现场[6]

图1-3 1897年中东铁路开工典礼[7]

中东铁路的修建同样带动了沿线附属地城镇的建设，铁路的布局模式同样也影响了附属地城镇的建设模式，铁路所经之处按配套需要分别于不同的城镇规划了机车修理厂、机车库及相关的生活附属用房，形成了较完善的铁路产业，带动了其他类型近代工业产业的产生和发展，同时也带动了沿线的城镇建设，沿铁路逐渐发展起了不同规模的城市，如哈尔滨、绥芬河、满洲里、海拉尔、大连、沈阳和旅顺等。至今还有相当规模的基础设施和铁路配套建筑经过修缮和改造仍旧在使用。

2. 中东铁路建筑遗产保护

中东铁路是我国20世纪早期工业化、近代化进程中唯一一个完整的铁路遗产实物例证，它的完整性和系统性使其有着高度的代表性和典型性。黑龙江省境内的中东铁路时期的建筑遗产多建于铁路建造之初至民国年间，即1901～1927年，共保存有800多座；辽宁、吉林、内蒙古三地保存有单体建筑1000多处，各地共计2000多处。这一时期黑龙江省境内东、西干线的建筑物包括车站站房、机车库、教堂、俱乐部、医院、学校、兵营等，也包括大量的铁路住宅和附属建筑，如冰窖、仓库、浴池、厕所等。日伪时期修建的历史建筑在黑龙江境内现存较少，只有100余栋。除一等站哈尔滨外，西部干线的昂昂溪镇、富拉尔基镇，东部干线的横道河子镇、一面坡镇、绥芬河市等城镇均尚存众多的中东铁路时期的历史建筑，反映了那一时期外来文化侵入和本土文化转型的时代背景。

随着时代的变迁，尤其是近年来中国经济的快速发展和高铁建设的新需求，历经百余年沧桑变革之后，中东铁路沿线的建筑及各类基础设施早已不能满足当代的使用要求，大规模的铁路建设活动伴随着经济发展而来。与此同时，拆旧建新以及其他破坏性建设问题凸显，大量的历史建筑消失，遗产保护工作迫在眉睫。2007年，中东铁路沿线建筑遗产被列入全国第三次文物普查范围，遗产保护问题受到高度重视。2010年，单霁翔在"两会"上《关于加强中东铁路文化遗产保护的提案》中强调："应加强该文化遗产保护的宣传方式和途径，让广大群众给予高度的重视，增强保护的意识并积极参与到保护的行动中"[8]。2011年，黑龙江省文化厅将这一庞大的建筑遗产纳入黑龙江省文物保护项目"十二五"规划，并于2012年组织开展相关城镇的整体保护规划编制工作，2013年上报国家文物局。中东铁路建筑遗产的保护问题，已经得到各级政府和文物部门的高度重视和关注。

3. 区域化遗产保护热潮

随着国际社会对文化遗产认识的深入，对建筑遗产的保护已经不再是对某一历史建筑单体、历史街区的局部保护，而是逐渐扩展为建筑遗产及其周边环境的保护与研究，这已成为共识，很多学者提出了遗产区域化、整体化的保护概念，包括遗产区域、文化线路、遗产廊道等，这些都是基于遗产整体保护的理念而产生的保护体系。其中，遗产廊道是一种典型的宏观性、线性区域整体化保护的形式。"文化线路"是1994年世界遗产委员会在西班牙马德里举行的"线路成为文化遗产一部分"主体会议中首先提出来的（CIIC，

1994),在 1998 年成立的国际古迹遗址理事会文化线路科技委员会(International Scientific Committee on Cultural Routes)的积极推动下,2005 年"遗产线路"与"遗产运河"的遗产类型正式入选世界遗产名录。2008 年 11 月举行的国际古迹遗址理事会第 16 次会议上,《文化线路宪章》(Charter on Cultural Routes)中定义和表述了遗产的类型、线路判别、真实性与完整性的评价方法,成为指导、研究及保护文化遗产线路的重要纲领。[9]

二、研究意义

目前,在中东铁路建筑遗产的保护规划编制中,对遗产的价值构成还没有形成共识,遗产的评价体系也不够完善,随之而来的遗产保护管理和保护设计也无法有的放矢。因此,结合当代社会发展状况,在多维价值观的视野下建立与保护工作相关联的遗产价值评价体系十分必要。

(1)形成中东铁路建筑遗产基础资料库。对现存建筑遗产进行分类、归档,结合文物资料的整理,完成对建筑遗产原始档案的深入整理工作。对相关资料数据进行归类。为中东铁路建筑遗产价值评价及保护实践工作提供直观的参考依据。

(2)探寻中东铁路建筑遗产特征。隐藏在建筑遗产空间形态之后的是其最本质的价值内涵。作为中东铁路文化传播的重要载体,中东铁路建筑与特定的使用人群产生了紧密的联系,这种联系本身已经超越了铁路和建筑遗产本身的功能范畴,成为当地民众的一种主观情感的依附、认同,并形成了自身独特的发展规律。在遗产特征的基础上,梳理遗产的价值构成。

(3)厘清当代中东铁路建筑遗产价值范畴。从建筑学、社会学、哲学、经济学的多元视角分析中东铁路建筑遗产的特征,总结中东铁路建筑遗产的独特个性,分析遗产的价值特点,梳理遗产的不同价值的内涵和内在联系,进而准确判断和选择遗产价值评价和遗产保护中的重点和方向。

(4)完善遗产价值评价指标体系。建立中东铁路建筑遗产的价值评价模型,明确遗产价值评价的目的,正视保护与开发之间的问题,避免单一地关注遗产在历史层面的价值而对遗产的当代价值构成视而不见的问题,以正面和积极的态度去面对遗产与社会发展的联系,纳入多元视野的价值构成与保护规划,引入与遗产价值特征相吻合的价值因子,将定性评价和定量评价相结合,完善遗产的保护与管理,拓展遗产的价值内涵,将遗产价值评价的理论和实践与国际学术发展趋势接轨,为中东铁路建筑遗产保护的研究提供新思路、新方法。[10]

(5)探索更加符合逻辑的建筑遗产价值评价方法。强调了中东铁路建筑遗产各价值维度相对于遗产的平等性和独立性,引入相对客观的统计学方法计算评价因子的权重,避免先验的、主观的权重确定。分析、对比既有评价方法的优势和不足,探讨评价效度提升的途径,降低评价过程中的主观影响,探索多种评价方法的综合,实现基于当代遗产保护价值观的多维价值评价。

第二节 相关概念

一、遗产概念

(1) 文化遗产。文化遗产是人类社会发展中有价值的遗留物，包括物质文化遗产及非物质文化遗产两种。

"文化遗产"的内涵和外延较为广泛，不仅包含了"文物"概念所包含的"不可移动文物""可移动文物"等有形的物质文化遗产，还包括"文物"一词未能涉及的各类非物质文化遗产。

(2) 工业遗产。工业遗产包括工业建筑物，如车间、厂房、仓储、住宅、宗教建筑、教育建筑或相关的生产加工提炼场地、传输及能源使用的场所，是经过时间的积淀而保存下来的具有历史价值、技术价值、社会意义的建筑，或具有科研价值的工业文化遗存。

(3) 建筑遗产。虽然学术界对建筑遗产仍然没有统一且准确的定义，但一般认为"建筑遗产"是历史上遗留的，包含一定历史信息的，具有历史意义、文化意义的构筑物、建筑物、人类聚落及其环境。文物概念中的不可移动文物包含建筑遗产，所以建筑遗产的价值构成与文物具有相似性，它也是构成乡镇物质空间的主要内容，是延续城乡传统风貌的主要载体，是人文景观的重要构成要素。所以，它还具有"人文价值"。建筑遗产所包含的一系列价值，为形成稳定、完整的生活提供了一种不可缺少的环境品质。[11]

二、铁路附属地与中东铁路建筑遗产

(1) 中东铁路附属地。它是沙俄与日本侵略我国东北地区获取铁路筑路权和富饶资源的产物。"附属地"类似于"租界"，拥有行政、军事、警察等多种权力，限制中国在此区域内行使主权。满清政府于1909年与沙俄在北京签订的《东省铁路界内公议会大纲》中规定，"铁路两侧十五华里的中东路铁路属地之范围"，"承认中国对中东铁路附属地之主权"。中东铁路附属地范围内的工业用地向城市用地过渡，表明了东北地区殖民程度的加深。[12]

(2) 中东铁路建筑遗产。它是中东铁路文化遗产中的一个重要类型，指中东铁路时期在铁路附属地内创造的、以建筑物（或构筑物）的形式呈现的文化遗产以及它们所处的环境、附属设施，以及蕴含在物态遗产背后的建筑文化理念、制度、历史与情节等非物态遗产。中东铁路建筑遗产的基本属性既包含有形的、不可移动的、物质性的实体，也包含无形的、人与建筑实体相互影响、共同构建的"场景"。

第三节 研究的范围与内容

一、研究范围

中东铁路的建设从地域环境、时代背景和外来文化影响上可以大致分为

俄占和日占两个历史时期，大致对应的空间形态就是"T"形的路网结构：自满洲里经哈尔滨到绥芬河是中东铁路的东西线，即干线，受俄罗斯文化影响较大；自哈尔滨经长春到大连是中东铁路的支线，也称"南满铁路"，受日本文化影响较多。干线和支线在设计建造、建筑类型构成、人文特征等方面存在着明显的差异。但是干线和支线的建造和权属关系又不是简单孤立的，在时空上又存在着诸多的交叉，本书的研究内容以干线为主，适量地引用支线案例。其范围西起满洲里，东至绥芬河，南至宽城子（长春），不包括后期被日本人占领的"满铁"附属地范围。研究的这一范围与历史发展脉络吻合，受俄罗斯文化影响较多，遗产特征有比较统一的规律性（图1-4）。

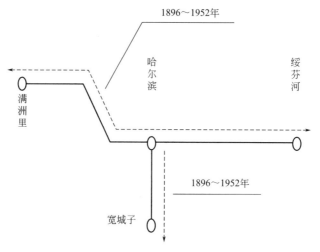

图1-4
本书研究的时空范围[13]

哈尔滨是中东铁路沿线最为典型的枢纽地，其中东铁路建筑遗产的分布和规模类型最具有典型性，建筑遗产保存类型和保存状态也最全面和完善，但是它的发展有作为枢纽城市的特殊规律，其城市建筑功能在发展转型过程中不断完善，逐渐发展成为区域的中心城市，其城市的发展范围已超过"铁路附属地"的范围。中东铁路的相关功能已经和城市功能紧密地结合在一起，并逐渐强化与拓展，建筑发展更多的是基于城市本身的发展规律，很多建筑遗产和中东铁路建设的相关性已经减弱。所以，本书关注更多的是中东铁路沿线的宏观遗产分布和特征。哈尔滨作为中东铁路沿线的重要枢纽城市，与其他地域的发展也存在着割不断的联系，因此从整体性的研究视角出发，也是本书讨论的内容。就时间节点来说，研究范围限定为从1896年中东铁路开始建设到1952年苏联交还中东铁路经营权。

二、研究内容

（1）深度梳理中东铁路建筑遗产。中东铁路建筑遗产是与中东铁路建造过程中的历史事件、人文活动紧密相关联的，是独特的、有代表性的、稀缺的文化资源，既包括充分地体现中西方文化交融的建筑物、构筑物、城镇聚落、历史街区等物质文化遗产，又包括遗产廊道等和中东铁路沿线周边环境密不可分的文化景观类型遗产资源，具有丰富的内涵和复杂性。本书通过田野调查和资料整理，完成了建筑遗产基础资料的整理，理清了遗产产生、发展的脉络以及遗产分布的状态及类型，并对其进行了分析和特征描述，从描述性的史实、资料中解读建筑遗产所包含的深层次的文化内涵，厘清了建筑遗产的艺术特色、技术理念和人文情感的内涵。

（2）系统认知中东铁路建筑遗产价值内涵。对建筑遗产价值内涵的准确认知不单是遗产价值评价的核心问题，由于遗产保护措施的制订依赖于对遗产价值的认知，所以它同时也是遗产保护和管理的核心问题。本书通过梳理国内外学术论述中遗产价值评价的发展脉络、相关论点及实施案例，对比国内外价值概念认知的差异，探讨遗产价值概念的多元构成，发现既有成果遗产价值判定的特点和局限，探讨我国法规及研究层面遗产价值理论的不完善[14]；提出符合国内外学术发展动态的当代遗产价值认知；体现近现代建筑遗产的当代属性，在遗产整体保护的前提下建构遗产多维价值评价模型，明确评价目标，划分评价层级，选择确定评价权重的方法；强调遗产价值的特殊性和多元的遗产保护方式相关联；采用熵值法、雷达图法和德尔菲法等评价方法，实现遗产的多维价值评价。

（3）阐释中东铁路建筑遗产的特征。中东铁路建筑遗产本身的建造、发展具有一定的模式，从而衍生出了独具一格的线性遗产风貌。中东铁路建筑遗产文化的包容性直接体现在建筑风格上，即表现为独特的多元建筑风格。中东铁路建筑遗产的设计与建造代表了当时高超的科技水平。它在地域适应性和材料与技术表达等方面形成了自己独特的手法，而且遗产本身的功能性价值在随着社会的发展而不断拓展，同时能够满足人们的集体记忆并诠释过去。本书总结了遗产特征，梳理了遗产价值内涵，是进一步完成中东铁路建筑遗产价值建构与价值评价的基础。

（4）建构中东铁路建筑遗产价值体系。建构和描述中东铁路建筑遗产的完整的价值类型，整合区分遗产的多维价值是对遗产进行评价的首要步骤。遗产的价值建构是遗产保护实践的重要组成部分。[15] 中东铁路建筑遗产在其存在的初期有其独特的内在价值，随着社会的发展，其价值构成也发生了转变，它作为工具的价值部分产生延续，使用主体不断地发生转变，主客体的相互关系也发生了转变，建筑遗产价值类型构成也随之发生了转变。本书将遗产多元的价值脉络进一步凸显，对中东铁路建筑遗产价值类型进行了甄别与建构，厘清了不同价值类型之间的逻辑关系，并精确描述了各种价值类型，是实现包容、完善的遗产价值评价的基础。

（5）建立中东铁路建筑遗产价值评价体系。本书从影响中东铁路建筑遗产价值的影响因素入手，提出中东铁路建筑遗产价值维度是整体的、不可分割的。同时，建筑遗产反映了不同区域独特的文化内涵，受环境影响，与环境共同形成独特的价值系统。遗产的整体价值超越了"各组成部分价值之和"，遗产价值系统的系统性与整体性同多样性与协调性是统一的，共同建构了多元的中东铁路建筑遗产的多维价值。[16] 每一维度价值又都由若干个价值子集构成。这些价值子集在建构的过程中又会受到遗产特殊性的影响和制约，体现了中东铁路建筑遗产价值的多样性与独特性的统一。本书在中东铁路建筑遗产价值建构的基础上进行价值指标因子细化，更全面地描述遗产在每一维度上的价值内涵，更深入地挖掘遗产的价值特性。准确的价值因子提取能够形成全面的遗产价值评价指标体系，进而确定评分标准，构建完善的评价模型。

（6）中东铁路建筑遗产价值评价实证研究。统一了中东铁路建筑遗产价值评价体系，确定了评价原则、评价主体和评价客体以及组织评价的程序，选取中东铁路沿线有代表性的遗产案例进行完整的评价活动。评价本身即是对遗产多维价值评价模型的检验过程，同时，本书展示了评价结果独特的比较和分类功能，总结评价过程中的不完善，进而提出了有针对性的遗产保护对策。

第四节　国内外研究现状

一、关于遗产保护文献

1933年的《雅典宪章》提出建筑遗产的价值包括艺术价值、历史价值、科学价值。这一价值类型划分对后世研究影响较大，随着时代的变化，虽然对建筑遗产价值的认知也随之发展，国际上对遗产价值的阐述越来越细化，但是仍然主要围绕着艺术、历史、科学三个领域展开。[17]

1964年的《威尼斯宪章》是文物建筑和历史地段保护的代表性文件，它强调建筑遗产价值认知应具有独特性、重要性以及关联性等。在保护与修复的过程中，强调整体性和真实性，在注重伟大建筑本身的存在价值的同时，把平凡建筑的年代价值或岁月价值也纳入保护的范畴。它强调了文物建筑的岁月价值，对遗产的价值认知日渐饱满。[18]

1975年的《欧洲建筑遗产宪章》认为建筑遗产具有多种价值，包括社会价值、文化价值以及精神价值等，它提供了和谐的生活环境，创造了社会价值，所以人们对建筑遗产存在着直觉的感情。它还强调了遗产整体保存的重要性。它继承了《威尼斯宪章》的精神，认为即使是再简单不过的平凡建筑遗产，也会因其时代特色而表现出它的精彩和意义，所以对待遗产应该和谐整体地保存。[19]

1979年澳大利亚的《巴拉宪章》在遗产的价值认知方面，扩展了古迹遗址的范围，以"地方"的概念阐释文化遗产，将遗产定义为具有重要文化意义的场所；赋予文化价值以时代精神，并与保护措施相结合；尊重遗产价值的多样性，充分尊重和鼓励遗产的多元价值，避免过分强调某一类型的价值；把遗产价值与遗产整体保护程序相关联，在实施遗产保护前就应对遗产有价值的信息进行分析和研究，进而形成针对性的保护政策和保护措施。[20]

2005年的《西安宣言》强调了"环境"的概念，指出对"环境"的理解、记录和阐释对遗产价值的界定与评价非常重要。"环境"一词中包含了与遗产价值相关的信息，对这些信息的理解，是准确进行遗产价值评价的基础。[21]

在针对不同遗产类型的遗产保护法律文件中，我们能看到不同时期的建筑遗产价值认知的侧重点及其发展脉络，从《威尼斯宪章》到《巴拉宪章》，建筑遗产的价值认知体系日渐完整。[22]

二、关于价值与价值评价

1. 关于遗产价值

国内外的遗产保护文献都反映了对遗产价值认知的变化过程，现代遗产保护中的核心问题是价值问题这一观点已成为学界的共识。建筑遗产价值认知的变化导致对遗产的保护观念也处于动态发展之中。正是由于对遗产价值理解的不断拓展，逐渐形成了多元化的遗产价值认知体系，而这一体系是对建筑遗产进行价值评价的基础。

我国对于遗产的价值认知是根据《中华人民共和国文物保护法》的第二条形成的，其中，历史价值、艺术价值、科学价值是人们经常提到的"三大价值"，也成为对建筑遗产价值进行评价时的划分标准。我国三大价值的划分受到《雅典宪章》和《威尼斯宪章》的影响，这种价值划分在文化遗产价值评价中已经得到广泛的认可。

2015年《中国文物古迹保护准则》（修订版）中，对价值认知的理解在三大价值的基础上增加了文物的社会价值和文化价值，确立了五大价值的说法。这种价值划分是基于"文物"的概念提出的，并不是完全针对建筑遗产特殊的价值属性提出的，所以它只是建筑遗产价值划分的重要参考依据。

吕舟教授是国内对遗产保护文献中遗产价值类型不完善有较早认知并论述的学者，2012年他在《基于价值认识的世界遗产事业发展趋势》中提出了社会发展导致价值观的变化，这种价值观的变化又促进了文化遗产评价标准的发展和对遗产价值类型的再认知。

数十年来，我国的遗产保护法律文件对遗产的概念已有所扩展，也紧随国际遗产界在相关概念上的推进，在遗产的定义和对遗产的价值认知上都有了修正和补充。关于建筑遗产的价值认知和价值评价的已经有了一定的研究基础，遗产价值评价的研究经历了从定性到定量分析的过程，对定量评价的探索，目的是使遗产的价值评价结果客观、可靠、准确。

2. 关于遗产价值评价

当代中西方关于建筑遗产价值评价的哲学观点多元，有关注价值范畴的研究（如讨论建筑遗产群体价值、建筑遗产单体价值等基本范畴），重视基本价值评价原则的研究（如真实性、原真性、整体性、可持续性、必要性、可识别性、合理与适度利用等价值评价原则），关注价值关系的研究（如使用与非使用价值、内在与外在价值、经济与文化价值的关系），以及涉及具体价值问题的研究（如评价指标的选取、评价方法的适用性、评价主体的参与等问题）等。[23]

我国的建筑遗产价值评价工作近年来取得了较多的研究成果。

1998年东南大学的朱光亚教授相继进行了"苏州历史传统建筑综合价值

评价体系""苏南建筑遗产评价体系""非法定保护类遗产的评价"的研究，对此研究领域有着重要的影响。2000年朱光亚教授在《城乡历史地段综合价值的模糊综合评价体系》中运用系统模糊决策理论建立评价体系，使建筑遗产评价的方法研究更加多元。[24]

2001年同济大学的朱晓明教授提出了古村落的评价体系。

2005年刘先觉教授在《澳门建筑文化遗产》中使用交叉评价系统完成了对澳门历史建筑的现状评估与评价研究，形成了完整的评价体系，为澳门的历史价值遗产的保护与发展提出了意见。

2006年，同济大学黄松在《历史建筑评估及其指标体系研究——以上海地区的文化遗产管理为例》中，对上海市的历史建筑遗产进行了深入的分析，研究了遗产的价值构成与评价方法，形成了一套完整的、与其相适应的历史建筑的定位评价方法与评价流程。[25]

2008年尹占群、钱兆悦在《苏州建筑遗产评估体系课题研究》中指出，建筑遗产的评估体系是以评估学理论为依据，将历史建筑遗产的评估体系分为若干个子系统，对其进行分解，单独进行评估列项，用加权平均与权重的组合来表达子系统间的关系，其中权重的确定由专家评分形式确定。[26]

2008年赵勇在《历史文化村镇评价指标体系的再研究》中以遗产的价值特色和针对遗产的保护措施为核心指标，构建了历史文化村镇评价指标体系，以我国历史文化名镇（名村）为重点，在文化遗产定量评价方面进行了有益的探索。该标准已被国家采纳并应用。[27]

2010年韩冰、罗智星在《建筑遗产价值评价方法研究》中探讨了将"专家打分法""德尔菲法""层次分析法"引入建筑遗产评价的可能性，并且指出了这三种方法的一些不足和补救方案。

2010年，胡斌、陈蔚在《木结构建筑遗产价值综合评价方法研究》一文中强调了遗产保护价值评价的重点与难点在于对建筑遗产的评估结果的量化，并且针对性地结合国内外相关研究对中国传统建筑中的木结构建筑进行了评估，并且全面地对评估方法与程序进行分析，以得到理性的判断结果。[28]

2011年王静伟在《上海市浦东新区登记历史建筑的分级保护策略研究》中，具体分析了上海浦东新区内的历史建筑遗产的特色和保护中的不足，旨在建立一套历史建筑的价值评价体系，以此为基础，提出了建筑遗产应分级保护的理念，根据历史建筑的不同等级进行有层次的保护。[29]

2011年宣莹在《点状历史文化资源分类评价体系探索》一文中以南京市为例，结合南京历史建筑评估与分级的实际工作，从评估因素和分类系统等方面阐述了创建一个合理的历史文化资源评价体系的意义与价值。

2011年张艳玲在《历史文化村镇评价体系研究》中，根据评价因素的本质特征和操作过程及方法的差异等，把历史文化村镇的评价体系一分为二，划分为主观和客观评价体系，进行综合全面的评价。

2013年宋刚在《近现代建筑遗产价值评估体系再研究》中，运用层次分析法、熵值法、德尔菲法，建立了近现代建筑遗产价值评估体系层次结构模型，确定了近现代建筑遗产价值评估中各分项指标的权重,根据权重分配结果,指出近现代建筑遗产价值评估中应重点评估建筑遗产的艺术价值和历史价值。[30]

2015年秦红岭在《乡愁:建筑遗产独特的情感价值》中指出,建筑遗产具有多重价值,目前的遗产保护理论与实践在遗产价值的认知和评价中对情感价值的意义和内涵认识不足。

2015年唐岳兴在《遗产廊道城镇旅游开发潜力评价——以中东铁路滨绥线为例》中,针对中东铁路遗产廊道这一类型,对其遗产资源进行评价和筛选,运用定量分析方法对其旅游资源进行对比,分析了沿线城镇的旅游开发潜力。[31]

近年来,有学者以当代的研究视角审视遗产价值,提出了相应的价值建构方法和框架,包括非使用价值的价值类型及CVM(意愿调查法)的评价方法。这些探索对中东铁路建筑遗产的价值建构及评价具有重要的现实及参考意义。[32]

建筑遗产的价值评价被广泛关注,从遗产的类型范畴到遗产价值类型认知的拓展,遗产价值类型涵盖了建筑与环境、物质与非物质遗产,反映出建筑遗产价值评价已经从建筑学领域拓展到其他的学科和研究领域,遗产价值评价已经上升为遗产保护中的核心问题。如何完善遗产价值评价中的各类问题,探索适宜的定量评价方法,仍在积极的摸索之中(表1-2)。

历史建筑价值评价研究成果统计表　　　　表1-2

学科分类	建筑学					建筑学相关学科				其他学科				总计
	建筑设计	案例研究	专题研究	比较研究	建筑史	规划	发展保护	环境景观	旅游	生态学	地理学	人类学、社会学	考古学	历史学	
期刊	13	65	24	18	11	18	17	33	8	1	3	3	4	0	218
优硕	38	55	46	20	14	173	24	71	46	8	2	38	21	6	562
博士	11	5	2	0	1	22	9	10	5	6	0	22	1	7	101
会议	0	0	3	1	1	8	1	3	2	0	0	2	1	0	22
总计	62	125	75	39	27	221	51	117	61	15	5	65	27	13	903
百分比(%)	6.8	13.8	8.3	4.3	3	24.5	5.6	13	6.7	1.7	0.6	7.2	3	1.4	100

三、中东铁路建筑遗产

截止到2015年5月,有关中东铁路建筑遗产的研究成果,如表1-3所示。

中东铁路研究成果统计表　　　　表1-3

学科分类	建筑学					建筑学相关学科				其他学科				总计
	建筑设计	案例研究	专题研究	比较研究	建筑史	规划	发展保护	环境景观	旅游	生态学	地理学	人类学、社会学	考古学	历史学	
期刊	5	49	12	3	4	15	10	5	25	3	13	128	27	262	561
优硕	10	36	19	15	8	12	13	8	0	2	1	17	0	58	199
博士	0	1	1	0	0	0	1	1	0	0	0	3	0	12	19
会议	3	8	6	4	2	5	3	3	0	1	0	4	0	3	43

续表

学科分类	建筑学					建筑学相关学科				其他学科				总计
	建筑设计	案例研究	专题研究	比较研究	建筑史	规划	发展保护	环境景观	旅游	生态学	地理学	人类学、社会学	考古学	历史学	
总计	18	94	38	22	14	32	28	17	25	6	14	152	27	335	822
百分比(%)	2.2	11.4	4.7	2.6	1.7	3.9	3.4	2.1	3	0.7	1.7	18.5	3.3	40.8	100
	22.6					12.4				65					

国内学者对中东铁路建筑遗产的相关研究主要围绕哈尔滨的多元建筑文化展开，对中东铁路沿线附属地建筑遗产价值的系统研究相对不足。哈尔滨工业大学的侯幼彬教授主编的"中国近代建筑总揽"科研项目《哈尔滨篇》，带动了研究哈尔滨近代建筑学者的及学术团队。东北地区学者的研究成果如下：《哈尔滨建筑艺术》《哈尔滨建筑的现代转型与模式探析》《建筑艺术长廊——中东铁路老建筑寻踪》《中国铁路百年老站》《世纪之交的华美乐章——哈尔滨"新艺术"建筑解析》等书籍及论著。此外，关于中东铁路沿线的景观及工业遗产的研究案例也逐年增加。以上研究，均对中东铁路沿线的历史、文化、建筑空间特点有详尽和深入的分析解读。

梁玮男在《哈尔滨"新艺术"运动建筑传播学解析》中，从传播学相关理论入手，解析了"新艺术"建筑在哈尔滨的发展历程及影响结果，明确了"新艺术运动"风格在哈尔滨城市建设中的地位和作用，并以哈尔滨中东铁路高级官员府邸的建筑形式及特征为例，运用传播学理论进行分析并解读。刘松茯教授在《哈尔滨城市建筑的现代转型与模式探索》中，从哈尔滨城市发展的历史脉络入手，以城市的视野描述了哈尔滨近代城市的整体面貌，对近代哈尔滨城市建筑的转型动力、转型内涵、转型模式、转型机制等问题进行了论述。李国友博士在《文化线路视野下的中东铁路建筑文化解读》中立足于文化线路，深入探讨了中东铁路文化线路的建筑文化问题，记录了建筑文化传播的内在规律，发现了建筑文化现象，并剖析了现象背后的深层次原因。

四、研究现状综述

（1）我国的遗产法律文件虽然经历了不断的完善和补充，但仍然存在概念不够完整、价值类型不够精确的问题，因为法律文件对价值的划分多针对文物，并没有单独针对建筑遗产。所以，中东铁路建筑遗产的价值判定，并没有稳定的、得到共识的价值类型分类指导，需要通过对中东铁路建筑遗产进行全面调研、整理和分析来判定其价值类型构成。

（2）我国的遗产法律文件对遗产形式的阐述也存在欠缺。虽然经过了数十年来遗产概念的不断拓展，但对诸如文化线路、遗产廊道等世界范围内逐渐认可的遗产类型还没有准确地涵盖。另外，对有形遗产的认知和保护较为重视，对无形遗产的认知和保护还无章可循。这直接导致了在遗产保护过程中强调遗产的物质和外观维护，淡化无形遗产的保护，对遗产价值类型的保护不够全面。[33]

（3）对当代遗产价值类型的重视不均衡。遗产价值评价保护中强调其历史、文化层面的价值，对遗产当代的应用价值和社会价值往往缺少关注，尤其是对遗产经济价值的理解"羞于出口"，把遗产经济价值和遗产保护对立看待。

（4）在对遗产的价值评价中，采用多学科融合的研究方法对遗产的价值进行量化，体现了评价理论与方法创新的趋势。由于评价主体的差异，评价因子选择和权重比例设定及因子评分过程中，德尔菲法所带来的人为误差也大量存在，虽然采用层次分析法等方法在操作过程中可提升评价的效度、信度去弥补这种主观判断的差异，但是单维度的评价范式有一定的局限性，很难全面地体现建筑遗产的多元价值构成特点。

（5）建筑遗产的评价主体过于依赖评价专家对历史、艺术、考古的自身理解，在必要的环节缺少公众参与，对当代社会遗产价值的受益人群缺少关注，对公众参与的可评价范畴与深度缺少深入的探讨。

第五节　研究方法与框架

一、研究方法

建筑遗产价值评价涉及范围较广，不同的学科、领域有不同的评价工具和方法，要形成视域更加宽广的建筑遗产价值评价体系，依赖单一学科的方法已经不能适应现代研究的要求，需要把不同学科的研究方法结合起来，引入不同的研究视角，才能全面、准确地评价建筑遗产价值。

（1）评价学的方法，包括：专家调查法，也称之为德尔菲法（DELPHI），主要应用在群体决策中，是一种主观、定性的评价方法，广泛应用于各种评价体系指标权重的确定及评分；语义差异法（SD），是用于评定主观感受与使用环境关联性的测定方法，又称感受记录法。

（2）建筑学的方法，包括：档案文献查询结合田野调查的方法，收集、调研相关资料信息及图纸，从中整理出相关的历史发展轴线、社会背景、技术信息等；类型学的方法，从建筑类型学的角度出发，把握建筑遗产的类型与遗产价值脉络的密切联系，确定中东铁路建筑遗产的价值构成要素及要素之间的相互关联，对遗产价值指标因子释义。

（3）统计学的方法，包括雷达图法、熵值法以及因子分析法等统计学的研究方法，通过对数据的整理、分析、描述等手段推测所评价对象的本质，可以对该评价客体的未来进行预测。雷达图法、熵值法以及因子分析法这三种方法的应用是基于对研究对象，也就是建筑遗产数据的分析，以此推理得到的结果与数据是基于数学逻辑与推导，因此更具客观性，使建筑遗产价值评价更科学、严谨，并可以对已知建筑遗产数据的分析所得结论去推演未知建筑遗产的预测，对于建筑遗产价值来说是一种有效的研究方法。[34]

二、研究框架

本研究的技术路线为：遗产信息基础研究—建立多维价值评价模型—遗产价值体系建构—遗产价值指标因子集建构—评价实证研究—总结展望。

本研究分为五章（图1-5）：

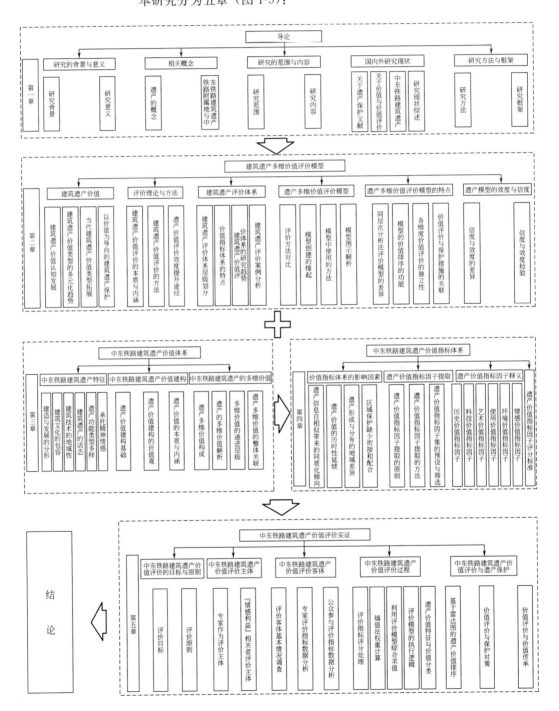

图1-5 本书研究框架

第一章"导论",阐述了研究背景及研究意义,解释了相关概念,确定了研究范围与研究内容,明确了研究方法与研究框架。

第二章从厘清遗产价值的历史发展脉络入手,结合遗产价值构成的多元化及价值类型拓展的发展趋势,对价值评价的理论和方法进行综述,探讨了建筑遗产价值评价体系的研究重点及热点,提出了当代中东铁路建筑遗产多维价值评价模型,介绍了模型的推导、演进、特色及功能。

第三章,总结了中东铁路建筑遗产的特征,拓展了对中东铁路建筑遗产特征的认知视野,并尝试建构属于当代的中东铁路建筑遗产的价值体系。重点把中东铁路建筑遗产价值分为文化价值和经济价值两个大类,其中文化价值包含了历史价值、艺术价值与科技价值,经济价值则涵盖了环境价值、情感价值与使用价值,多维价值共同实现遗产的社会价值;分析了中东铁路建筑遗产多维价值的本质和内涵及多维价值间的逻辑关系,并对遗产各维度价值进行了解析。[35]

第四章分析了中东铁路建筑遗产价值指标因子建构的影响因素。对中东铁路建筑遗产进行价值指标体系建构,并对价值指标因子集逐项进行解析,制定了价值指标因子的评分标准。

第五章通过具体案例对中东铁路建筑遗产多维价值评价模型进行检验,进而得出遗产的相关评价数据并校验,在此基础上进行遗产价值的分类和排序,把遗产价值评价与遗产保护相关联,展现评价模型的特点及优势,探讨其局限性和不足,对进一步研究的前景进行阐述。

第二章 建筑遗产多维价值评价模型

本书对中东铁路建筑遗产价值的客观评价是建立在合理的评价方法和完善的评价模型的基础上，评价方法的不同会直接导致评价思维的差异，进而影响到评价结果的表达和公正。评价过程中每一阶段的细节处理都会对提高评价的效度和信度产生影响，充分理解建筑遗产价值评价与保护的发展趋势，梳理、分析不同遗产价值评价方法的特点，建立建筑遗产多维价值评价模型，可以为进一步进行科学、准确、客观的中东铁路建筑遗产价值评价奠定基础。

第一节 建筑遗产价值

在建筑遗产保护的发展进程中，遗产价值的概念逐渐形成和深化。建筑遗产的"价值"是一个多视角和多维度的概念，它已经吸收了很多建筑学以外跨学科领域的内容，评价者由于观察视角的不同、所处环境的差异、不同的价值观及受不同利益驱动等原因，对于同一建筑遗产的价值会有不同的评判，针对不同认知主体的功能效用的不同，形成了建筑遗产价值的多维构成。对于这个问题，国内外学界经历了较长时间的争论和探讨。[36]

一、建筑遗产价值认知发展

建筑遗产保护的依据源自于建筑遗产的价值评价，遗产价值评价的核心问题就是如何认知遗产价值，如果对遗产的价值认知和价值判断发生改变，相应的保护理念、保护方式、保护措施都会发生改变。建筑遗产的保护方式就是随着社会对建筑遗产的价值认知的不断发展而转变的。几千年来，人类对建筑遗产的价值认知始终在调整、变化。

1. 价值认知与遗产保护的对应

（1）第一阶段：对纪念价值的重视。"遗产保护"一词，最初的目的是纪念和继续使用过去的建筑物，使这些古老的建筑物可以更好地存在下去。埃及金字塔体现了对法老的纪念，古罗马凯旋门纪念战争的胜利。这一时期强调的是建筑物的纪念价值和保留价值。在这种价值认知影响下的保护行为一般采用复原、重建等方式，即使建筑被重建，也不会影响人们对原建筑的崇拜。

（2）第二阶段：文物价值与艺术价值的碰撞。文艺复兴时期，一种观点强调文物价值，强调保存文物的破损状态，出现了保护"废墟"的概念，认为保存"伟大的废墟"比保存完整的建筑更有意义，在"废墟"和"纪念物"之间是价值认知的巨大差异；另一种观点则强调遗产的艺术价值，强调将文物修复到可能的初始状态。这种价值认知保护方式的矛盾逐渐发展成为遗产保护中的两种方式和态度，即保护与修复。

(3)第三阶段：从艺术价值到历史价值的转变。"保护"与"修复"两种保护方式的差异来自于对建筑遗产价值认知的差异，引发了对建筑遗产保护中"真实性与原真性"的探讨。近年来，强调建筑遗产历史价值的保护理念得到共识，可参考的保护文件是1964年的《威尼斯宪章》，该宪章直接成为后续研究的基础。[37] 其中强调：艺术价值和审美价值并不是纪念物价值最重要的组成部分，随着时间的推移，通过纪念物可以反映出人类的发展轨迹和方向，是最真实的映射和见证，无可替代。

(4)第四阶段：从历史价值到文化价值的转变。20世纪90年代，对遗产价值的认知又经历了从历史价值到文化价值、从遗产全球性价值到遗产独特性价值的转变。对建筑遗产的价值认知也由单一的历史价值、艺术价值转变为综合性的文化价值和社会价值。随着遗产类型的不断扩展，从建筑单体到历史街区，再到历史文化名城，遗产价值的构成也越来越宽泛。从"遗产廊道"到"文化线路"都是世界各国在保护自己的文化遗产时采用的一种较大范围的保护措施，是从整体历史文化环境入手的一种遗产保护方法。[38] 李国友博士的《文化线路视野下的中东铁路建筑文化解读》就是立足于文化线路视野，对中东铁路建筑遗产进行的立体式、全景式梳理，深入探讨了中东铁路文化线路中的建筑文化问题，记录了建筑文化传播的内在规律，发现了文化现象，并剖析了现象背后的深层次原因。随着这些线性、跨区域、大尺度遗产类型的出现，遗产的价值构成也必将出现新的变化。[39]

2. 价值认知变化的启示

(1)从价值认知和遗产保护的发展脉络来看，对于建筑遗产的保护从注重对历史价值和艺术价值的保护，转向了对遗产整体价值的保护，整体价值包括物质形态的价值和非物质形态的价值，从多学科的角度对遗产进行保护整合成为了不可避免的发展趋势。

(2)随着对建筑遗产价值认知的拓展，对建筑遗产的保护方式和保护目的也随之变化。建筑遗产能够随着不同时代的不同价值观而被赋予新的价值阐释，它体现的是一种传承自过去的现代价值。保护遗产的目的正是为了在价值传承中延续遗产的生命与意义。

(3)建筑遗产保护的社会性被强调，单纯地采用技术性手段去保护建筑遗产的物质实体已经不能涵盖遗产保护的全部内容，保护由于涉及众多类型人群的利益而成为了一种广泛参与的社会事务，它的实现不仅仅是对遗产物质实体的技术干预，还是公众参与及各领域间的沟通交流，以实现遗产当代价值的过程。

二、建筑遗产价值类型的多元化趋势

1. 国外建筑遗产价值类型

西方学者较早地针对建筑遗产的价值进行了相关研究，奥地利的李格尔（Alois Riegl，1858~1905年）首先提出了价值类型学的研究思路[40]，从哲学和历史学的角度去辨析历史建筑的价值构成及各构成价值之间的相互关系。

李格尔认为，文物的价值分为两类：一类指具有纪念意义的价值，包括纪念价值、年代价值以及历史价值等，主要为了纪念或怀念而存在；另一类是当代价值，包括使用价值、艺术价值和未来可创造的新价值。

英国的伯纳德·费尔登（Bernard Feilden）提出，建筑遗产的价值认知要强调价值评价与保护的关系。首先要明确保护的目标，再去评价遗产价值，并对建筑遗产的价值进行排序，按照价值排序确定保护的措施。在他的评价体系中，遗产价值分为情感价值、文化价值和使用价值。他的评价体系比以往的评价体系的范围更广，增加了对情感价值和使用价值的认定，还提到了经济因素的影响。[41]

俄罗斯的普鲁金（O. H. Prutsin）认为：从保护与修复的角度来看，建筑遗产由"内在价值"和"外在价值"组成。内在价值主要体现为建筑本身在美学、结构、技术等方面的价值，外在价值主要体现为其外在环境空间、城市规划、自然植被等方面的价值。他强调把建筑遗产放在大的城市空间背景之下，注重城市规划价值，强调艺术美学与历史，其价值划分强调建筑遗产与社会生活相互作用的认同，认为遗产价值可以随着其需求的改变而变化。[42]

1984年美国学者莱普（William D. Lipe）整合了遗产的文化价值和经济价值，较全面地反映了遗产的价值体系。他认为遗产价值的划分与人们对遗产的使用和目的有关，价值评价的目的在于探究什么可以保存，用什么方法保存。莱普的构架以资源为基础，从资源管理和整合的角度看待遗产保护。这就解释了为什么很多价值类型的出现来自于人们对遗产的使用和目的。[43]

2000年，澳大利亚的戴维·思罗斯比（David Throsby）在其著作《经济学与文化》中提出从一种经济学的角度看待遗产价值。他认为，遗产价值包括两种，分别是经济价值和文化价值。

美国学者梅森也认为：遗产价值又可以理解为经济价值与社会文化价值两类，特别强调了遗产价值中经济价值的重要地位。

乔治·史密斯（George S. Smith）在《当代社会中的遗产价值》中从多元化的角度探讨了当代文化遗产的价值问题，从社会文脉、遗产价值与政策管理等视角进行了探讨。

自李格尔之后，遗产研究由最初的单一学科研究领域逐渐发展为跨学科的综合研究领域，遗产价值的类型划分更加综合与全面，甚至还形成了相应的法律及法规等（表2-1）。

遗产价值类型综述表　　　　　　　　　　　　　　　表2-1

李格尔(1902)	年岁价值、稀有价值、艺术价值、使用价值、历史价值、纪念价值
费尔登(1982)	使用价值、文化价值、情感价值
莱普(1984)	联想/象征价值、美学价值、经济价值、信息价值
普鲁金(1993)	历史价值、功能价值、城市规划价值、建筑综合价值、科学修复价值、艺术美学价值
费雷(1997)	选择价值、存在价值、遗产价值、教育价值、货币价值、声望价值
英格兰遗产委员会(1997)	教育与学术价值、休闲娱乐价值、经济价值、资源价值、文化价值
《巴拉宪章》(1998)	美学价值、历史价值、科学价值、社会价值
思罗斯比(2003)	历史价值、象征价值、实际价值、美学价值、精神价值、经济价值

根据以上学者对遗产价值类型的划分可以看出，遗产的价值构成有其时代特点，从强调文化价值，如《巴拉宪章》，到注重其经济价值，如表2-1中弗雷1997年的遗产价值分类。不同学者提出的遗产价值概念，有些虽然在文字上相同，但在内涵上却有差别。有的价值类型在概念上接近，或是相互之间存在涵盖、从属关系，即一种价值可以涵盖另一种价值。每一种价值都应放置于一个完整的价值体系内去理解它的内涵，而不应该脱离它所处的价值体系，单纯从字面上去理解。

2.国内建筑遗产价值类型

总体上看，我国历史建筑价值的定位与联合国教科文组织的定义基本是一致的，2015年之前，我国文保法确定以三大价值，即艺术价值、科学技术价值和历史价值指导当时的历史建筑及文保工作，在2015年的《中国文物古迹保护准则》（修订版）中，增加了文物的社会价值与文化价值，遗产价值构成的内涵更加全面，形成了文物的五大价值（表2-2）。

《中国文物古迹保护准则》（2015年修订版）中文物的价值类型[44]　　表2-2

价值类型	阐释
历史价值	具有时代背景及年代价值
艺术价值	可为人类的艺术创作、审美趣味等提供见证价值
科学价值	除艺术价值外的可供人类和科学继续学习的价值
社会价值	可供记录和传播文化精神的具有社会效益的价值
文化价值	体现民族、地区以及宗教文化的多样性特征价值 外界要素被赋予文化内涵的价值 具有非物质文化遗产的价值

对于2015年以前文物保护法中价值类型的划分，相关学者也有着不同的见解。吕舟认为，文物除了传统的三大价值之外，还应包括文化价值和情感价值。文化价值是指遗产在文化发展与延续过程中所具有的作用，体现了与特定文化之间的联系。情感价值是指遗产与地方历史文化及场所产生关联，由此而成为地方标志物，并和特定的人群产生了情感的联系。朱光亚也认为社会和人由于建筑遗产的存在而发生的行为方式、生活习惯、信仰情感、宗教信仰的调整和改变这种情感价值在我国的遗产价值体系中被忽略了。蔡达峰在《文物学基础》中提出文物具有物质价值和信息载播价值，认为文物保护法当中的三大价值应归为信息价值，历史价值应改称社会人文价值，同样也是注意到了国内遗产价值体系中人文价值的缺位。王世仁也认为文物保护法中的三大价值都可归为历史价值，文物在当代社会还应具有社会价值，即使用价值，要重视不同民族背景下对遗产的不同价值取向，强调文物的社会价值（使用价值）和历史价值的统一才是遗产保护的终极目标。这种提法是对文物保护法中曾经的三大价值的反思和补充。

复旦大学黄明玉在《文化遗产的价值评估及记录建档》中认为，《文物保护法》中对名城、街区、村镇的价值内涵的表述、判定同样不精确，以国际公约的评价标准去检验我国名城、街区、村镇的评价标准，大体相同但细节存在差异，我国更加重视遗产历史层面的价值，偏重于"静态文物"的保护，忽略其功能延续和社会文化影响，缺乏公众参与。

在不同类型的建筑遗产保护实践中，对研究客体——建筑遗产价值的分析和判定均构成了研究重要的组成部分。很多的相关研究，如历史地段与街区综合价值评价、古村落价值评价体系、工业遗产的价值评价等，都针对遗产对象的价值构成、评价原则、评价目标、评价方法进行了探讨。

尹占群的"苏州建筑遗产评价体系"通过对国内外建筑遗产保护现状的研究，以苏州地区为例，形成了一套可操作的遗产综合价值评价体系。他在建筑遗产的价值建构中，将建筑遗产价值分为两类，一类是遗产的本体价值，包括历史价值、科学价值、艺术价值等，等同于《文物保护法》当中的三大价值，另一类是遗产的外部价值[45]，包括环境价值和使用价值。该价值类型划分重视了遗产保护中历史环境和历史风貌的完整性，使用价值的引入也标志着建筑这一不可移动文物的特殊属性，即实用性被强调。

东南大学朱光亚教授在国家自然科学基金项目"建筑遗产资源评估系统模式研究"中，将建筑遗产的价值分为两类，不同于尹占群对遗产价值的划分，在遗产本体价值中增添了实用价值及空间布局价值。[46]

就《文物保护法》中列出的价值类型来说，由于它并不是专指建筑遗产，所以，在一些价值划分上存在不足。《文物保护法》指出，不同遗产类型所具有的价值内涵也会不同，所以对建筑遗产而言，简单套用文保法中的价值类型可能会影响评价结果的准确性。此外，《文物保护法》中对物质形态的遗产并没有明确的系统区分或定义，而是以类型列举代替定义，但列举不能涵盖所有类型。

通过研究整理可见，对建筑遗产三大价值的类型划分在学界是较为统一的，对三大价值以外的价值认知则是多元的，不统一的，研究各有侧重。有的侧重于使用价值，有的侧重于情感价值，有的侧重于经济价值和社会价值，和《中国文物古迹保护准则》（2015）中的价值划分均不相同，这必然导致在价值评价中价值评价因子选择和认定的不同，进而会影响遗产价值的评价结果。

三、当代建筑遗产价值类型拓展

建筑遗产的价值构成呈多元化发展，经历了不断完善、发展和拓展的过程。不同的遗产价值建构主体，在不同时期，从不同的视角，对遗产价值的认知均会不同。相同的遗产价值建构主体，在不同的时期去建构遗产价值，也会出现不同的结论。建筑遗产的价值建构经过人为的划分，会形成不同的价值判断。所以，遗产价值类型在现时代的价值拓展体现的是现时代的时代特点和时代要求（图2-1）。

近年关于建筑遗产经济价值的研究逐渐引起了学界的关注。从经济学的视角去研究建筑遗产的价值，体现了建筑区别于其他文物类型的实用价值内

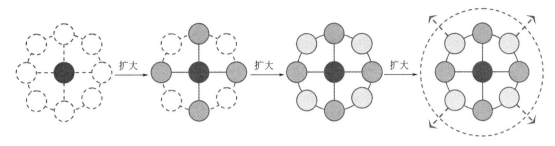

图 2-1 不断拓宽的建筑遗产研究视野

涵，也体现了当代社会市场经济条件下建筑遗产的一种特殊属性。经济学家认为建筑遗产在资产评估方面具有更为直观的价值。建筑遗产除了可以继续使用外，还包含一些文化的、艺术的以及可以带来经济效益的价值，是衡量经济与文化的双向价值实例。因此，建筑遗产价值的确定应该由多领域的专家共同确定，包括社会学、建筑学、历史学甚至是经济学专家。[47] 同时，建筑遗产的文化价值会随着时间的推移而逐渐上升。在某种情况下，建筑遗产本身的文化价值也可以转化为经济价值，促进建筑遗产的多元化利用与发展。建筑遗产的文化价值，还可以转化为潜在的或延伸的经济价值，例如旅游价值等。[48]

此外，对建筑遗产情感价值的研究也是近年来的研究热点。情感价值来自于人们内在的一种社会心理需求，即归属感需求。这种归属感使人们对某一处地域、某一种文化充满了精神寄托和梦想，倾注了怀旧的情感和信仰的依托。因为它们积淀了曾经的生活方式和价值观念，而作为一类人群集体记忆的形式或符号的建筑遗产便成为这种归属感和情感认同的重要载体。建筑遗产成为人们怀旧和联系历史的纽带。西方国家在 20 世纪 60 年代兴起的后现代主义便是对工业文明时代现代建筑割裂历史与文化传统的联系，致使城市与建筑冰冷、缺乏人情味和情感认同现象的一种反思。在当代，对建筑遗产中的情感价值的强调，通过建筑遗产的地域性特征、历史记忆和情感寄托，可以维持和强化人们对所处地域的心理认同，提升城镇活力。近现代中国社会饱受列强侵略，外来建筑文化虽然在艺术上精美华丽，但是却承载了过多的屈辱和无奈，对这些建筑遗产的情感价值的理解充满了矛盾和悲痛，不同于古村落带来的乡愁和中国古典建筑带来的文化自豪感，对这种近现代外来建筑文化的情感价值研究还处于欲说还休的状态，有待于进一步挖掘和探讨。

从不同学者对建筑遗产价值差异的厘清与对比中，可以看到，我国的建筑遗产保护在遗产价值评价的环节，往往在价值类型的判定上受《文物保护法》当中的三大价值的影响较大，即遗产的价值类型局限于历史价值、艺术价值、科学价值三大类，虽然在 2005 年增加了文物的社会价值和文化价值类型，但这种价值类型划分也是基于"文物"的概念提出的，并不能完全反映建筑遗产特殊的价值属性，这样的价值类型划分会导致在对遗产的价值评价中只关注遗产的历史层面的信息。尤其是具体到中东铁路建筑遗产时,遗产本身的产生、发展有其独特的特征,其遗产价值类型构成也会有其独特的一面,所以根据当代的遗产价值认知价值观对中东铁路建筑遗产进行有针对性的价值类型拓展是进一步完成中东铁路建筑遗产价值评价的基础环节。

四、以价值为导向的建筑遗产保护

当代建筑遗产保护的核心是遗产价值的保护。对建筑遗产价值认知的变化导致对遗产的保护也处于动态发展之中。正是由于对遗产价值的理解的不断拓展,才逐渐形成了多元化的遗产价值认知体系,而这一体系则是对建筑遗产进行价值评价的基础。[49] 对遗产保护方式的理解也随着价值的多元化拓展发生转变,从单纯保护遗产的物质实体,防止其劣化破坏的技术型保护,到强调对遗产文化价值与社会价值的保护,遗产价值贯穿了遗产保护中的各个环节,把不同的环节联系成整体(图 2-2)。保护模式也更加重视公众的参与性。在进行遗产保护与规划设计时,遗产的价值评价是重要的参考依据,对遗产价值系统的阐释和认定也成为有针对性的保护策略的基础。

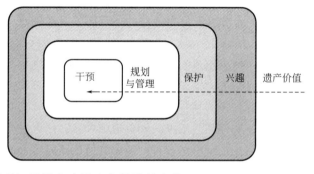

图 2-2
以价值为导向的遗产保护

价值类型拓展导致建筑遗产保护的变化:

(1)遗产保护方式跨学科发展:从单一学科保护到多学科综合保护。从单一的遗产历史信息的保存转变为复杂的、多元的社会文化信息的保护,使得遗产保护成为一项复杂的系统工程。中东铁路建筑遗产类型的构成复杂,包括厂房、桥梁、机车库等遗产类型,使得多学科参与到遗产保护中,以便为其研究提供更好的技术手段与视角。

(2)遗产保护目的转变:从保护到传承。对遗产价值的传承和认同成为遗产保护的目的。对于中东铁路建筑遗产,保护和利用不是最终的研究方向,真正的意义在于遗产价值的传承,本书的目的是将中东铁路建筑遗产的精髓延续给后人,享受遗产带来的高品质生活。

从建筑遗产本身的价值内涵上看,遗产本身就是一种多元的概念,它是一种将文化传承给下一代的观念,所以它不可能是静态的,是在传承和延续中不断发展的,体现了历史信息与当代需求共同呈现出的认同感。

(3)遗产保护的社会性:从专家到公众。遗产保护已经不再是技术问题和理论问题,而是社会问题,对于社会问题的解决,单靠建筑学科和文物保护学科是无法独立完成的。所以,必须依靠社会的广泛参与,依靠社会的普遍关注才能实现。

20世纪90年代美国的《国家历史史迹登录法》，打破了二战后美国古物保护中以"精英式"评价标准来衡量遗产对象价值的做法，提出只要是基层社区民众认为有价值的对象，均可列为"传统文化资产"[50]，首次强调了社区生存发展与遗产保护利益相结合的评价理念。

第二节 评价理论与方法

评价是一种评价主体把握评价客体的认识活动，体现了价值主体与价值客体的功能与属性关系。评价的目的是实践与反思。评价的系统一般包括评价主体、评价客体、评价目的与评价标准。评价活动是具有社会性的活动，它受评价主体和评价目标的影响，具有一定的主观性。[51] 同时，评价活动也受到评价方法的影响，不同的评价思维范式会导致不同的评价结果。

一、建筑遗产价值评价的本质与内涵

1. 建筑遗产价值评价的思维模式

价值是揭示外部客观世界对于满足人的需要的意义关系的范畴。建筑遗产和使用人群构成了价值本质问题的两个对象，价值具有主体性和多维性。主体性体现为价值认知随评价主体改变的差异。多维性是指同一遗产存在多种价值类型，构成多维价值关系。[52]

评价揭示了在主客体之间的价值关系中，客体能否满足主体的需求和愿望，客体是否适合主体的需求，并使主体意识到这种适合。所以，评价体现了价值关系中的主体对这种价值关系的适合程度。评价具有主观性和主体性，评价反映的不是客体本身，而是客体对主体的意义，评价借助于评价标准来完成，评价结果不仅有描述意义和认知意义，还有规定意义，即评价服务于评价主体时的选择和行为方向。

建筑遗产价值评价是一个揭示主客体之间价值关系的过程。价值评价离不开对价值关系的认知，二者不可分割。评价主体通过深入分析评价客体的价值特征，完成对其属性的认知，获取相关评价信息，进而根据评价目标需要作出价值上的判断。价值判断是评价主体经过一系列的评价环节而得到的价值主客体之间的关系（图2-3）。

2. 建筑遗产价值评价的基本过程

建筑遗产的价值评价包括以下几个方面（图2-4）：

（1）对建筑遗产资源的全面掌握；

（2）挖掘建筑遗产的价值特色；

（3）对建筑遗产的价值建构；

（4）确定评价目标/评价主体；

（5）建构评价指标体系；

（6）评价实例运用研究。

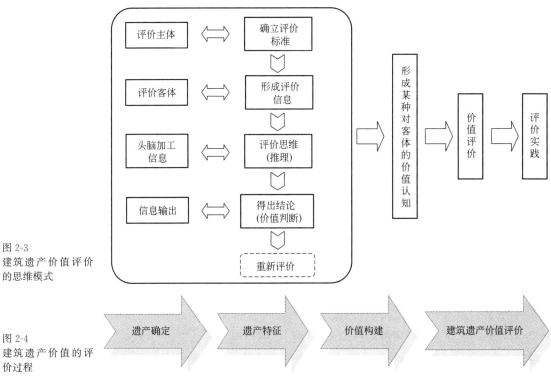

图 2-3
建筑遗产价值评价的思维模式

图 2-4
建筑遗产价值的评价过程

二、建筑遗产价值评价的方法

建筑遗产价值评价的方法很多,通过学科之间的渗透与交叉,不同领域的知识方法相互影响,评价的研究方法主要体现在以下几个方面(图 2-5):

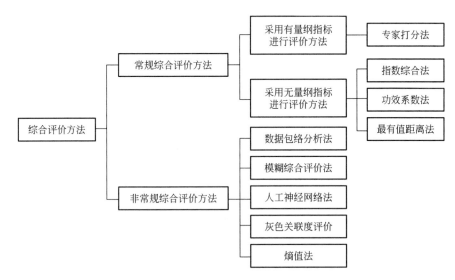

图 2-5
综合评价方法构成

(1)模糊数学法于 20 世纪 60 年代开始在综合评价中应用,形成了模糊综合评价方法,适用于主观或定性指标评价。[53]

(2)各指标信息的重复是综合评价中的难题,基于多元统计分析,产生了主成分分析法、因子评价法及聚类分析法等分析方法。

（3）评价对象的多样性特征及评价的辅助性决策作用带动了综合评价领域中多目标决策方法的融入，功效系数法、层次分析法（AHP）等方法得到了广泛应用。

（4）基于运筹学的数据包络分析法产生并发展。

（5）基于信息论与灰色系统理论的熵值法、灰色关联度法等。[54]

（6）多维标度分析及空间统计学的发展提高了对统计数据分析的整合能力，促进了综合评价法的应用。

已有研究成果经常采用的评价法：

1. 层次分析法

层次分析法（Analytic Hierarchy Process，简称为 AHP）是在专家调查法的基础上，在 20 世纪 70 年代末，由美国学者 T. L. Saaty 提出的，是一种定性与定量相结合的分析方法。[55] 层次分析法改进了专家综合评价法中定性分析评价的主观性问题，增强了评价结果的客观性。层次分析法根据专家调查法选取的历史建筑价值评价指标，为各个层级指标赋予不同的权重，凸显其重要程度，并以此构建评价体系。但是层次分析法在确定指标因子权重时仍存在主观随意性较大的缺陷，确定的权重与所选择的评价主体群的认识倾向有较直接的关系，虽然在确定评价主体时充分考虑了构成人员的领域、职业、年龄、性别等问题，但是对具有不同价值特点的所有遗产类型都采用统一的权重指标分析，确实不能反映遗产的价值多样性特征（图 2-6）。

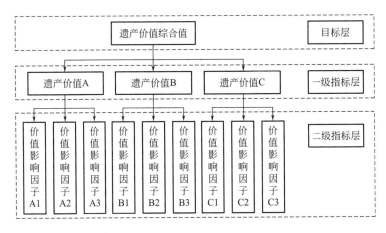

图 2-6
层次分析法评价模型

2. 多指标综合评价法

多指标综合评价法以统计资料为依据，对性质不同的内容进行综合评价，可以反映事物的本质，分析其发展规律。[56] 近年来，不同领域的知识相互渗透，评价的方法呈多元化发展。建筑遗产价值的构成也是多维的，每一价值维度都有其自身的特点，其评价量值和评价标准均不相同，对这些指标通过科学处理进行综合，能够使评价结果直观、明了。

3. 熵值法

熵（Entropy）最初起源于统计物理和热力学，用来表征系统中不确定的物理量，后来应用到系统科学中并被用于各个学科。在信息理论中，熵是系统中不确定因素的量度，可以准确地度量出数据所提供的有效信息。熵值法最鲜明的特色是将各指标传达给决策者，以信息量的多少来确定指标权重，评价结果相对客观。评价指标的差异越大，说明该指标传输的信息就越多，相应的权重也越大，即熵值越小，反之亦然。[57]

熵值法的优点是：根据每个指标的信息量赋权重，思路清晰、有逻辑，在计算各指标的权重时，它可以直观地反映出每个指标值的变化及差异程度，评价结果的数学逻辑性较强，为综合评价提供参考的依据。但熵值法本身也存在着局限性，它很少考虑决策人的意向，针对性不强，因此，熵值法常与主观赋权法，如二项系数法、层次分析法、专家调查法等结合应用，使待评价的信息与决策者的主观观点相结合，主客观统一，增加结果的科学性。

熵值法在应用过程中也存在一定的技术处理问题，如统一量纲等。

既有建筑遗产评价方法的框架体系各不相同，但是评价的方法有共通性，都是通过构建评价体系的层级来达到评价的目标，层级一般由目标层、准则层、指标层几个层级构成。针对不同的评价客体，准则层和指标层作相应的调整。针对不同类型的建筑遗产，每一层级所选取的层级要素也有所不同。同时结合德尔菲法、模糊综合评价法、熵值法等评价方法，综合确定权重和单项得分，进而得出遗产的综合价值。

三、遗产价值评价效度提升途径

1. 对遗产价值构成的优化与调整

遗产价值的评价体系层级构成一般是多维、多层级的，可以通过以下几个方面对评价体系层级的调整，对评价结果进行效度上的提升。

（1）细化评价体系的层级。可以通过增加遗产价值类型层级来减弱单一价值因子对遗产综合价值的影响力，相当于降低主观评价误差对评价结果的影响（图2-7）。

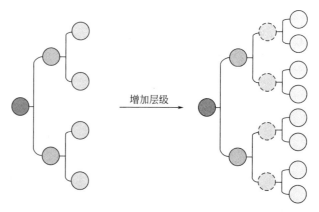

图2-7
通过增加层级来细化评价体系

（2）增加价值因子的分支。通过增加价值指标因子的分支，带来整套价值因子集的拓展，使遗产价值评价的范围变宽，相当于单项价值因子的影响力由此变弱，进而提升评价效度（图2-8）。

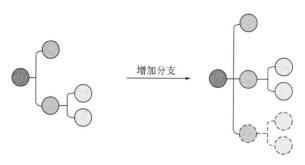

图 2-8
通过增加分支结构来扩大评价范围

2. 对遗产价值因子集指标的优化和调整

（1）细分遗产价值指标因子集，增加评价指标，扩大价值指标因子在评价客体中的辐射范围，进而提升评价的效度。但价值指标因子的数量范围有一个合适的限度，并不是因子越多越好，因子过多会大大增加评价的工作量（图 2-9）。

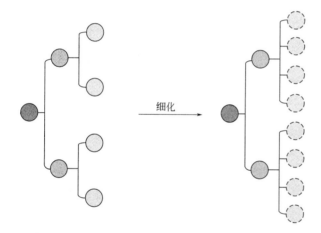

图 2-9
通过增加评价指标来提升评价效度

（2）通过增加可度量的客观指标来提升评价结果的可度量性，降低主观性指标的比重，进而降低主观因素的影响，提高评价效度（图 2-10）。

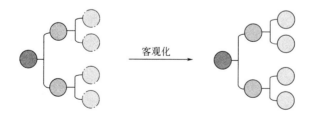

图 2-10
通过增强评价指标的客观性来提升评价效度

第三节 建筑遗产评价体系

我国对于建筑遗产价值评价的既有研究主要从以下几个方面展开：由历史价值、艺术价值、科学价值三大价值及遗产的相关价值，如使用价值、社会价值、经济价值构成的建筑遗产评价体系；由历史价值、艺术价值、科学价值三大价值与文化情感价值、环境价值、物业价值构成的近现代建筑遗产价值评价体系；由物质文化遗产、非物质文化遗产、保护措施构成的历史文化村镇评价体系；由历史研究、基础评价、居民意向构成的古村落评价体系；由人类活动、建筑物、构筑物和其所处环境组成的历史地段评价体系[58]；建筑遗产的可利用性评价体系；建筑遗产的可持续发展评价体系。

这些评价体系的共性在于：都是有针对性的多指标、多层级的评价体系；遗产评价的目标是为了更好地保护遗产；一般都采用层次分析法和其他方法相结合的评价方法。但它们的侧重点不同，其差异在于：评价客体的差异，被评价遗产的特征不同，所以评价的侧重点也不同，评价关注的层级点也不同；遗产客体的价值构成的差异，使得价值指标因子的选择也会不同，所以遗产客体的价值建构是遗产价值评价的前提；评价方法选择的差异，以上评价体系分别选择了因子分析法、层次分析法、聚类分析法、模糊综合评价法、熵值法等方法或是将几种方法结合进行研究。

这些评价体系都从不同的视野展开对建筑遗产的评价，彼此有借鉴和参考，也有一些共同的关键点：遗产的价值建构、遗产的评价体系建构、遗产的因子集构成、层次分析法。其中对遗产的价值建构是评价的基础和核心问题。

一、建筑遗产评价体系层级划分

建筑遗产一般按照目标层、决策层、准则层、指标层来划分评价层级，但针对不同的遗产类型，建构层级的要素也各不相同。

（1）以遗产价值要素进行层级建构。遗产的价值都是由有不同的价值观和不同利益的建构主体通过不同的社会价值取向建构出来的。不同的利益相关者往往采取不同的建构策略来建构遗产价值的不同侧面，这也导致了不同时代的不同建构主体对遗产价值的认知的差异。所以，在遗产价值建构中，强调时代性和目的性是必要的。从遗产的价值内涵上看，每个时代都会对遗产价值有新的价值认同和建构，尤其是在对遗产价值认知多元的时代，巨大的社会变革带来了各种对待遗产的创意利用构想，旅游产业的发展又衍生出巨大的经济效应。建筑遗产所隐含的价值和意义已经无法再用传统的价值认知完全展现，必须通过新的价值建构体系和价值评价体系释放和传达。

例如朱光亚教授等从建筑遗产的主、客体的关系出发，指出了遗产价值认知中物理现状、信息质量、功能性质、小环境质量、自然和社会环境质量等五个方面，并从操作层面入手，以框架的形式确定了评价的指标体系和结构，建立了完善的评分体系和分级标准，并应用于实践中。这种研究思路和脉络，与《世界文化遗产公约实施指南》中的分类类似，但是在操作和实施方面更有针对性，利于量化操作等。此外，该价值分类中包括经济价值，即使用价值（图2-11）。

以朱光亚的"苏南建筑遗产评价体系"为代表，以构成遗产的特色价值为基础，展开了价值因子集的指标体系的层级建构。

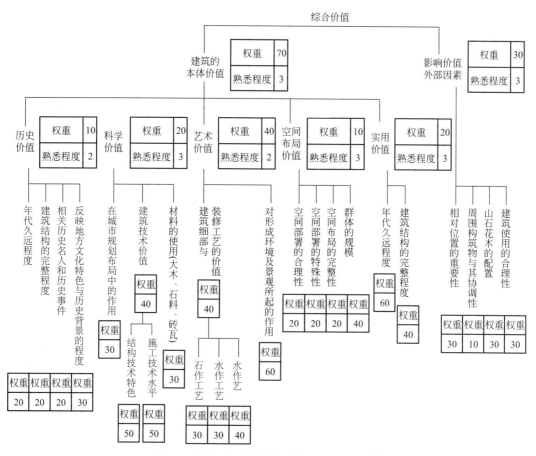

图 2-11 朱光亚的建筑遗产评估体系因子的构成[59]

第一层：以获得量化的遗产综合价值为目标层。

第二层：以建筑遗产的本体价值为一级准则层，同时结合"对建筑价值产生影响的外部因素"对影响评价指标的因子进行分类。

第三层：根据构成建筑遗产本体价值的几项特色价值开展因子集的构建。

第四层：构建每一类价值的因子集，形成评价指标层。

此种方法在第三层级中的价值构成可以随着评价客体的不同进行调整，形成三大价值＋X的价值构成模式，具有很大的灵活性和可拓展性，该模型的适用范围较广，可以针对遗产的价值特征灵活地确定各层级的价值因子（图2-12）。

（2）以遗产特征要素进行层级建构。以梁春雪、达庆利、朱光亚的"城乡历史地段综合价值的模糊综合评价体系"，朱晓明的"古村落综合价值评价"，查群的"传统木构建筑可利用性评价体系"为代表（图2-13）。

此类型层级建构的特征是按照建筑遗产的特征要素分类构成评价因子，不同于按照遗产的"价值要素"分类构建遗产指标因子集的思路。建筑特征要素的建构与各评价体系框架的区别较明显。评价主体的差异造成因子的层级构成缺少统一的标准。

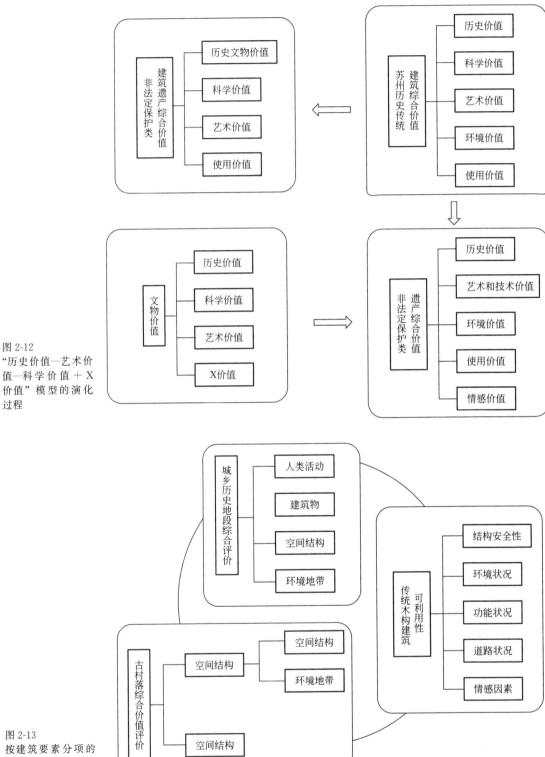

图 2-12
"历史价值—艺术价值—科学价值 + X 价值"模型的演化过程

图 2-13
按建筑要素分项的价值评价体系

（3）根据遗产的属性要素进行层级建构。代表性的评价体系框架有"历史文化名镇（名村）评价体系"和王云才等的"北京门头沟区传统村落价评价体系"。按照遗产的价值属性建构评价层级，对遗产的价值描述不再拘泥于某一价值要素或是建筑特征要素，遗产价值载体的形式更加多元，扩大了对遗产价值的认知视野（图2-14、表2-3）。

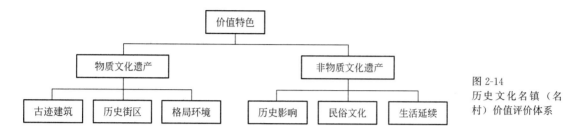

图2-14 历史文化名镇（名村）价值评价体系

张艳玲"历史文化村镇评价体系研究"评价体系　　表2-3

第一层	第二层	第三层	第四层
历史文化村镇的评价体系	B1 物质文化遗产	C1 建筑遗产	D1 文物保护单位的原值性
			D2 历史建筑原值性
			D3 历史建筑的艺术价值度
		C2 历史街区	D4 历史街区整体风貌的完整性
			D5 街巷格局的完整性
			D6 街巷空间格局的审美价值度
		C3 自然环境与景观质量	D7 聚落与自然环境的和谐度
			D8 村镇文化景观的艺术价值度
	B2 非物质文化遗产	C4 历史影响	D9 历史事件和名人的影响程度
			D10 村镇的历史久远度
		C5 非物质文化遗产	D11 民俗文化、方言、民间音乐、民间舞蹈、传统戏剧、曲艺、传统节目、传统手工艺等的传承度
		C6 生活质量	D12 核心区原住民的完整性
	B3 保护措施	C7 保护机制	D13 管理办法的完备性
			D14 机构及人员的完备性
		C8 保护修复	D15 保护修复措施的实施性
		C9 保护编制	D16 保护规划的完整性
		C10 社会经济措施	D17 社会经济措施的有效性
		C11 公众参与	D18 公众参与的程度

（4）以遗产综合要素进行层级建构。以桂涛的"乡土建筑价值及其评价方法研究"评价体系为代表，综合运用遗产的"价值要素"、"特征要素"和"属性要素"来建立遗产的框架层级（图2-15、图2-16）。

各种类型的评价体系层级建构各有特点，它们分别适用于不同的评价客体。可根据所评价客体的遗产特征来选择建构层级的要素。如果层级要素选取得当，不同的体系层级均可以对遗产进行评价。以遗产价值要素进行层级建构的方法适用性较广。层级要素建构的灵活性和可拓展性强，遗产的价值要素通过分析、论证可以获得广泛的认可。所以，在本书中对中东铁路建筑遗产的价值评价中采用以遗产价值要素进行层级建构的评价体系。

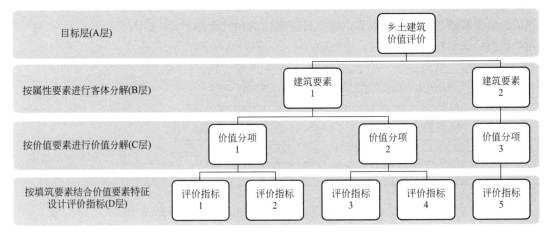

图 2-15 乡土建筑价值评价体系的构建模式

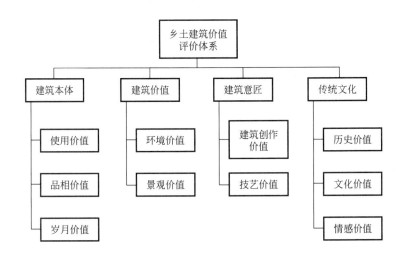

图 2-16
乡土建筑价值评价
体系框架

二、价值指标体系的特点

(1) 价值指标因子提取范围的拓展。由于遗产价值构成的拓展，价值指标因子的提取范围也相应拓展，其所涵盖的内容也超越了单体建筑本身所涵盖的价值特色，扩展到了更加宏观的层面。价值指标因子的选择更加全面，一些涉及遗产当代价值的因子要素，如使用状况、区位条件、旅游开发条件、居民参与等都融入了因子的提取范围。建筑遗产本身的价值已经不是建筑遗产价值评价的惟一目标，而是更加关注遗产对社会的复合价值，因子提取的拓展反映的是遗产价值构成的拓展及评价体系建构思维模式的拓展。

(2) 评价体系建构思维模式的拓展。对遗产当代价值的重视以及指标因子选择的全面综合，是影响保护模式调整和改变的重要因素，对遗产的社会价值和经济价值的重视，带来了遗产改造利用和旅游开发保护模式的突破，而公众参与则是遗产保护的活力保障。遗产评价的目的已不再是简单的评价量值对比和分层级保护，而是反映遗产保护中的矛盾问题，促使保护工作更加具有针对性。

(3) 采用因子分析法。指标因子选择中多采用因子分析法，用精简的因子反映遗产的特征信息。这是建立在对遗产价值特征深度了解的基础上的因子比较和提炼的过程，提炼出的指标因子能够用于描述相关的指标和因素之间的联系。在此基础上，再运用相关的评价方法去进行定性和定量的评分。

(4) 运用多种方法综合降低主观评价的误差。在因子权重的确定中，通常采用主观、客观相结合的方法，如层次分析法、德尔菲法等，经过专家直接打分，再利用模糊数学建立评价模型，结合层次分析法，尽量降低评价主体的主观性带来的评价误差。也有学者结合运用熵值法和层次分析法，以克服不同评价方法的主观误差。

三、建筑遗产价值评价体系的研究趋势

1. 对价值指标因子的完善

(1) 注重遗产开发潜力的评价。建筑遗产，尤其是近现代建筑遗产，很多还处于其正常的生命周期内，通过一定的维修和改造，这些建筑遗产仍旧可以发挥它的使用价值，从而延续其生命，同时也解决了建筑遗产保护过程中的经济问题，但是现阶段建筑遗产的开发利用还缺少有效的监管，在利用和开发中容易失控，所以，在遗产价值评价中需要考虑到相关因素，明确保护的目的，进而指导评价内容。

同时，也并不是所有的建筑遗产均适合开发利用。不同的遗产有不同的价值特色，不同类型的遗产和不同的遗产个体可被利用的方式和程度也不同，这些都需要在评价过程中予以说明。注重遗产的开发潜力，在价值指标因子的选择上注重遗产结构安全性评价、配套设施的评价、建筑空间适用性的评价及建筑遗产整体风貌的评价。

(2) 注重遗产景观环境的评价。景观原指风景，但在建筑遗产价值评价中指人因为活动而创造的，把思想形态和观念意识同自然景观相结合而产生的一种复合景观，其本质是人类的建造活动对自然环境的改造，包括遗产的环境地域特征、艺术宗教信仰等。景观环境包括自然的景观环境和人工的景观环境。自然景观环境和遗产相结合容易形成优质的旅游资源，旅游资源的丰富程度会对建筑遗产的保护和再生起到积极的作用，自然环境的好坏是遗产旅游发展的重要因素，自然景观的评价是建筑遗产利用可持续发展的基础条件。人工的景观环境是人类有意设计的建筑景观环境，包括建筑遗产的聚落形态、街巷肌理和建筑本体景观。遗产的聚落形态是遗产与自然环境相融为一体的形式，在建筑选址、布局、朝向、规划等方面特征明显。街巷肌理反映的是建筑群体组合形成的街巷形态，如比例、尺度、空间组合形式、空间模式语言等。建筑本体景观反映的是建筑遗产的各种艺术处理形式、特色图案、符号元素以及遗产的地域适应性材料和技术选择等。

(3) 注重非物质形态遗产的评价。建筑遗产本身包括物质、非物质形态遗产。其中，物质形态遗产是非物质形态遗产的重要载体，非物质形态遗产通过人的活动和特定的物质空间传播和延续。它们由于人的活动而传承，而人的活动又离不开活动场所。所以，物质形态遗产和非物质形态遗产通过人的活动而紧密联系在一起，形成"场所"，非物质形态遗产赋予了建筑遗产更为丰富的价值内涵，它影响了建筑遗产的使用人群，反映了遗产在特定条件下的社会状况，激活、传递了物质文化遗产。对非物质形态遗产价值指标因子选项的拓展是全面解读建筑遗产价值的重要途径。

（4）注重评价主体的多元构成。建筑遗产价值评价过程中，当代价值的构成比重日益增加，遗产当代价值的属性决定了遗产本身必然要与当代使用人群发生联系，例如遗产产权、物业管理、遗产利用开发与使用人群的利益相关性等问题。遗产价值评价主体的构成能够影响评价的结果，不同的评价主体，评价的目的、方法、预期目标也不同，均会造成评价结果的差异。不同评价主体的认识均存在局限性，更多考虑的是局部的利益需求。为了更好地保护建筑遗产，为建筑遗产保护的可持续发展，评价主体的构成需要考虑相关人员构成关系，单纯的专家评价主体不能反映遗产在使用过程中的全部诉求。公众参与最初是指在社会经济活动中，对于产生的公共利益，公众享有的知情权和处置权。公众可以通过合适的途径表达自己的目标和理想，进而影响公共决策。遗产保护中的公众参与是指公众有参与遗产事务及分享遗产价值的权利。使用人群的参与评价能够更好地反映遗产价值的多样化，使公众的公益力量在遗产评价中发挥联动的社会作用，使遗产价值评价所连接的遗产保护能落到实处（表2-4）。

公众参与及影响层面　　　　　　　　　　　　　　　　　表2-4

利益相关者	常见的影响层面
保护团体及个人	(1)参与或组织历史文化遗产保护活动 (2)积极游说或大力支持政府进行文化遗产保护工作
地方文史工作者	(1)长期收集历史文化遗产的相关资料，对特定的遗产场所进行导览或解说 (2)通过网络、学术专著以及访谈问卷等形式增强地方历史文化遗产的凝聚力及认同感
游客与参观者	游客与参观者之间的需求对遗产服务内容的影响
社区居民	(1)历史文化保护场所的基层守护者 (2)社区居民对历史文化场所的认同与维护
土地所有权者	(1)土地所有权者有权对遗产场所使用及规划发展进行定位 (2)文化遗产额外价值的分配与再利用
建筑使用者	建筑物使用者一般情况下充当建筑遗产的管理者，但与专业的遗产评估者之间存在差异
建筑所有权者	土地持有者与建筑物所有者间的利益冲突
学术团体及科研工作者	(1)提供遗产管理的研究成果 (2)储备遗产管理的相关人才 (3)有偿或无偿地为建筑遗产保护提供相关建议
政府相关部门	(1)提供文化遗产保护政策及保护所需要的预算补助 (2)对遗产保护的现状及实施进度等进行监督与协调 (3)将部分遗产委托或承包给其他社会群体进行保护或再利用
其他遗产管理机构或组织	将传统的地方化遗产保护与多元化的建筑遗产保护进行结合，朝着全国、全世界的遗产组织迈进

2. 对评价细节的优化

(1) 提取价值因子的优化。在本书的评价体系中，评价体系的建立者对遗产价值因子的提取影响较大，受评价者分析能力的限制，价值因子能否有效涵盖遗产的特征，直接影响评价结果的效度。解决的方法是在评价过程中综合运用预设指标法和专家调查法、层次分析法，并反复使用，力求得到一个典型、有代表性的评价因子集。

(2) 确定价值因子权重的优化。价值因子权重的确定方法有主观赋权法、客观赋权法和综合赋权法，或者是几种方法综合使用。如何避免在赋权时评价主体的主观倾向，是评价体系是否有说服力的重要环节。确定指标权重在评价过程中具有举足轻重的地位。科学地确定指标权重，评价结果的可信性就高。引入熵值法、层次分析评价法和模糊综合评价法能够优化评价量化过程，使评价结果趋于客观。[60]

(3) 公众参与的评价优化。评价主体的多元化构成是评价过程走向合理的趋势，所以在评价过程中的公众参与对保障评价结果的客观性十分重要。将遗产的评价保护与遗产受益人群的利益紧密相连，优化公众参与的途径，提高公众参与的积极性以及完善公众参与的法律法规政策等，使公众成为遗产保护自发的执行者，是进一步有效实施遗产保护的保障。

(4) 遗产开发利用的经济性的评价优化。通过改造利用建筑遗产而延续其使用功能，给建筑遗产注入了新的生命，是一种符合当地社会利益的有效的活态保护措施。建筑遗产的区位、地段条件及其在城镇中的土地价值也是影响遗产评价的重要指标，避谈经济，把经济问题同遗产保护对立起来的观点只能导致对遗产的"圈养"式保护，必然导致遗产保护过程中资金不足、保护覆盖面窄、遗产空置等一系列问题。把和遗产及其相关地段、区域的经济因子纳入评价范畴，有利于更为全面地理解遗产的价值内涵。

建筑遗产的评价体系同它的价值构成一样是一个不断完善、发展和拓展的过程，均会随着社会的发展和人的观念的变化及人对遗产的使用情况的变化而产生不同的变化。此外，评价方法的改进和评价细节的不断优化，也会影响到评价体系的建构（图2-17）。

价值指标因子的选择和确定是否全面、客观，直接影响到评价内容的客观性和科学性。遗产价值构成差异的存在体现了遗产客体的复杂性和多样性，也反映了不同评价主体的判断差异。

四、建筑遗产评价案例分析

1. 南京历史建筑价值评价

南京是我国的六大古都之一，历史悠久，拥有众多历史建筑遗产，是我国的历史文化名城。2007年，由南京市规划局及各高校、设计院共同完成的《南京历史文化资源评估体系研究》课题研究，奠定了南京市建筑遗产的研究基础，提供了评价体系的基础保障。[61]

基于对南京市历史建筑的全面普查，历史建筑的价值被分为4个一级价

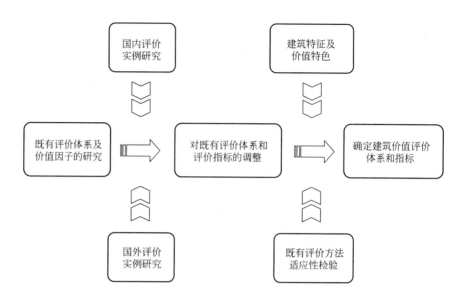

图 2-17
建筑价值评价体系
的确定方法

值指标,然后将 4 个一级价值指标分解为 15 个二级指标,再将评价体系细化有利于评价的准确性,最后通过专家评价法进行打分,从而得出各个价值指标的权重因子。4 个一级价值指标包括历史价值、科学价值与艺术价值、环境区位价值及现状保存与利用价值。具体操作流程如下:

(1) 结合多种调查方法:采取不同的调查方法,综合分析不同调查方式的结果,比如历史建筑的形式、风格、结构等方面需要采取观察、实际走访的调研方式,而历史建筑的人文价值则通过访谈等方式进行调研。[62]

(2) 预先评价和调研后补评的方式:在现场调研前,充分查阅相关的文献、图片等历史资料,通过预先的评价,可以基本掌握一些资料,再通过实际走访全面了解历史建筑的整体情况,之后进行整体的价值评价。

(3) 根据评价结果将其分为三个等级:第一等级是评分在 75 分以上,列为重点历史建筑,第二等级是评分 50~74 分,列为一般历史建筑,第三等级是 49 分及以下,列为其他历史建筑,根据历史建筑的不同等级提出不同的保护对策。南京的历史建筑评价体系中采用的评价方法和评价流程是目前普遍采用的建筑遗产价值评价模式。

2. 香港历史建筑价值评价

香港特别行政区拥有很多珍贵的建于二战之前的历史建筑遗产,集东西方建筑艺术之精华。香港的历史建筑价值评价体系,根据自身的历史与地域特点,吸取西方的保护评价经验,取得了一定的成果。香港的建筑保护工作并不是由一个机构部门单独负责的,而是由多部门派出子部门,各子部门相互配合完成的。各子部门之间分工明确,互相监督,共同完成保护任务。香港的评价过程如下:

(1) 研究历史建筑的基本情况,得出建筑的基本信息;

(2) 相关领域的专家阅读历史建筑的相关资料,对遗产的相关指标进行评价;

（3）专家对历史建筑从六个方面进行评价，分别是历史价值、建筑价值、社会价值、组合价值及真确与罕有两种程度，并按照重要性排序，依次为最低的1分到最高的4分；

（4）根据评价分值对历史建筑采取分级保护措施。

通过对历史建筑遗产保护与评价典型案例的分析可以发现，这些建筑遗产评价体系的基础是类似的，首先是现场调研等基础定量方法，进而是专家调查法，在形式上虽有不同，但是对历史建筑遗产评价的目的是相同的，按照不同的评价结果对历史建筑进行分级保护。

在建筑遗产的价值评价中，专家调查是不可缺少的重要环节。专家调查法的使用，在专家的选择上更加具有代表性，它使得评价体系更加科学严谨，同时更具有普遍性。通过建立具有普遍性、代表性的价值评价体系，并结合地域性特点，可以使整个评价量化的过程更加客观、准确，使得结果更加严谨。由以上案例可以看出，南京市主要是将目前未被列入保护范围的历史建筑进行价值评价，完善我国现行保护体系中的不足，根据地域性的特点，结合本地的实际情况，弥补了法规的疏漏，并与管理部门和规划部门相协调，保障了保护政策的落实与实施；而香港采用的是多部门参与的机制，保护的机制相对成熟与完备。综上所述，目前我国在历史建筑价值评价体系构建方面的工作已经取得了长足的发展，但依旧有一些不足之处，主要体现为我国的保护部门多而庞杂，职责有重复交叉之处，还可能出现部门之间缺少衔接的情况。

第四节　遗产多维价值评价模型

"范式"一词起源于《科学革命的结构》一书，该书是由美国哲学家托马斯·库恩（Thomas Kunn）于1962年出版的。该书定义的"范式"，即符合特定关系的模式的集合，是一种通用的模型或模式，在科学发展过程中，内部结构会发生改变，而这种特殊的内部结构就可以称之为范式。[63] 范式是一种理论体系，范式的突破可推动科学的进展。在学术研究中，范式就是看待研究对象的方式和视角，如遗产价值评价中的层次分析法模型（图2-18）。价值评价的范式决定了评价的思维方式，进而影响到遗产保护的方式。

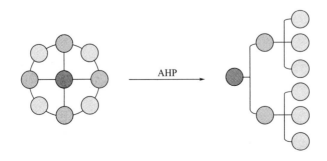

图2-18
层次分析法模型

一、评价方法对比

以往的研究者在进行建筑遗产的价值评价时,多采用层次分析法。层次分析法通过对评价指标的数学化处理,在一定程度上改善了专家调查法的主观因素影响,对提高评价结果的客观性有很大的帮助。但是单纯地采用层次分析法对评价客体进行评价,也存在一些问题。所以,很多学者把层次分析法和多种评价方法结合起来运用,去克服一系列问题。

采用层次分析法进行遗产价值评价时,存在的主要问题是:

(1)先验式的价值权重指标。追求遗产综合量化价值从而对遗产进行分级保护是一般遗产评价活动的目标,评价体系所进行的一切优化和细节设计均是为了获得高效度的遗产综合价值,在此基础上进行遗产价值的排序、分级保护,决定遗产的保护模式。

建筑遗产的价值评价是一种多指标的综合评价,目的是将反映遗产各方面信息的多项指标综合在一起形成综合指标,由于遗产构成的多样性与发展的不平衡性以及评价目标的不同,这些分项指标对遗产价值的影响就会发生变化,这时就需要引入权重的概念。在主观性的权重确定中,通常采用德尔菲法、征求意见法、汇总分析法等方法,反复调查、比较以求得较合理的权重意见。利用层次分析法也可以避免主观赋权法的一些缺陷。以层次分析法为例,既有研究成果虽然承认遗产价值构成的多元化,承认遗产的价值认知跨越了多个学科领域,但是在追求定量评价替代定性评价的评价原则的指导下,在评价过程中过分依赖数字量化的形式,有些评价因子勉强量化后,没有对遗产的价值属性作出准确的描述,而是把遗产丰富的价值构成通过单维度的、抽象的量值表征和数量计算表现出来。在价值因子权重的确定上,虽然各评价体系都为了提高评价的效度而尽量用客观评价法代替主观评价法,即用层次分析法或是模糊综合评价法替代单一的专家评价法,但是评价专家的主体构成又存在差异,致使经过多轮问卷后的权重指标各评价体系之间差异较大。例如,朱光亚采用层次分析法建立的"建筑遗产评估体系"中,历史价值、科学价值、艺术价值的权重分别是10%、20%、40%,而宋刚的采用层次分析法预设权重,再用熵值法效验权重值的"近现代建筑遗产价值评估体系"中历史价值、科学价值、艺术价值的权重分别是24.69%、8.98%、37.73%。历史价值、科学价值的权重分配差异极大,虽然评价的对象与方法不同会带来价值权重的变化,但价值权重的巨大差异显然会影响到综合价值的排序,从而影响评价结果的客观性。对建筑遗产价值评价的研究具有一定的社会科学的属性,虽然引入了相关学科的多种方法,进行了复杂的量化计算以避免个人化因素的影响,但是不同的评价个体,即专家组的主观经验和判断存在着很大的差异和不稳定性。从提高评价体系效度的角度来说,尽量减少不确定评价环节,就意味着评价结果的效度的提高。宋刚在《近现代建筑遗产价值评价体系再研究》中就综合运用了层次分析法、德尔菲法和熵值法,建立了近现代建筑遗产价值评价体系的模型,进而确定了各价值评价因子的权重，最后得出评价综合价值。

（2）没有体现遗产的多维价值构成。不同的遗产规模、遗产类型有其专属的价值脉络。单纯追求遗产综合量化价值就忽视了遗产价值的个性发展和多元构成。我们把来自于多个学科领域的价值类型定义为不同的维度，不同维度的价值虽然相互之间有一定的联系和交叉，但是每一价值维度的内涵和评价标准均不相同，每个维度价值的适宜评价人群也不同，在单纯追求量化评价的前提下把多维的价值因子用层次分析法、德尔菲法、模糊评价法逐级降维，减少在评价过程中的主观因素干扰，确实能够获得直观、明确的量化评价结果，但量化评价的结果把遗产的多维价值又简化成了一种单维的价值量值，即量化后的数字。多维价值简化降维成一维的量值后，必然会造成多维价值在信息展示上的损失，使遗产自身复杂的价值特征不能体现。评价结果分值相同的建筑遗产，其价值属性可能完全不同，甚至截然相反。遗产价值的综合量值不能全面地反映遗产的价值特征。此外，不同类型的遗产也有着自己的价值特征，统一预设的评价权重不能全面反映遗产的真实状态，也会导致评价结果的不公正。所以，追求遗产价值的综合量值这种评价目标适用于保护建筑的定级等需要根据分值进行判断和选择的保护环节，而不适用于对遗产的价值特征进行针对性保护的保护环节。

（3）评价结果没有和保护建立关联。在整体性保护的前提下，具体的保护方法、针对性的保护设计对遗产保护来说更加重要。所以，遗产价值评价和遗产保护措施相关联的评价方式便更加必要。英国的伯德·费尔登（Bernard Feilden）曾提出过要明确保护的目标，进而再去评价遗产价值，并将建筑遗产的不同价值进行排序，按照价值的排序确定保护措施的观点。其理论阐述的重点在于将评价的结果体现为遗产的不同价值排序，评价结果不仅仅是单维的量值，也是各类型的遗产价值排序，体现出一种遗产评价的价值观。

二、模型创建的缘起

建筑遗产保护专家尤嘎·尤基莱托指出："现代遗产保护中的主要问题是价值问题，价值的大小直接决定遗产保护的对象和实施的方法。"[64] 遗产的价值认知与评价是遗产保护与管理的核心。遗产价值的建构就是一种对遗产价值类型建立认同的过程。通过建构建筑遗产所具有的多维价值，厘清各类型价值之间的相互关系，可更透彻地理解和认识建筑遗产保护的重要意义。遗产保护的资源投入是有限的，以价值为导向，能够使保护决策更加合理。

本书建立了一种多维价值评价的范式模型。这种多维的价值评价模型可以简化降维使用求得遗产的综合价值。简化有简化的目的，比如在针对建筑遗产的保护定级确定遗产的综合价值时，遗产的多维价值在遗产的初始价值构成中只存在逻辑的先后，并不存在权重的高低，权重的取值只是一定的评价主体为了特定的评价目标反映遗产价值的相对重要性而确定的，而遗产价值的相对重要性只有与保护目的相挂钩时才有意义。遗产的保护设计要做到有针对性，就需要对遗产的多维价值有一个多维的认识。

学者们在各种遗产价值评价体系的建构中努力探索，引入了很多跨学科的研究方法去改善评价中的各种细节，取得了很大的进展，推动了遗产价值评价和遗产保护的发展，评价方法和评价研究不仅应用于建筑遗产的价值评价，在很多学科领域，如军事、机械和管理的研究中都取得了进展。黄国庆在《效能评估中的改进熵值法赋权重研究》中以战斗机空战作战能力的六项指标作为评价对象，分别采用熵值法和改进熵值法进行赋权对比研究，证明了改进效果较理想，确定权重的指标更加合理，可以在武器装备效能评价中推广应用。这种方法同样也可以应用于建筑遗产的价值评价。

王生昌在《基于熵值法的汽车动力性能主观评价指标权重确定方法》中为了客观地评价汽车的动力性能，探讨了采用熵值法确定主观评价指标的权重系数的问题。体现汽车的动力性能的是多维信息，通过熵值法和层次分析法综合确定权重，得出各指标的差异分值，以图形表示，五辆车的动力性能指标分值差异较大，舒适性能指标分值差异较小，最后以每辆车的指标围合成的图形面积确定车辆的加速性能，图形越规则且面积越大表示加速性能越好（图2-19）。

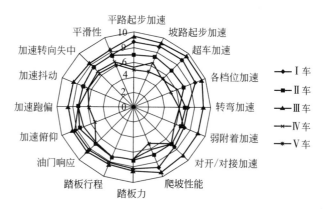

图2-19
不同车辆动力性能评价指标

陈勇在《具有评价结果惟一性特征的雷达图综合评价法》中探讨了传统雷达图评价中，不同维度向量形成的面积指标和维度排列顺序密切关联，造成评价结果不惟一、不确定的问题，提出了改进雷达图的范式模型，即用扇形面积取代向量值连接形成的三角形面积，使评价结果具有惟一性，并通过案例检验证实了方法的有效性（图2-20）。图形面积的变化正态反映了各维度价值量值的变化，所以，面积在一定程度上可以反映遗产的综合价值。面积这一抽象值本身在单位和数值上与遗产综合价值没有任何关系，但是每一维度上得出的量值却是真实度量的，用真实度量的量值去产生一个虚幻的面积值是因为面积值和每一个维度值成正比。所以，面积值能够真实地反映遗产的各维度价值的一个正比的叠加关系，这种叠加关系值所反映的遗产排序关系恰恰也是综合价值所要反映的遗产排序关系。所以，可以近似等同地把面积值看作"综合价值"。

桂涛在《乡土建筑价值及其评价方法研究》中通过对五个建筑遗产样本的评价，得出了检验结果雷达图来检测朱光亚的评价方法。这种雷达图反映了不同维度上的价值量值，图形本身又反映了遗产价值的特殊性（图 2-21）。以上对评价方法的研究和探索启发了本书关于中东铁路建筑遗产多维价值评价模型的建立。

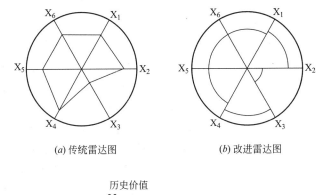

(a) 传统雷达图　　(b) 改进雷达图

图 2-20
雷达图评价方法改进

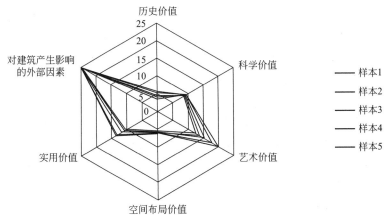

图 2-21
典型评价方法样本检测结果雷达图

三、模型中使用的方法

1. 模型创建的基础

对既有研究成果进行分析和扬弃，发现问题，才能在新的方法中去解决。在中东铁路建筑遗产整体保护前提下的遗产多维价值评价模型建构，强调遗产价值的特殊性、多元化的遗产保护方式及多维度价值的平等关系。综合采用多种评价方法，实现遗产的多维价值评价[65]。

遗产多维价值评价模型创建的关键点是各维度价值权重的关系：

假设一个建筑遗产是由多维度价值构成的，这些价值通过评价主体的梳理、筛选，精炼地表达了建筑遗产的价值特征。本书将这些价值称为不同维度的价值，不同维度的价值共同构成了遗产的价值体系，不同价值本身是平等的，不存在等级关系，只存在对遗产客体影响的强弱。各维度价值之间只存在逻辑上的先后关系，例如遗产在没有历史价值、艺术价值和科技价值的时候，它的其他价值也无从谈起。它们之间并没有主次之分，不能说哪种价值优先，哪种价值重要以及哪种价值不重要。遗产类型和规模的差异都会带来不同维度价值分布的差异，所有价值都是不可忽略的，因为它们都是经过筛选而建构出来的，它们都有独立的维度，所以各价值本身初始并不存在权重比例的关系。价值维度评价量值的强弱反映了此维度价值作用于此遗产的影响力。维度量值本身就客观地体现了此维度价值在这个遗产上的优先性。所以,价值权重应是在评价之后通过价值维度量值反映出来的,而不是在评价之前先验性地赋予遗产的。遗产价值对于遗产来说没有最好,只有更好。

2. 熵值法确定权重

传统价值维度权重确定的方法多采用主观赋权法,而主观赋权法在确定价值因子权重时是先验的,凭借专家的经验和倾向,再通过数学方法统计确定的,这种主观的先验权重赋值抹杀了遗产价值最初的平等性,被赋予的权重值存在一定的主观随意性,而熵值法的权重确定是根据对评价数据的分析产生的。熵值赋权法依据各价值指标提供的信息确定权重,改善了主观赋权法等方法中主观性因素的缺陷。依据信息熵原理,如果用熵来对建筑遗产价值信息的有序程度进行度量,则可以看到,价值信息的有序度越高,信息熵就越大,效用价值就越小,反之亦然。熵值法的特点是能够参考评价指标的效用价值来确定指标权重的方法,降低了主观因素的影响。[66]

本书针对熵值法的改进:由于建筑遗产价值评价指标体系比较庞大,指标较多,不容易进行数据处理,所以必须要进行必要的统一量纲,进而进行数据处理。由于熵值法的计算过程中要使用熵和对数的概念,所以处理的结果也会存在差异,会出现负数及极值的情况。此外,根据数学规则,出现负数和极值不能直接参与运算,所以,对熵值法进行必要的改善是保证各项指标数据准确获得的基本途径。根据郭显光《熵值法及其在综合评价中的应用》一文中的熵值法求权重,推导出如下计算公式:

(1) 构建价值评价指标矩阵:

$$X = (x'_{ij})_{m \times n} \tag{2-1}$$

式中:X——价值指标矩阵;

x'——价值维度量值;

m——评价客体个数;

n——价值指标个数。

(2) 指标无量纲化处理,即在矩阵 $X = (x'_{ij})_{m \times n}$ 中,

对于正向指标:

$$y_{ij} = \frac{x'_{ij} - \min x'_{ij}}{\max x'_{ij} - \min x'_{ij}} \tag{2-2}$$

对于逆向指标:

$$y_{ij} = \frac{\max x'_{ij} - x'_{ij}}{\max x'_{ij} - \min x'_{ij}} \tag{2-3}$$

则矩阵 $Y = (y_{ij})m \times n$,称为极差变换标准化矩阵。

(3) 单个价值指标占总体的比率:

$$y'_{ij} = \frac{y_{ij}}{\sum_{i=1}^{n} y_{ij}} \tag{2-4}$$

式中:y'_{ij}——第 j 项指标下第 i 个遗产指标的贡献度。

(4) 计算熵值 e_j 和信息效用值 d_j：

$$e_j = -k \sum_{i=1}^{n} y'_{ij} \ln y'_{ij} \tag{2-5}$$

式中：e_j——所有年份对第 j 个指标的总贡献度；

k——常数，$k = \dfrac{1}{\ln n}(0 \leqslant e_j \leqslant 1)$。

使用第 j 项指标数据来衡量信息熵 e_j 的效用价值，当系统失去序列时，$e_j = 1$，所以，此时 e_j 的信息在遗产评价中的效用价值为 0，某项价值指标的信息效用价值取决于该项指标的信息熵 e_j 与 1 之间的差值 d_j。

$$d_j = 1 - e_j \tag{2-6}$$

(5) 确定遗产各项价值评价指标的权重：

$$w_j = \dfrac{d_j}{\sum_{j=1}^{n} d_j}, \quad (j = 1, 2, \cdots, n) \tag{2-7}$$

式中：w_j——指标权重。

熵值法的综合指标评价体系是通过熵值法的信息熵原理测定各个指标的权重，再将所得到的权重与评价客体指标相结合，进而得到各个评价客体的综合评分进行排序。传统的熵值法综合指标评价法是将评价客体的各项指标乘以所对应的指标权重得到评价客体各项的权重评分，再将所得各项权重评分进行简单的相加，得到评价客体的综合价值。这种方法在权重赋值方面是通过对客体价值维度量值的强弱计算得到的，避免了权重值赋予的主观随意性，但熵值法只是客观地分析多维度量值的离散度，从而确定各指标权重，而权重计算仅是整个熵值法评价体系中各指标的相对重要程度以及价值排序，为了使遗产保护更有针对性，在遗产的综合指标计算中，各价值维度量值赋予权重后的简单相加对于某单一维度量值突出且此维度在整个价值体系中的权重占有率较低的遗产并不适用，不能以偏概全地缩小此类遗产的综合价值。

3. 雷达图法

本书为解决熵值法综合指标评价体系中的问题，尝试引入雷达图分析法与熵值法相结合。雷达图分析法具有直观、形象的特点，适合于对多属性、多维度描述的对象作出整体性评价，它能够清晰地反映多个价值维度指标的变化规律，直观地看出各个指标间的差距，通过雷达图的叠加还可以对评价整体情况和评价差异进行判断，便于对指标进行归类处理，简化评价过程，提高评价效率。[67]

雷达图法在综合评价中，可以用二维平面图形对评价指标进行表达，图形面积的变化正态反映了各维度价值量值的变化，所以，面积在一定程度上可以反映遗产的综合价值。虽然面积本身在单位和数值上与遗产综合价值没有直接关系，但是它是基于每一维度上得出的真实量值而来的，它存在的基础是面积的变化与各维度价值量值的变化成正比关系。

(1) 传统雷达图法的综合评价。基于传统雷达图法的综合评价在郑慧丽的《基于雷达图的综合方法》中已有所进展，但传统的雷达图法并不适用于与熵值法相结合的遗产价值综合体系，因为：

1) 在雷达图中，各指标数轴方向的排序确定与主观因素密切相关，缺乏严谨的理论指导，使得同一组评价对象会因雷达图主观取向的差异而形成不同轴射方向的顺序，得到的面积和周长也存在差别，有时甚至得到完全相反的结果（图 2-22）。[68] 相同建筑的指标排序不同，所求出的面积也会有所不同，得到的综合指标也不相同，所以其指标的排列顺序将会影响遗产价值的最终排序。

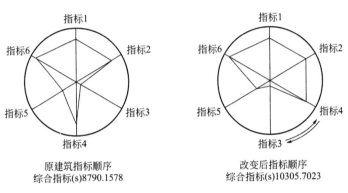

图 2-22
不同维度的价值在轴射方向的顺序影响评价结果

2) 传统雷达图的标轴夹角呈现出简单的等分比例，弱化了差异指标在综合评价中的作用。

3) 评价综合值不仅受各个指标分值的影响，同时受限于所绘制的雷达图的形状，图形越接近圆，其面积越大。

4) 由于雷达图的绘制过程是将每个维度量值相连接，其个别客体的重要量值的突出性被缩小，不能解决上文中所提出的问题（图 2-23）。

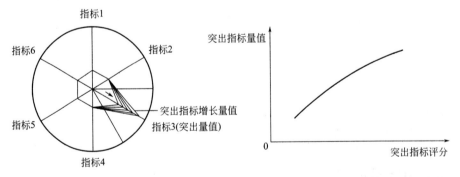

图 2-23
传统雷达图单一指标量值变化图（指标自身）

一般情况下，如图 2-24 传统雷达图所示，单一突出维度量值的增长率与指标评分的大小成反比。单一突出维度量值的变化随着相邻指标评分的提高而改变，相邻指标评分提高，单一突出维度量值的增长率降低，总量值提高。

（2）改进雷达图的综合评价。鉴于以上分析，本书对传统的雷达图法作出了适当的修改，改进的原理为雷达图综合评价法存在单一维度面积多变的问题，即指标所在区域的面积随着指标排列顺序的变化而改变，并不是惟一值。改进的雷达图，其综合评分计算所依赖的面积不再是三角形而是扇形（图 2-25），这一新的雷达图的各维度所在区域面积不再是变化的，而是惟一

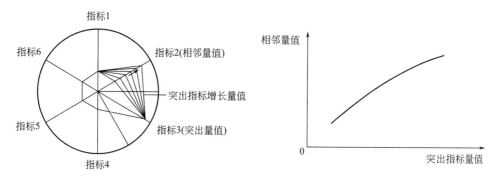

图 2-24 传统雷达图单一指标量值变化图（相邻指标）[69]

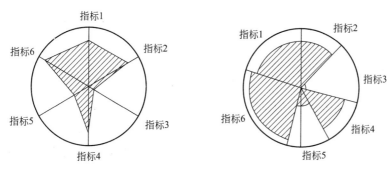

图 2-25 改进雷达图的指标惟一性

的。改进的雷达图面积为 S' 根据扇形面积公式可得出：

$$S' = \sum_{j=1}^{k} \frac{1}{k} \pi n_{ij}^2 \tag{2-8}$$

式中：k——指标个数；

n_{ij}——第 i 个指标和第 j 个指标形成的扇形面积，这里 $i=j$。

二是雷达图中各指标之间的夹角不再是等分关系，而是将指标所在权重引入其中，权重值由熵值法求出，指标间夹角的大小与权重呈正比，权重的引入使得所求面积值更具有科学性。其中权重与角度的关系为：

$$\theta_j = w_j \times 360 \tag{2-9}$$

式中：θ_j——任意一个指标的夹角；

w_j——该指标的权重。

三是改进的雷达图指标面积用扇形表示，由扇形公式可以看出，随着单一维度的价值量的增加，对综合评分的影响呈指数倍的扩大，强化了价值维度的变化差异。这和熵值法根据信息差异确定权重的道理异曲同工，这种差异可使遗产保护工作更有针对性（图 2-26）。

以单一遗产的指标 1 为例，随着指标 1 的变化，面积呈指数上升，强化了指标变化的差异。

4. 基于雷达图法和熵值法的评价方法

通过分析，分别对熵值法和雷达图的绘制及指标所示区域进行了改进，使两者结合的遗产价值综合评价法不仅能避免权重赋值过程中的主观随意性，而且能周全地统筹到遗产各维度的量值对综合指标的影响，其模型的具体构

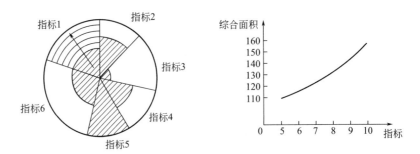

图 2-26
改进雷达图强化价值维度差异

建步骤如下：

（1）分析各价值指标，并构建遗产价值评价指标矩阵：

$$X = (x'_{ij})_{m \times n} \qquad (2\text{-}10)$$

（2）由于熵值法测权重完全依据于基础数据，为消除基础数据极值对权重的影响，首先对基础数据进行无量纲化处理，本书所采用是标准化处理。

即在矩阵 $X = (x'_{ij})_{m \times n}$ 中，对于正向指标：

$$y_{ij} = \frac{x'_{ij} - \min x'_{ij}}{\max x'_{ij} - \min x'_{ij}} \qquad (2\text{-}11)$$

由于价值指标均为正向指标，故这里不展示对逆向指标的处理方式。

（3）运用改进熵值法的信息熵原理计算各维度量值的离散度，从而得到各指标权重。

1）第 i 个遗产在第 j 项指标中占的比重：

$$y'_{ij} = \frac{y_{ij}}{\sum_{i=1}^{n} y_{ij}} \qquad (2\text{-}12)$$

2）计算信息熵与冗余度：

$$e_j = -k \sum_{i=1}^{n} y'_{ij} \ln y'_{ij} \qquad (2\text{-}13)$$

$$d_j = 1 - e_j \qquad (2\text{-}14)$$

3）计算指标权重：

$$w_j = \frac{d_j}{\sum_{j=1}^{n} d_j}, \ (j = 1, 2, \cdots, n) \qquad (2\text{-}15)$$

（4）计算单指标评价得分：

$$S_j = \sum_{j=1}^{n} y_{ij} w_j \qquad (2\text{-}16)$$

（5）将所计算的指标权重以扇形圆心角的方式带入改进雷达图中，使雷达图能够体现出指标权重的大小：

$$\theta_{ij} = w_j \times 360 \qquad (2\text{-}17)$$

（6）根据遗产的不同价值，绘制遗产指标雷达图，所绘制的雷达图中各大小不一的扇形面积之和则为该遗产的综合价值，将各遗产综合价值进行对比，从而对各遗产价值进行排序。

$$S'_i = \sum_{j=1}^{n} w_j \pi x'^2_{ij} \qquad (2\text{-}18)$$

式中：S'_i——任意单一遗产价值综合评分（雷达图中所在扇形面积）；

x'_i——同一遗产单一维度量值（雷达图中所在扇形半径）。

由以上推导得出遗产的综合价值和各维度价值（图 2-27）。

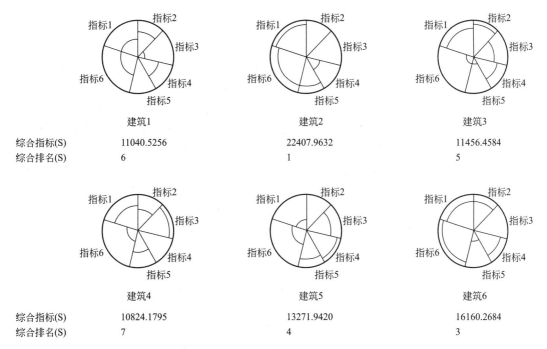

图 2-27 遗产的综合价值和各维度价值

5. 综合价值排序对比

如图 2-28 所示，将改进雷达图综合评价法与熵值法得到的遗产价值排序结果进行对比发现，在大体排序一致的情况下，个别遗产综合价值的排序结果略有不同，这更突出了个体优异价值对综合价值的影响，如图中建筑 2，此遗产在熵值法综合价值排序中为第二，而在改进雷达图中为第一，究其原因，则是建筑 2 在权重大的指标 1 和指标 2 中维度量值较大，而建筑 9 在权重相对较大的指标 1 中评分较低，这最终影响了两栋建筑遗产的排名。

由于排序大体较熵值法变化不大，而改变的排名顺序又很好地说明了改进雷达图法更加强调个体遗产突出价值的评分，所以，新的雷达图法是传统熵值法和雷达图法的结合，是两者的一个改进算法模型（表 2-5）。

利用熵值法计算的遗产综合价值排序 表 2-5

	指标 1	指标 2	指标 3	指标 4	指标 5	指标 6	综合值	综合排序
建筑 1	5	7	2	6	10	5	5.498414	4
建筑 2	9	10	10	3	8	8	8.128278	1
建筑 3	8	9	6	7	2	2	5.35552	5

续表

	指标1	指标2	指标3	指标4	指标5	指标6	综合值	综合排序
建筑4	7	6	9	1	6	3	5.257108	6
建筑5	3	9	7	9	8	4	6.039799	3
建筑6	8	8	1	8	3	9	6.507046	2

四、模型图示解析

多维价值评价模型建立的目的是为了多维的遗产保护，不同维度的价值应有相应的遗产保护对策。也可以说，价值评价的目的不仅仅是为了分级，也是为了分类。不同维度的价值反映在遗产身上会有一个价值对比，这种价值对比能够反映出遗产的价值特性[70]。针对遗产的价值特性确定对遗产的保护方式，制定对遗产的保护设计方案，将遗产保护和遗产价值评价建立关联。这样的保护结果逻辑性强，有针对性，高效节省，有利于遗产特色价值的传承。模型图示又可分为多维价值评价模型（图2-28）和多维价值评价计算模型（图2-29），评价模型可表明价值维度指标因子的关系和量值，计算模型可表明指标因子量值和价值维度量值的计算过程。

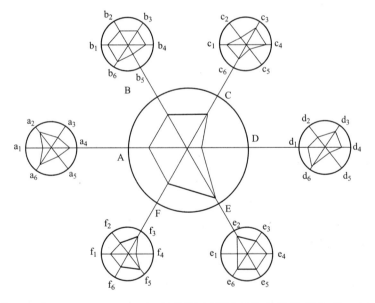

图 2-28 遗产多维价值评价模型

图2-30中A、B、C、D、E、F分别表示遗产的多维价值构成，A1、A2、B1、B2表示遗产的价值指标因子构成。

多维价值评价模型的优势在于体现了价值维度量值与指标因子的层级关系，可直观对比各价值维度之间的量值差异，清晰地观察出每一个遗产价值的构成关系，以熵值法求权重并结合改进雷达图求综合值法得到的价值综合量值更客观，其建立的过程如图2-30所示。

（1）客观、全面地分析中东铁路建筑遗产的价值，建构遗产价值体系及遗产价值指标因子体系；确定评价标准。

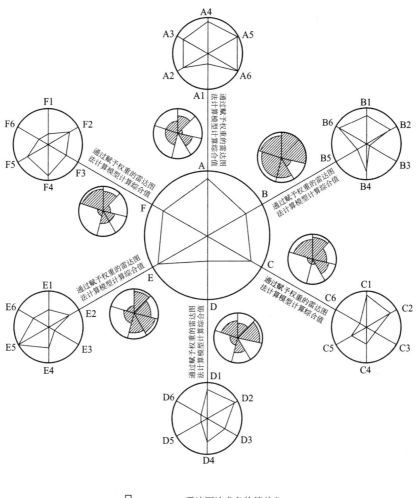

图 2-29 遗产多维价值计算模型

（2）通过专家打分法得到各维度价值指标因子的评分，再利用指标因子的分值通过熵值法求出各遗产价值指标因子的权重。

（3）所求权重与评价模型中各指标因子量值所围成的扇形中心角成正比，并计算出指标因子雷达图中所有扇形面积，其扇形面积总和即为各遗产价值维度量值。

（4）求出各遗产的价值维度量值后重复上述算法求出各遗产价值权重，确定扇形面积角度，计算得到遗产综合价值并排序。

（5）将各遗产多维价值评价雷达图叠加对比，直观反映各遗产价值的特征并对遗产价值进行分类保护。

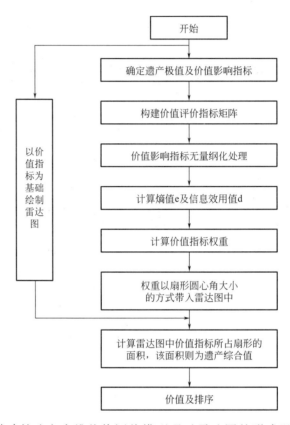

图2-30
遗产多维价值计算程序

中东铁路建筑遗产多维价值评价模型通过雷达图的形式以简单、直观、直接地观察价值维度量值及各价值指标因子量值的方式展现给评价者和遗产保护者，有助于清晰地判断和决策。模型不但使得遗产的价值体系一目了然，同时也清楚地展现了一种计算过程，这种计算过程基于统计学和数学逻辑，在一定程度上避免了评价过程中的主观随意性。模型克服了传统雷达图求综合值法所存在的不足并保留了传统雷达图的优势，使通过模型计算的价值量值更加准确、客观，模型的观察更加直观、方便，这种直观的对比观察能明确各遗产的价值成分及权重，区分不同价值的遗产保护类型，对遗产分类保护做到有的放矢。

第五节　遗产多维价值评价模型的特点

一、同层次分析法评价模型的差异

（1）评价目标的差异。层次分析法目标层强调的是遗产的综合价值，反映了遗产多元价值构成后的极简量化表示，侧重于通过遗产价值评价进行遗产分级。按遗产评价分值归类保护级别，针对不同级别制定相应的保护策略。实际上，在保护过程中还会涉及文保单位、城建管理者、使用者、产权所有者、开发商等诸多利益构成者，利益构成复杂、多元。单维度评价结果在适应这种复杂的保护局面时，对遗产价值的独特性反映不足。[71]

多维价值评价模型目标层强调的是遗产的多维价值，强调针对遗产的多维价值构成的多维遗产保护，侧重于通过遗产价值评价进行分类。对应的评价目标不同，不仅是图示方式的不同，更是一种思维方式的不同，是和遗产价值构成多元化的学界共识相对应的价值评价构成多维化，是和多类型的保护决策选择相对应的价值评价。

（2）权重确定的差异。层次分析法各价值维度的权重是通过专家调查计算出来的，是先验的，依赖于专家对评价客体和评价目标的主观把握，先有权重，后有综合得分。

多维价值评价模型各价值维度的权重是通过熵值法结合评价统计计算出来的，是评价结果真实的反映。先有评价统计，后有权重赋值，符合数学逻辑，有一定的科学依据。

（3）应用方法的差异。层次分析法是在专家调查法的基础上，确定历史建筑价值评价的指标，通过权重的赋值求综合值，比较指标之间的重要性及所处的地位，从而建立评价体系，作出最终的评价。

多维价值评价模型是运用熵值法结合雷达图法，通过分析各评价指标确定权重，传达给决策者，以信息量的多少来确定指标权重的方法，评价结果既能反映遗产的综合价值，又可以强调遗产的多维价值特征。

在中东铁路建筑遗产的价值构成中，遗产的多维价值之间呈现出复杂的关系，有涵盖的关系、复合的关系、矛盾的关系等。所以，在保护过程中也面临着多种价值的平衡。保护的目的就是使遗产价值利益最大化，所以，要以社会总体需求去考虑各价值之间的相互关系，不因对某种价值超理性的推崇而阻碍其他价值的开发利用。[72]

二、模型的价值排序的功能

中东铁路建筑遗产多维价值评价模型直观地反映了遗产自身的多维价值构成特点。通过评价形成的各维度量值，可以反映不同维度价值在遗产身上的影响度，可以判断各维度价值对遗产本身的影响力排序。这种价值的影响力排序是评价主体心理的外在表征，也是评价主体决策的内在体现。价值排序能够清晰地表明遗产自身和遗产之间的多维价值的主次关系及遗产多维价值所处的地位，是进行进一步遗产分类和保护的前提。

1. 价值排序是评价主体心理的外在表征

价值排序不仅与遗产所处的社会文化背景、历史经验及差异的评价过程息息相关，而且在评价主体的影响因素中，例如欲望、情感、喜好、需求等也会直接影响评价的结果。遗产价值与评价主体之间存在关联性，主要体现为价值评价实现的过程中需要对建筑遗产不断地选择、认知与衡量。[73] 同时，遗产价值排序体现着未来建筑遗产保护的发展方向和预计结果，是一种通过使用者及评价者行为而形成的预期判断，并在未来的保护过程中，对建筑遗产进行针对性的改善和维护。总之，遗产价值排序是遗产价值评价的重要内容，也是评价主体心理过程的外在表征（图 2-31）。

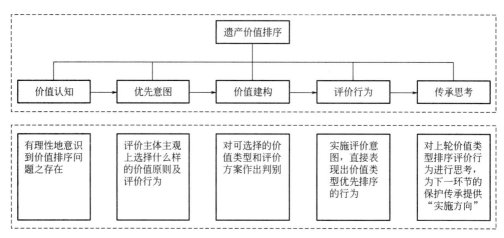

图 2-31　遗产价值排序

2. 价值排序是评价主体评价决策的内在体现

遗产价值排序是在遗产价值特征及价值建构的基础上由遗产价值评价而形成的。在遗产价值评价主体作出价值评价决策的同时，也决定了建筑遗产价值的起源、判断依据、目标理想的选择，这一系列的判断和选择最终决定了价值排序。价值排序体现了价值评价系统中的目标系统、方法系统、规则系统和制约系统作用的整个过程，是遗产保护决策的重要依据。理性、准确的价值排序必然要经历一个复杂的各价值指标因子相互影响的过程，在这些过程中，必然会涉及各种比较、判断、选择等，因此，遗产价值排序是评价主体的价值评价决策的内在体现，是评价主体不断选择、不断追求以及实践的行为过程。

3. 价值排序拓展了建筑遗产价值研究的领域

当代关于建筑遗产价值评价的哲学观点较为多元，有讨论遗产价值范畴的研究，如建筑遗产群体价值、单体建筑遗产价值等；有重视评价原则的研究，如真实性、原真性、整体性、可持续性、必要性、可识别性、合理与适度利用等价值评价原则；有关注遗产价值关系的研究，如使用价值与非使用价值、内在价值与外在价值、经济价值与文化价值等；还有价值评价细节的研究，如评价指标的提取、评价方法的探索、评价主体的公众参与等。建筑遗产的价值排序与以上价值领域问题的研究密切关联，无论是遗产价值评价原则的理论研究、价值构成和范围的研究，还是价值问题的实践研究，均能体现出价值排序在研究中的外显性和前瞻性。所以，建筑遗产价值排序对遗产价值保护和传承至关重要，把握当代社会遗产价值评价指标选取的新动向、解决多维价值类型的矛盾与冲突，有助于拓展建筑遗产价值评价的研究领域，是对遗产价值评价问题的深化与补充。

三、各维度价值评价的独立性

中东铁路建筑遗产多维价值评价模型的另一个特点是各维度价值相对独立，都从不同的侧面反映了遗产的价值属性，不同维度的价值构成也不同，如果属于不同的范畴，所反映的价值现象的受众群体也会不同，所以有可能并不适合用同一种评价方法去评价，虽然在层次分析法中是同一批次专家评价所有的价值指标因子，但不同领域的专家在对待同一问题时的评价结果会呈现出较大的离散度，即使采用多种方法进行效验，由于专家构成多元，仍然会存在主观差异的问题。中东铁路建筑遗产多维价值评价模型不同的价值维度，在评价标准确定的前提下，可以利用不同的评价方法或者不同的评价人群，也可以更好地运用主观评价和客观评价，即每一价值维度上的评价可以相对独立，因其维度上的量值反映的是一种比例关系，所以即使各维度的评价指标和衡量尺度不同，只要比例存在，也可以直接反映各维度价值的强弱关系。[74]。中东铁路建筑遗产的这种价值属性刚好与评价模型的特征是匹配的，所以评价模型适用于对多属性体系结构的评价客体进行整体性描述，亦可应用于不同学科和行业。

四、价值评价与保护措施的关联

中东铁路建筑遗产评价模型中的分维价值量值所围合的图形体现了遗产自身价值的独特性。将不同遗产的分维价值量值图形叠加，可以区分遗产的价值构成类型及遗产的价值地位，有利于遗产的分类保护（图2-32）。

(a) 全面保护型

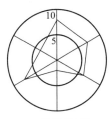
(b) 差别保护型

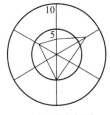
(c) 一般保护型

图 2-32 范式模型反映的遗产价值类型关系

（1）全面保护型。全面保护型遗产的各维度价值量值均远高于价值标准线，说明此类型遗产拥有较为均衡的价值构成且素质较高，遗产综合价值也相应较高，代表了整体遗产之中的较高层面。需要投入的保护精力应相应加大，在遗产的保护定级上也相应较高。

（2）差别保护型。差别保护型的建筑遗产各维度价值可能反差较大，高于或低于价值标准线，遗产的价值量值呈现出明显的不均衡，综合价值也不突出，对于这类遗产则需要有差别地进行保护，关注其单一维度价值的突出性，在保护中可以突出重点，有的放矢。

（3）一般保护型。一般保护型建筑遗产，其各维度价值量值均在价值标准线附近，略高或略低。此类建筑遗产保护方式应当以均衡保护为主。

遗产价值评价的结果必须和遗产的保护措施和保护模式相结合，才能发挥评价的指导作用。遗产的价值多样性决定了遗产不可能属于同样的价值类型，每个遗产均呈现出自身的价值特色，价值特色相同或相近的遗产构成了同一价值类型，对它们的保护中也采取了相同的措施。李格尔就曾经提出过针对古迹遗产的价值类型确定保护措施的设想（表 2-6）。

李格尔的估计价值体系和对应的保护措施[75]　　　　　　表 2-6

价值类型	价值描述	保护措施
历史价值	对应一个特定的历史时间，呈现期间人类在某特定领域的创造发展	必须复原古迹的"原始状态"
年岁价值	要如实呈现古迹的变化与演进，主要在于传达时间的递增	仅有保存措施，维持古迹现状即可
蓄意的纪念价值	主张一种不朽、永恒的现在	必须修复古迹，以维持其纪念性
使用价值	实际功能的实现	使古迹保持功能，符合当代的需要
艺术价值	传达美感的愉悦，是每个时代相对的、变化的艺术观念	需要保持外观形状与色彩的完整
崭新价值	为传达当代的"艺术精神"而排斥岁月的痕迹	将古迹修复成崭新的面貌

第六节　评价模型的效度与信度

效度和信度是建筑遗产价值评价模型必须考虑的方面，包括效度检验评价出来的结果是否能真实反映遗产的价值属性及量值关系，遗产评价结果所产生的价值排序是否合理，信度检验这套评价体系是否可靠，内部结果是否相互矛盾，是否会出现前后两次测量结果相互矛盾。

一、信度与效度的差异

信度和效度之间既存在联系又存在区别。联系主要体现为均以相关系数来表示其可靠性的大小，它们的区别体现为：

（1）研究的主体不同

信度：答卷者（评价主体）

效度：出题人（评价体系制定者）

（2）研究的视角不同

信度：检验的是评价过程的质量

效度：检验的是评价问卷设计的质量

（3）评价结果的误差不同

信度只考虑随机误差与测验总变异之间的比例关系；

效度，除以上研究外，还包括评价过程中存在的误差。

信度与效度之间有着密切的联系。信度高，效度不一定高。如果问卷是完全可信的，那么问卷可能达到完全有效，抑或达不到，这种现象产生的原因是评价误差的存在[76]。

二、信度与效度检验

信度即可靠性，是指采取同样的方法，在一定的时限内，对同一建筑遗产多次进行评价，检验其结果的准确性。在中东铁路建筑遗产价值评价中，通过问卷的形式，去检测评价结果的一致性和稳定性，可尽量降低由于主、客观因素带来的随机误差。[77]

中东铁路建筑遗产多维价值评价模型评价问卷控制信度，采用了：

（1）重测信度。同一问卷，间隔一段时间，对同一评价主体再测一次。

（2）评分者信度。去掉最高分和最低分，取平均值。

效度是建筑遗产价值评价中的重要考核指标，通过评价是为了获得具有效度的测量与结论。效度越高，则说明该遗产价值评价的结果所测验的真实度越高。效度也可以描述评价结果是否准确及是否有效，进而反映评价误差的大小或程度。[78]

中东铁路建筑遗产价值评价体系检验效度，采用了：

（1）表面效度。衡量一个遗产价值评价结果的品质，即该评价看起来是否能对某价值特性进行准确描述和测量。应用表面效度可以检测由概念到指标的推演过程及结果是否符合逻辑，是否有效，评价结果是否符合人们的主观判断和预期。[79] 简言之，即评价结果和人们主观大致评价判断的结果是否差异过大。

（2）因子分析法。对遗产价值评价的结果，除了采用表面效度检验，即评价结果是否符合人们的主观判断和预期外，还运用了因子分析求综合值法对模型结果进行检验。这种方法是基于主成分分析法的拓展与推广，从目标变量的内部出发，把复杂的变量归结为几个综合因子，根据不同因子的属性特点，对变量进行归类。简单而言，因子分析法就是将错综复杂的价值影响因子通过相似分类的方法缩减为为数不多的几项综合因子，以代表之前冗余的影响因子，这些综合因子通常称为公共因子。

因子间的相互分类缩减以因子方差贡献率为主，方差贡献率是指同一项公共因子对每个变量所提供的方差贡献的总和。它可以作为衡量每一项公因子相对重要性的尺度，每项因子的方差贡献率大小则被认为代表了该因子的权重。

因子分析求综合值方法的核心是对繁多的影响因子进行分析，提取公因子，再以每个影响因子的方差贡献率作为权重与本因子的乘积作为该因子的得分。通过 SPSS 对数据进行因子分析相关检验并得到主成分，再通过主成分方差贡献率求出各因子权重，进而得到综合得分，用此方法对专家评价的分值进行处理，得到遗产价值的综合评分和排序，与雷达图综合模型所得排序相对比，可以用来检验评价模型的效度。

第七节　本章小结

　　建筑遗产的"价值"是一个多视角和多维度的概念，不同的人由于世界观、人生观、价值观等的不同以及背景条件的不同和受不同利益驱动，对于同一建筑遗产的价值会有着不同的评判。建筑遗产的保护是建立在建筑遗产价值评价的基础上的，遗产价值评价的核心问题就是遗产的价值认知，遗产的价值认知的变化会带来保护理念、保护方式、保护措施的改变。人类社会对建筑遗产的保护方式随着社会对建筑遗产的价值认知的不断发展而转变。建筑遗产能够随着不同时代的不同价值观而被赋予新的价值阐释，它体现的是一种传承自过去的现代价值。保护遗产的目的正是为了在价值传承中延续遗产的生命与意义。我国对建筑遗产的价值分类是基于"文物"的概念提出的，并不能完全反映建筑遗产特殊的价值属性，尤其是具体到中东铁路建筑遗产时，遗产本身的产生、发展又有其独特的个性。所以，对中东铁路建筑遗产进行有针对性的价值拓展认知是对其进行价值评价的基础。

　　建筑遗产的评价体系同它的价值构成一样，是一个不断完善、发展和拓展的过程，随着社会的发展和人的观念的变化及人对遗产的使用情况的变化，会产生不同的变化。评价方法的改进和评价细节的不断优化也会影响到评价体系的建构。不同的遗产规模、类型有其专属的价值脉络。单纯追求遗产综合量化价值而忽视了遗产价值的个性发展和多维构成。量化评价的结果把遗产的多维价值简化为一种单维的价值量值会造成多维价值在信息展示上的损失，也会使遗产本身复杂的价值特征无法体现。评价量值相同的遗产，其本身的价值特性可能差异很大，甚至截然相反。通过对前人研究成果的分析和扬弃，采用熵值法、雷达图法和德尔菲法等评价方法，创建了本书的中东铁路建筑遗产价值评价体系，在遗产整体保护的前提下创建的遗产多维价值评价模型，强调遗产价值的特殊性和多样的遗产保护方式。多维价值评价模型建立的目的是为了多维的遗产保护，不同维度的价值应有相应的遗产保护对策。也可以说，价值评价的目的不仅仅是为了分级，也是为了分类。不同维度的价值反映在遗产上，会有一个价值排序，这种价值排序能够反映出遗产的价值特性。针对遗产的价值特性确定对遗产的保护方式，制定对遗产的保护设计方案，将遗产保护和遗产价值评价建立关联。这样的保护结果，逻辑性强，有针对性，高效，节省，有利于遗产特色价值的传承。

第三章 中东铁路建筑遗产价值体系

　　清晰地表述建筑遗产概念需要三部分：遗产的物质形态、遗产的表现特征及遗产的价值体系。价值是人们赋予建筑遗产的特质，作用于不同形态的遗产上，并存在着多元的表现特征。建筑遗产价值既有相对性，又有绝对性，它的价值特征在特定条件下是绝对客观存在，是对一种事实的叙述，是人类社会活动的特定产物，但同时它也由不同的评价主体建构，带有一定的主观性。遗产价值对每个评价主体的意义均有所不同，即建筑遗产价值是在不同的价值观的作用下，通过不同的价值取向建构出来的，会因时代的不同而带来价值体系内容的变化。遗产价值体系的拓展、变化反映的是社会文化的发展进程及人的生活需求状态，是文化的起源、传播和发展以及存在的载体和证据，进而影响遗产保护理念和保护方式的改变。[80] 中东铁路建筑遗产记录了100年来东北地区中东铁路沿线城镇的发展和变迁，传承着城镇发展的历史与文化，展现了沿线居民的生活方式和独特的建筑技术和艺术，具有典型的时代特征和地域特色。遗产之间又存在着规模、层级上的紧密关联。同时，它承托着人们的情感和记忆，影响了新的民俗和习惯，记载了铁路修建时期的殖民与侵略，目睹了国家的衰败和崛起，记录了修路者的工作与生活，见证了不同地域、民族文化之间的相互传播与影响，所以对中东铁路建筑遗产的价值认知和价值建构是深入了解这些遗产，保护这些遗产的基础。拓宽对中东铁路建筑遗产价值的认知视野，尊重遗产价值的多元化构成，构建当代的中东铁路建筑遗产价值体系，是进一步合理地进行中东铁路遗产价值评价的重要环节，决定了遗产能否得到普遍的价值认同及遗产保护能否获得广泛的社会参与。

第一节 中东铁路建筑遗产特征

　　中东铁路建筑遗产是在特定的历史年代修建完成的，不论从时代跨度还是其空间发展结构上看，它的技术特色、艺术风格、人文理念和社会影响均在服务社会和文化传播之中呈现出其特有的品质，其城镇体系的形成与发展和铁路交通系统的走向和分布具有密切的联系。多样化的城镇规模与空间形态也受到了铁路建设的影响。决定城镇空间演化的社会经济动力同样和铁路系统的建设、管理和生产需求紧密相关。"殖民地"性质的附属地带来了新的土地使用制度，这些因素制约着铁路沿线附属地的发展，使其呈现出独特的遗产特征。同时，隐藏在建筑遗产形态、布局特征之后的是其综合性的文化价值和社会价值，中东铁路建筑遗产的特征随着时代的改变而不断拓展，其自身的线性分布和动态规律性的建造特点，多元、丰富、包容的建筑风格以及成熟、理性的地域适应性技术与设计理念，都折射出了它最本质的价值内涵，尤其是这些建筑遗产作为中东铁路文化线路的重要载体，又与特定的使用人群产生了紧密的联系，这种联系已经超越了铁路本身和建筑遗产本身的功能范畴，或者说，其遗产特征本身已经不仅仅存在于建筑的物质形态当中，通过文化的传播，建筑遗产本身已经同沿线附属地人群的生活习俗、行为习惯、信仰、情感等人文要素紧密联系到了一起。随着中东铁路附属地建筑遗产一起形成的不仅仅是城镇、街区、聚落与节点，同时也形成了人们对这种文化的一种主观情感依附与文化认同。

中东铁路附属地内的建筑建造是具有一定模式的活动，建筑的功能类型虽然丰富，但建造模式却有规律可循。通常都是站房优先建设，铁路职能配套的办公、服务及住宅建筑逐渐完备，进而出现教堂和娱乐场所，每一个附属地以站房为起点，均发展形成了功能完备的建筑聚落，这些建筑聚落又进而发展为城镇。

本书对中东铁路建筑遗产特征的梳理是对其进行价值认知的基础，而对遗产价值的建构又是对遗产价值进行评价的首要工作。随着价值认知的多元化扩展，遗产保护已经从狭义的技术保存发展到社会文化、经济领域。所以，拓宽中东铁路附属地建筑遗产特征的观察视野，能够促进准确的遗产价值判断。

一、建造与发展的分形

中东铁路的开工建设极大地带动了东北地区的城市化进程，附属地内站房的建设使一些偏远的村落快速发展成为小城镇（图3-1、图3-2）。这些城镇围绕着中东铁路形成了带状的城市群。这些城镇的发展模式虽然多种多样，但是都和中东铁路建设关系密切，主要有两种类型：

图 3-1　东线横道河子镇初期全景[81]

一种是如横道河子镇、一面坡镇、绥芬河市等由居民聚落直接发展为城镇，这种城市化是伴随着城市现代化进程同时发展的（图3-3）。在城镇发展之初，都有在西方建城理论指导下的总体规划，每个城镇内的公共设施，如道路、广场、绿地等功能分区比较完善，教堂、商场、银行、医院、学校等也成为了城镇必要的组成部分，城镇发展由原本的内向发展型的封闭村落转

图 3-2　西线博克图镇初期全景[82]

(a) 中东铁路东西线城镇分布示意图

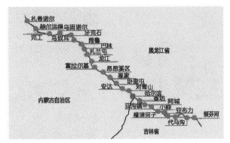

(b) 中东铁路南线城镇分布示意图

图 3-3　中东铁路沿线城镇的分布[83]

变为外向型的开放城镇。以绥芬河市为例，在中东铁路开工之前，人迹罕至，鲜有记载，1898年之后，小城围绕着车站、机车库和铁路办公室等形成了主城区，主城区内开始大量地建设，诸如商务办公、领事馆等公共建筑和普通住宅大量形成，1905年，主城区面积已经达到1km^2，城市内部形成了四条碎石子铺成的主街道，供水排水设施应有尽有，商业建筑、邮政银行、住宅零星散布在城区内，形成了初具规模的城市。

第二种是铁路建设打破了原有传统城镇的发展格局，促使其逐渐向现代化发展。例如宁安市，宁安市原本是清朝设置的重镇——宁古塔原址，19世纪初，东北解禁后，东北地区经济发展，1903年中东铁路在宁安北部设置了海林站与牡丹江站，丰富了原本只能通过牡丹江走水路运输的交通格局。铁路的出现极大地促进了地域间粮食、木材等商品的运输，使得周边的物资以宁安为集散中心，向牡丹江和海林等地通过铁路运输流动，逐渐形成了境内的80余家商号和加工厂，货物集散的同时也形成了大量人口的流动，宁安的经济因此得到了快速发展。

1. 遗产的线性分布与组合

中东铁路的建设促进了东北地区大批近代建筑类型的产生与发展。与铁路相关的车站、水塔、机车库，与护路相关的兵营、警署、马厩，与铁路职工生活相关的住宅、医院、学校、教堂、办公等建筑类型规律性地分布在中东铁路沿线。[84] 这些建筑物在设计和建造上遵循了一定的模式，这种规律性的建造模式体现了中东铁路建筑遗产的独特性，虽然这些建筑遗产在地域分布上和建造规模上差别较大，不同地域的遗产特色也不尽相同，但是分析其内在建造模式的发展规律能够帮助我们更清晰地对遗产的产生、发展有一个详细的了解并有助于进一步对遗产价值进行认知和判断。

随着火车站的建立而衍生出了一系列铁路办公建筑和铁路附属建筑，如果把这些建筑实体本身看作是其能指，那么因为中东铁路的修建而产生的一系列管理和社会活动就是其所指（图3-4）。

图3-4　能指与所指关系分析[85]

中东铁路建筑遗产的线性分布与组合（线性是能指所具有的特性）。中东铁路建筑遗产，从宏观上看，每一栋建筑遗产都是存在于一条空间链上的点，沿着铁路发展形成空间链。每栋遗产个体都相互组合成空间链上的信息。线性本身包含了时间和空间上的绵延，每一栋附属地内的建筑的建造都在时间和空间上具有一定的先后与主次关系。就单体建筑而言，对于只是有一定特色且年代并不十分久远的近现代建筑，并不是每一栋都设计精美或历史信息丰富，很多建筑默默无闻，甚至微不足道，平凡、平实地担当着它们的服务角色。但是它们都分布在中东铁路沿线上，其空间覆盖广，包含的遗产类型多，既包括建筑物、构筑物等有形遗产，也包括建筑物、建筑群体与城市和使用人群共同作用所产生的非物质的无形遗产，这些遗产展现了 20 世纪东北地区的人类活动和历史环境。遗产的价值是在以线性序列组合起来的建筑遗产的基础上构成的，建筑遗产之间的价值关系也建立在线性特征之上。

中东铁路建筑遗产的这种建造模式在时间轴上的特征同样是线性的（图 3-5）。附属地沿线带状城市群的建设时间和周期基本都是：站房优先建设，随后逐渐完备办公和居住类型，进而产生教堂和娱乐场所。这种时间模式的隐性线性序列同空间模式的显性线性序列共同形成了独特与共性的遗产特征，体现出了其独具的多样性和统一性，从而衍生出了整体协调一致又独具一格的建筑遗产风貌。[86] 每个附属地内的建筑遗产都可以看作是这个建筑遗产链上的一个结构段，结构段（组合关系模式的最高抽象）的线性序列（Sequence）可以与整条建筑遗产链相同，也可以不相同，有分形特点，但并不十分严谨。

图 3-5 中东铁路建筑遗产建造模式的线性关联[87]

中东铁路建筑遗产与其附属地建设具有同期性，孤立地评价某一单体建筑并不能全面反映整体遗产价值，单体建筑遗产需要放在附属地遗产环境中形成一个遗产系统才有研究价值。遗产之间不是孤立的，彼此之间有着紧密的规模、层级的关联，对遗产的价值评价应建立在遗产认知的完整性之上。另外，各附属地之间的关系在空间上也呈现出线性序列特征，它们彼此影响，共同形成城镇网络。附属地内还形成了众多独特的空间聚落组合。相似的空间聚落均沿铁道线方向水平展开，也有一部分是依据地形地貌线性布置的。这种相似的空间群落线性展开的组合方式，也是中东铁路建筑遗产空间分布的主要形式。

2. 自相似的分形特点

分形几何学理论是近代几何学的一个分支，由于传统欧式几何的图形过于理想，和自然界中实际的图形有较大的差距，所以欧式几何已经无法展现自然界的一些形态，所以法国数学家曼德尔勃罗特在 20 世纪 70 年代提出了分形几何的概念。分形几何作为传统几何学理论的补充与拓展，得到了广泛的共识，一般认为，分形几何可以更加真实地描述大自然的本来面目，摆脱欧式几何的一些束缚，是自然界中的几何学。[88] 美国学者巴维尔首次将分形理论与建筑学相结合，国内也有一些学者运用分形几何理论研究传统乡村聚落的形态。中东铁路附属地的发展规律又不同于古村落的形成、发展规律和形态特点，古村落的形成与蔓延发展更多的是自然形成的，通常是自下而上的，而中东铁路附属地的边界是人为限定的，附属地的边界有着严格的控制，所以说，在平面形态上并没有如同自然村落发展的分形形态，但是这并不意味着整个附属地内的建筑遗产完全不存在分形几何的特点。分形几何理论最大的特征就是具有自相似性，它认为所有的客观事物都具有自相似的层次结构，局部与整体在许多方面有相似性，是一种类层次结构，这种结构在空间上呈现出某种相似或者类相似，局部与局部之间、局部与整体之间结构上的类似。由此，本书总结出中东铁路建筑遗产在四个方面体现着分形几何的自相似性：

（1）建筑实体功能组合的分形。就整个中东铁路附属地内的建筑物来看，高等级站点和低等级站点内的建筑物在功能设置上有一定的相似性，如几乎所有的站点内都设置了站房、铁路办公室、机车库、水塔、铁路职工住宅、医院（卫生室）等基础设施及构筑物（表 3-1）。高等级站点内有的设置了教堂、俱乐部、学校等公共文化教育建筑物，这些不同类型建筑物之间的关系是紧密关联和自相似的，站点内建筑的衍生和建筑功能的拓展是有一定顺序的，这种顺序本身存在自相似性。整个中东铁路附属地内都存在着这种自相似性的类层次结构。甚至许多单体服务设施，如水塔及一些基础服务设施的设置上都存在这样的自相似特征（表 3-2）。

重要站房周边配套情况　　表 3-1

	昂昂溪站	横道河子站	一面坡站	扎兰屯站
铁路走向	东—西	东—西	东—西	东—西
配套设施	烈士陵园、医院、警务段、站前广场、水塔、学校等	教堂、警务段、站前广场、水塔、学校等	医院、警务段、站前广场、水塔、学校等	医院、警务段、站前广场、水塔、学校等
火车站房				
周边配套示意				

中东铁路水塔　　表 3-2

名称	香坊站水塔	海林站水塔	呼海铁路水塔	烟囱屯站水塔	扎赉诺尔站水塔	中德站水塔	中东铁路总工厂水塔
图片示意							

续表

名称	昂昂溪站水塔	齐齐哈尔站水塔	成吉思汗站水塔	扎兰屯水塔	满洲里蒸汽机车水塔	双城水塔	碾子山水塔
图片示意							
名称	巴林站水塔	雅鲁站水塔	博克图蒸汽机车水塔	牙克石水塔	满洲里第二水塔	哈克站水塔	乌固诺尔站水塔
图片示意							

（2）建筑遗产形式风格的分形。附属地内的建筑风格也存在着自相似性，代表性建筑风格，如俄式建筑风格夹杂糅合了折中式建筑风格、新艺术运动建筑风格以及后期受日本侵略影响带来的现代建筑风格等。由于中东铁路沿线城镇的线性布局特点，所以这种建筑风格的传播、演变在各城镇具有一定的同期性。不论从整条铁路来看，还是在某一个单独附属地内，建筑风格及其发展、传播过程是相似的，风格演变上也是相似的。大型公共建筑一般由铁路管理局统一建造，其风格相似在情理之中，这种相似是自上而下的，但一些非公共建筑的建造是自下而上的，但其建筑风格却也遵循着同样的发展脉络，甚至在新中国成立后，自建的民宅在建造手法、建造技术、建筑细部上也有这种风格的沿袭，所以，附属地内建筑遗产的形式风格在空间与时间两个方面体现了自相似性。

（3）站房等级布局的分形。中东铁路的站房分为 5 个等级。从建筑方面来看，高级别站点内的建筑物通常规模更大、设计更精致，而低等级站点内的建筑物设计则一般较为简单，多采用标准化设计，可体现出级别的差异。这些站点的等级设置充分考虑了地理位置、政治影响等方面的因素，高级别站点均管理着它下属的低级别站点的铁路运营，一个站点内的遗产结构相当于一个结构段，每一个大的结构段内又有若干个小的结构段，由此可见，虽然大的结构段内部的各方面比小的结构段更加完备，设计更加精美，但是其基础的内部结构是类似的，所以每一个大的结构段与小的结构段或与同等级的其他结构段之间均有自相似的特质，在中东铁路管理局的管理体制上就有所体现，在具体建筑的等级规制上也有所体现，这种铁路管理上的层级管理关系所带动的附属地城镇和建筑遗产规模、等级的变化，也反映出了建筑遗产的自相似分形特点。

（4）宗教影响地域文化的分形。由于中东铁路的建设，东正教文化也随之而来，以教会为核心又发展了一系列医疗、教育类的慈善机构。这种以中小教堂为核心，点状扩散的建造模式的特点与整个中东铁路的建设氛围是类似的，而由教堂的建造派生出来的一系列教会学校、教会医院在各个附属地也呈现出自相似的特征。此处的自相似并不是指采用了相同的设计图纸或是类似的建筑体量、建筑风格等具象形态特点，而是指这种功能分布上的自相似性。这种宗教文化与东北传统的地域性文化相结合影响着当地人的生活，当地人对待铁路遗产从最初的基础交通需求发展到对外来遗产文化的融合和接受，这种文化的碰撞、传播与传承在各附属地也体现出了一定程度的自相似性。

中东铁路建筑遗产虽然在建筑实体形态与布局上不会像自然界中很多天然的物体一样具有严谨的分形几何特点，但是在很多方面具有一定的自相似特征，所以说它具有不严谨的分形特点（图 3-6）。

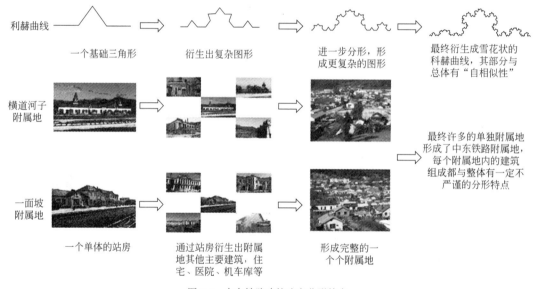

图 3-6 中东铁路建筑遗产分形特点

3. 遗产廊道

随着国际学界对文化遗产内涵的认识的拓展，对建筑遗产的保护行为已经不再是仅对单栋建筑与历史街区的保护，而是逐渐扩展到了建筑遗产及其周边环境的保护，很多学者还提出了针对遗产的区域化、整体化保护概念，包括遗产区域、遗产廊道、文化线路等，都是基于遗产整体保护原则衍生出来的保护体系。遗产廊道是宏观性、线性区域整体化保护的一种典型形式。这一概念最早起源于美国，是建立在绿廊理论的基础上的。1984 年，美国对伊利诺伊和密歇根运河遗产廊道的确立标志着遗产廊道概念的明确提出。自此，遗产廊道理论逐渐进入了研究者的视野。欧洲、加拿大、日韩等国对这一概念也有深入的研究。我国的研究起步比较晚，但大运河遗产廊道研究也取得了一定的成果。[89] 学界一般认为遗产廊道具有以下五个方面的特征：

（1）线性。遗产廊道同一般的遗产保护单位的明显区别在于它是线性遗产区域，所以不能够单一地对线性中的某一局部点进行孤立的研究。遗产廊道的内部包含着众多的子遗产，甚至子遗产廊道，因此，针对线性的特点，要对遗产廊道采用区域保护研究的模式。

（2）尺度性。遗产廊道在尺度上有很大的随意性，小到一个城市内部或跨越几个城市，大到跨越国家甚至大洲，但是无论这个尺度是大还是小，其内部都会通过这个廊道进行某种政治或是经济上的活动，或者是存在着共同的历史的记忆，是人类的活动和地域文化的传播造就了这种尺度的产生。

（3）整体性。整体性也可以叫作综合性，即整体保护或区域保护的原则，要对区域内的历史、建筑、文化、自然等多方面的资源进行整合保护研究，也需充分地考虑区域外的各类资源对廊道内的资源的影响与破坏。遗产廊道是传统绿廊概念的延伸，遗产廊道概念和我国的遗产保护结合更需要将历史文化放在首位，同时兼顾对被破坏的生态环境进行修复。

（4）自然性。自然性也可称为地域性，无论遗产廊道是更类似美国的自然廊道还是更类似欧洲的人文廊道，廊道的产生很大程度上取决于区域内的生态、地形、地貌、水文等影响。如果说遗产廊道是一部和人类活动相伴相生的漫长历史，那么廊道内的自然要素就是形成人类活动方式的基础。

（5）经济性。遗产廊道的保护可以通过遗产保护、旅游开发等手段增加当地的税收，提高政府与民众对遗产廊道保护的热情与意识，使开发与保护互相促进。开发应当有一定的限度，要根据原真性、适应性、生态性和地域性等原则，避免遗产保护做成"假古董"和以保护的名义"建设性破坏"。

遗产廊道将中东铁路附属地内的孤立、局部的铁路小镇或者历史街区连接起来形成了线性的遗产空间，表面上是建筑遗产的串连，而内在则是中东铁路整个文化、经济、自然、历史等多方面的融合互通。中东铁路建筑遗产具有明显的线性遗产特征，建筑遗产实体的背后是近代东北地区一百多年的经济社会发展历史。这种线性遗产的价值由有形与无形的要素组成，其价值意义来自于整个线路跨地区之间的融合交流，民族间的多维对话和宗教间的相互碰撞，解释了特定时空背景下中东铁路沿线各种人类活动之间的相互关系。

根据对遗产廊道的认识与解读，中东铁路的建筑遗产符合遗产廊道的以下四个判断标准：

（1）历史的重要性。19世纪初，中东铁路建设影响着中国东北乃至全国、东北亚甚至全球。清政府同意俄国在境内修建铁路，意味着昔日封建帝国的衰落；日俄战争对中东铁路路权的争夺，意味着日本觊觎东北亚的野心；奉系军阀与苏联的中东路事件，影响了奉系与民国政府之间的博弈；安重根对伊藤博文的刺杀，影响了日本在二战中的政策。[90] 这些事件无不推动着国家发展的曲折进程，影响着当地的社会结构等。纵观中东铁路的发展历史，它在人们的面前表现了民族耻辱与抗争的人文情怀,这正体现了中东铁路遗产的重要性。

(2) 工程的重要性。在工程上,中东铁路的修建,使得在落后的中国东北出现了工业文明的重要标志——火车,附属地内的水塔、机车库、站房、桥梁等铁路建筑都是具有技术、文化、科研价值的重要遗产。建筑方面,由于不同的人群具有不同的文化背景和社会需求,东北土地上有了外来的建筑形式,不仅在哈尔滨、大连这样的大城市中出现了新艺术运动、古典主义这类西方典型的建筑风格,就连低级别的附属地内,也大量存在着俄式建筑木作的精巧、砖砌的韵律,体现着设计与施工的高超技艺。中东铁路建筑遗产将过去、现在及可以预见的未来联系在一起,它在人们面前展现了工业文明,经历了近代工业与现代工业的兴衰荣辱,见证了中国东北一个世纪的沧海桑田。

(3) 自然对文化资源的重要性。中东铁路沿线的自然要素对中东铁路建筑遗产廊道产生了深远的影响。东北地区有大小兴安岭,大小河流遍布区域内,当地的木材、砖石这些自然原生态的建筑材料为赋予中东铁路建筑地域性特点奠定了基础,铁路沿线的水文与地形地貌也深刻地影响着站点的选址和建设,这些都是形成文化资源的重要因素。中东铁路的修建,是一次人类对自然的改造,这一系列的改造深深地改变着当地人的出行方式和生活方式,这些变化体现了人类与自然不断协调发展的过程。

(4) 经济的重要性。中东铁路对地方经济的带动作用是显而易见的。铁路的修建带来了当地矿产资源的外运加工,从而带来了经济效益。城市规模由于铁路的交汇、资本的流通而形成和发展,很多城市在历史上获得的政治经济地位、独特的文化特点、丰富的建筑遗产直至今天也能带来相当丰厚的经济效益。很多小城镇也是因为铁路的出现而爆发式地发展,建筑遗产成为了这些城市旅游开发的重要资源。哈牡客专开通,会给如一面坡、横道河子等原中东铁路站点带来更多的游客,面对人流的冲击,中东铁路建筑遗产的保护与开发问题又将成为焦点。

通过以上的分析,有充分的理由确定中东铁路建筑遗产是一条典型的遗产廊道。不同于美国的自然遗产廊道,中东铁路遗产廊道是人为建筑工程的遗产廊道,有它独具的特性、动态性与时代性。中东铁路遗产廊道的价值体现了其对东北地域文化起源和发展的整体性的价值。[91] 中东铁路遗产廊道概念的确立,会促进中东铁路建筑遗产保护形成整体性、多层次的保护策略,对中东铁路沿线城镇的复兴都有一定的带动作用。

二、建筑文化的包容

1. 中西建筑文脉共存

费孝通曾将文化包容性阐述为"美美与共,天下大同"。中东铁路建筑遗产是特定时期、特定区域、特定人群建造的具有一定的技术与艺术特点的文化综合体,建筑功能从简单到复杂,建筑风格从单一到多元,它所反映的文化碰撞与兼收并蓄已经成为中东铁路建筑遗产的典型特征。

沙俄与日本的侵略是中华民族的悲剧，但是也为东北建筑文化增加了异国的元素，带来了异域的建筑思潮与文化，至今仍然影响着东北的建筑风格与技术理念，深深地扎根，融入了这片土地。这些建筑遗产由于处于不同的地域、不同的环境，经历了不同的民族而形成了自身独特的魅力。它综合了中西建筑文化，展现了建筑文脉的融合，体现了兼收并蓄的建筑哲学[92]，既有散发着质朴、和谐气息的俄罗斯风格建筑，又有华美、精巧的西方古典建筑。很多外国建筑师也基于本地文化设计出了很多中西合璧的建筑形式，展示了东西方文化相互碰撞并融合的独特形态。[93]

中东铁路建筑遗产包含了多种类型及风格，包容性成了遗产的一个突出特征。这种包容性来自于众多的文化门类，这些门类在铁路附属地这个特殊的环境下互动融合，最终展现出了一幅斑斓的图画。其中数量最多、最具代表性的是俄式建筑风格建筑，在特定时期、特定地域出现的特定的"俄式"建筑风格，可以称为中东铁路附属地"方言"俄式风格。既有以木造为主的木刻楞风格，坡屋顶、"帐篷顶"大量采用，也有砖石结构的建筑，这些砖石结构建筑的门窗及一些构件也会采用木材，砖木结合，更成为了俄罗斯建筑风格的典型特点。[94]

新俄罗斯风格代表着俄罗斯东正教建筑风格的复兴，最直接地体现在铁路沿线的教堂建筑上。这种风格的建筑在中东铁路附属地曾经大量出现，包括哈尔滨的圣·尼古拉大教堂、横道河子的圣母进堂教堂等。这些教堂在建筑形象和装饰符号语言上具有极高的相似性，以木质教堂和砖石砌筑的教堂为主。其中，圣母进堂教堂和谢拉菲姆教堂是小型木质教堂的代表性作品（表3-3），展现出了近人的尺度与精美的装饰图案。而圣索菲亚大教堂的建筑样式和装饰风格则是借鉴了17世纪的俄罗斯砖雕艺术主题。这种新俄罗斯风格还表现在俄式田园建筑风格的复兴上，以住宅和小型公建为主，包括砖石建筑与木刻楞建筑、板式木建筑等。

中东铁路沿线教堂[95]　　　　　　　　　　　　　　　　　　　表3-3

名称	哈尔滨圣阿里克谢耶夫教堂	哈尔滨圣索菲亚教堂	哈尔滨基督教福临安息日教堂	哈尔滨东正教圣母帡幪教堂
图片示意				
名称	哈尔滨路德会教堂	哈尔滨圣依维尔教堂	哈尔滨圣母安息教堂	呼兰圣母圣心教堂
图片示意				

续表

名称	绥芬河协达亚尼古拉教堂穹顶	横道河子圣母进堂教堂穹顶	一面坡圣谢尔盖教堂穹顶	哈尔滨圣索菲亚随军教堂穹顶
图片示意				

2. 建筑文化的国际化与多元化

除了中东铁路建设之初的俄罗斯建筑文化与欧洲新艺术建筑文化之外，1907年中国东北成为了建筑跨文化交流实践的平台，建筑文化的包容性特征在哈尔滨、大连这种大城市体现得尤为突出。以哈尔滨为例，在中东铁路时期，法国、德国、英国、美国、日本、意大利、葡萄牙、波兰等33个国家的侨民居住在哈尔滨，民族构成的丰富性和规模性仅次于上海，居东亚第二位。各民族携带着自己的传统建筑文化和经典建筑样式来到铁路附属地，在这块特殊的土地上展开了一场建造活动的展示性实践[96]，使中东铁路建筑文化的传播趋向于国际化和多元化。在这些多元建筑文化的影响下，除了俄罗斯建筑风格外，还有日本传统建筑风格、日本近代建筑风格、犹太建筑风格、朝鲜民族建筑风格等，甚至还有少量英伦建筑风格、日耳曼建筑风格、美国建筑风格、意大利建筑风格、地中海建筑风格等。有的建筑呈现为独立的风格样式，有的建筑则以折中或混搭的方式表现，这些风采各异的建筑风格构成了中东铁路建筑文化的多元包容性（表3-4）。

李国友博士在《文化线路视野下的中东铁路建筑文化解读》中通过涵化与转型的建筑文化构成性质、包容与创新的建筑文化艺术特色、俭省与因借的建筑技术理念、有类与无界的建筑文化伦理精神对中东铁路建筑文化的特质进行了解读。由于俄日两国的侵略与文化渗透，中东铁路沿线附属地内的建筑呈现出了与中国本土传统建筑截然不同的形态与风格，各种建筑样式在一个不长的时段内成规模地出现在中东铁路附属地内，而且具备了先天性国际化的特点。另外，在建设过程中，参与设计与建设的人员来自世界各地，受各国文化影响，异域文化之间相互碰撞、交融与渗透，又形成了自己独特的一面。

例如中东铁路站房建筑就体现了这种多元的折中风格、新艺术风格、装饰主义风格的特点。虽然从形式上看，这些站房建筑属于不同的风格，但是它们并不是独立存在的，而是通过近人的小尺度造型、有规律的功能布局、类似的建筑细部构件处理及相对统一的建筑色彩体现了整体的协调（表3-5）。

分析中东铁路建筑的形象，往往能从中判断出不少于两种建筑风格的组合，甚至还包括不同民族的传统纹样、符号。有些建筑的形式不能用单一的风格去判定是属于哪一类，体现了典型的折中主义特征（表3-6），如折中主义、古典主义与文艺复兴的混搭样式，折中主义与巴洛克风格的混搭样式，折中主义、哥特风格与意大利风格的混搭样式以及折中主义与浪漫主义混搭的样式等。[97]

中东铁路外来建筑风格的典型案例　　　　　　　　　　　　　　　　表 3-4

类型	俄罗斯风格			
风格特征	外观上典雅大方、高阔端正，多以教堂的形式出现，顶部搭配葱头状或半圆形顶盖，木结构与石造结构巧妙结合			
实际案例	圣尼古拉教堂	哈尔滨江畔餐厅	圣母守护教堂	中东铁路办公室旧址
类型	日式风格			
风格特征	外表简洁，装饰少，简单的几何形体，多体现为现代化风格，清水混凝土的外墙			
实际案例	齐齐哈尔火车站	哈尔滨国际饭店	哈尔滨中央电报局旧址	
类型	犹太风格			
风格特征	窄小的窗口，半圆形的拱顶，外表轮廓分明，颜色对比鲜明，高大的楼塔			
实际案例	犹太中学旧址	犹太医院	哈尔滨犹太总会堂旧址	

中东铁路站房 表 3-5

名称	绥芬河站	穆棱站	磨刀石站	海林站	巴林站
图片示意					
名称	横道河子站	苇河站	九江泡站	一面坡站	陶赖昭站
图片示意					
名称	尚志站	小岭站	香坊站	兴安岭	王岗站
图片示意					
名称	肇东站	安达站	昂昂溪站	扎兰屯站	老少沟站
图片示意					
名称	海拉尔站	双城站	成高子站	舍利屯站	五家子站
图片示意					
名称	帽儿山站	大观岭站	代马沟站	伊林站	德惠站
图片示意					
名称	下城子站	马桥河站	红房子站	太岭站	蔡家沟站
图片示意					
名称	细鳞河站	姜家站	齐齐哈尔站	富拉尔基站	布海站
图片示意					

铁路附属地内几种混搭建筑风格的典型案例   表 3-6

类型	折中主义＋古典主义＋文艺复兴
风格特征	建筑呈对称式布局，立面在造型和尺度上对整个建筑进行横竖向划分；柱式、线脚和山花的运用；檐口横向装饰线脚的运用等
实际案例	中东铁路一面坡医院　　中东铁路花园街住宅　　中东铁路中央医院外科 中东铁路俱乐部　　中俄工业大学学生宿舍　　安达俱乐部
类型	折中主义＋俄罗斯风格
风格特征	建筑形体优雅，整个建筑通过流畅的曲线凸显其优雅的形体特征，装饰精美华丽，曲面的形式语言丰富而富有趣味
实际案例	许公纪念实业学校　　香坊站房　　伊林站房
类型	折中主义＋哥特风格＋意大利风格
风格特征	竖向的尖穹顶、尖拱窗，建筑的整体形象强调竖向，墙身的造型体现出城堡的庄严和神秘感
实际案例	契斯恰阔夫茶庄　　中东铁路中央电话局
类型	折中主义＋浪漫主义
风格特征	建筑富有趣味性，追求个性，提倡自然，用优美的彩色陶片作装饰，异国情调浓厚
实际案例	绥芬河苏俄学校　　中东铁路职员竞技会馆

三、建筑技术的地域性

中东铁路建筑的设计和建设过程都体现了它和所处的自然环境、文化传播以及特定的历史发展脉络。虽然建筑类型和形式差异较大，但建造本质有章可循，隐藏在中东铁路建筑文化表层下的这些共性特征，就是对地域性的尊重，对建造环境的尊重。

中东铁路附属地城镇在城市规划、建筑设计、建筑施工与管理等方面展示了特定历史时期的科学技术水平，在自然科学、施工技艺、工程技术和管理科学等方面均有所体现，在很多建筑技术的细节处理中都体现出了中东铁路建筑对寒地设计的适应性与针对性。[98]

1. 建筑材料的地方性

依托于中东铁路沿线富饶的土地、森林、矿产等自然资源，与俄罗斯本土的建筑技术融合，中东铁路建筑大量使用了东北本地的建筑材料，包括木材、石材等，展现了建筑原真的朴实风情与地域特色（表3-7），同时，既依托了现代建筑产生时期的时代背景，又没有排斥使用新的建筑材料，如金属、混凝土、玻璃等。其中新的结构形式，包括金属框架结构、桁架结构、钢筋混凝土结构以及波形拱板结构等[99]，由于能够满足中东铁路建筑对高度、空间和跨度的基本要求而被广泛应用。金属框架结构的应用主要在工业厂房建筑中，比如哈尔滨中东铁路总工厂铸造车间等；金属桁架结构的应用以桥梁居多，如松花江第一铁路大桥等（表3-8）。

取当地石材建设的房屋　　　　　　　　　　　　　　表 3-7

名称	博克图	乌川	满洲里	扎赉诺尔
图片示意				

中东铁路桥梁　　　　　　　　　　　　　　表 3-8

名称	穆棱河大桥	红房子大桥	细鳞河桥	富拉尔基嫩江铁桥
图片示意				
名称	碾子山站铁桥	雅鲁站-紫沟桥	伊通河铁路桥	海拉尔断桥
图片示意				

续表

名称	满洲里铁路桥	第二松花江铁路桥	达家沟铁路桥	哈尔滨霁虹桥
图片示意				

2. 建筑布局的寒地适应性

建筑出现的最初目的是为人类提供遮风避雨的场所。不同地域的气候等自然因素直接影响着建筑设计的理念，决定着建筑形成最基本的部分。中东铁路的建筑师从建筑造型、材料、技术等微观条件上提高建筑的保温节能性，从建筑分布、群体空间布局等宏观条件上改善建筑的地域适应性。中东铁路建筑的群体布局可适应寒地气候特征，并根据气候条件，调动各种建筑要素以降低能源消耗，增强使用环境的舒适性。[100]

3. 适宜技术的地域性表达

中东铁路建筑技术的地域性特征还体现在"适宜技术"的应用上。"适宜技术"就是针对不同的建筑类型、建筑规模采取不同的技术策略。比如在建设过程中大量采用的"低技术"建造，其表现形式为简单技术，是一种降低技术难度的设计方法，可以有效地降低成本。再如，针对不同地区建筑所采取的设计标准差异的做法，都体现了设计理念中主次分明、崇尚节约、重视效率和标准化的建设原则。在中东铁路建筑的建造中，应用了很多针对东北地区寒冷气候的建筑细部设计和构造做法，体现了精心的设计与构思。正是这些"适宜技术"的应用，使中东铁路建筑遗产与环境共生融合，形成了与自然和谐的人文景观。[101]

4. 建筑色彩的寒地适用性

中东铁路建设初期的建筑，色彩基调以暖灰色调为主，后期大量地出现米黄色和白色，以浅、暖色系为主要基调。建筑物色彩主要来源于传统俄罗斯建筑的色彩，色彩一般有两种来源：一种是保持建筑材料的原本色彩，主要是红砖、木材等常用的建筑材料；还有一种就是在建筑表面进行涂色，主要使用涂料和油漆两种，其中砖石建筑表面主要用涂料，而木结构建筑表面主要用油漆，还有一些建筑是涂料、油漆二者混合使用（图3-7）。

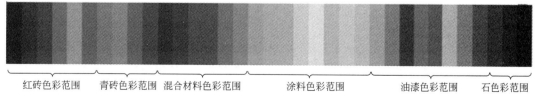

| 红砖色彩范围 | 青砖色彩范围 | 混合材料色彩范围 | 涂料色彩范围 | 油漆色彩范围 | 石色彩范围 |

图 3-7 中东铁路建筑色彩结构分析图[102]

在砖石建筑中，公共建筑和居住建筑在色彩运用上并不相同。大型公共建筑使用的墙体砖砌块或面砖较为优质，所以很多建筑保持了建筑材料的质感与色彩，局部如檐口或门窗洞口使用暖黄色或者白色；在住宅建筑或小型公共建筑的表面，一般大面积涂刷黄色等暖色系颜色，屋顶使用更为温暖的红色，门窗洞口等局部也使用一些白色进行点缀，因为中东铁路所处地域有漫长的冬季，暖色系的运用能够给人带来温暖的感受，而颜色的对比能给人带来活力。由于经历了百年风雨的冲刷，很多建筑遗产已经失去了其原真性色彩，人们很难追叙其最初的颜色（图3-8）。

附属地的木刻楞建筑，为防止木头受到暴晒、冲刷、腐蚀等侵害，通常在木材表面刷一层油漆，而且木结构建筑的色彩通常比较艳丽。木结构建筑的色彩组合通常有两类，一种是红色与黄色的搭配，另一种是绿色与黄色的搭配，温馨又不失高雅，具有浓郁的异国风情（图3-9）。

图3-8　砖石建筑色彩体系

图3-9　木刻楞建筑色彩体系

四、建筑遗产的活态

建筑物的使用功能是指建筑物能够为人服务的功能。建筑最初被建造的目的就是其使用功能，是建筑物最为基础、最为本质的价值。中东铁路建筑遗产在其产生的百余年里，使用功能不断地完善、不断地调整、不断地拓展，其坚固可靠的物质载体和精良的建造工艺，使得建筑物实体使用寿命较长，经过适当修整，能够满足社会的物质需求。虽然被利用的形式不同，但相当一部分中东铁路建筑遗产处于活态使用状态，如附属地内的扎兰屯中东铁路俱乐部，哈尔滨中东铁路俱乐部、昂昂溪铁路俱乐部、安达铁路俱乐部和一面坡铁路俱乐部等大型俱乐部建筑（表3-9）。建筑结构基本以砖混结构为主，兼有木构件的使用，2层建筑较为多见，墙壁砌筑较为厚重，建筑内部举架高。俱乐部的建筑立面形象丰富多变，是附属地内重点的景观建筑组成部分，代表着较高的建筑水平。由于坚固耐用、保存完好、功能完备，娱乐设施经过更新，仍能满足现代社会需求，很多建筑至今仍充当着各地区铁路俱乐部的功能角色。

中东铁路俱乐部　　　　　　　　　　　　　　　　　　　　　　　　　　　表 3-9

名称	一面坡铁路俱乐部	安达铁路俱乐部	昂昂溪铁路俱乐部	扎兰屯铁路俱乐部
图片示意				
名称	哈尔滨铁路俱乐部	哈尔滨车辆厂文化宫	哈尔滨满铁俱乐部	哈尔滨总站枢纽俱乐部
图片示意				

这种建筑功能的活态延续被称为"再生"，最初来源于日本学者村松贞次郎的《近代建筑的保存意味着新的创造》："单单保存旧建筑本体并没有什么现实意义，而连带保存其功能，通过这样的方式保证街区的活跃性，赋予城市更多的活力，这样的保存才有意义。"[103] 他认为历史建筑只有保证活态性才能获得新生，要将建筑看作是一个有机的生命体，去延缓其衰老，甚至让其重生，拥有新的功能，重新焕发生命力。[104]

很多中东铁路建筑遗产不可避免地出现了机体老化的现象，许多城镇也无法再现当年的繁荣，时代的变化、科技的进步使得建筑物原有功能不再满足现代社会需求，或是由于建筑物的产权变更而发生了功能的调整。在保护建筑历史原貌特征的基础上，对其功能进行调整，赋予新的功能，使这些遗产能够最大可能地适应新的功能，保证其能够适应城市的发展与功能的需要，对遗产进行适当的利用，而不是任由它废弃停用（表 3-10）。这是当代遗产保护中的重要课题。[105]

中东铁路建筑遗产这种活态存在的特征，和当代社会对遗产价值传承的理念是吻合的，它的建造质量和它的建筑适应性使它能够长时期地满足城市和使用人群的要求，同时在对其持续性的使用过程中，遗产本身也更好地融入了社会生活，得到了必要的维护和修缮，新的使用人群对它有了同样的需求和情感依附，它又以新的身份融入了城市生活，这种对遗产活态化的利用，其实也是保护遗产的一种有效的方式。

废弃停用的单体建筑 表 3-10

名称	哈尔滨中山路 2 号	绥芬河办公楼	一面坡制粉厂	下城子铁路学习室
图片示意				
名称	安达制粉厂	阿城糖场	横道河子水牢	九江泡车站
图片示意				

五、遗产功能类型多样

中东铁路建筑遗产反映了现代转型时期的建筑特征，具有鲜明的时代特征。通过按功能对中东铁路建筑进行分类整合，本书将其分为五大建筑类型，分别是：铁路交通站房与附属建筑、铁路工矿建筑及工程设施、护路军事及警署建筑、铁路社区居住建筑、市政公共建筑与综合服务等。这种功能类型的划分方式可以反映中东铁路建造初始的设计思维，并有助于我们对中东铁路建筑遗产的构成有一个整体的把握。另一方面，附属地内的建筑功能类型也处于发展和不断转换之中，不同的历史时代、不同的管理背景，均会出现建筑功能发生转换的情况。有的建筑物功能转换非常频繁，对中东铁路建筑遗产类型的划分只是定格于一个稳定的时间段内被人们熟识的功能类型，而不能涵盖所有呈现过的功能类型。对中东铁路附属地内的城市与建筑的类型、形态、技术等内容进行梳理，可以探寻遗产的形成机制和发展脉络及隐藏在物质形态遗产之后的非物质形态遗产的缘起，有助于拓展人们对遗产价值特征的认知。中东铁路及其附属地与铁路工业的发展密切关联，除了站房及附属建筑、中东铁路职工住宅外，还出现了各种与军事、政治、经贸和生活相关的建筑。

1. 军事、政治类型

中东铁路的修建，主要是由于俄国控制中国东北乃至中国全境的野心，它极大的缩短了俄罗斯的欧洲领土与远东第一大港——海参崴的距离，可以通过沈阳控制京津地区，通过旅顺港控制日本和朝鲜半岛。中东铁路修建后，由于铁路的军事政治特征，长春市（时称新京）一度成为了伪满洲国首都，一直到新中国成立后，长春市和哈尔滨市也取代了吉林市和齐齐哈尔市成为了吉林省和黑龙江省的政治中心，这种关联反映到建筑上，就是大量的工业企业诞生在了沈阳、长春和哈尔滨，在哈尔滨、长春，包括绥芬河等小城镇，均有各国的领事馆，这也体现了政治的需求。[106] 俄国为防卫中国驻军与民兵及日本势力，精心布局了保卫机制，主要包括铁路护路部队、外阿穆尔铁路旅和警察，在附属地现存的建筑中有很多为军事服务的建筑，包括位于阿城的中东铁路护路军队部、沙俄护路军司令部、博克图宪兵队等（表 3-11），工程类的建筑物如碉堡、工事、桥梁等（表3-12）。

中东铁路军警与兵营建筑　　　　　　　　　　　　　　　表 3-11

名称	一面坡兵营	博克图兵营	绥芬河日本宪兵队	博克图宪兵队
图片示意				
名称	哈尔滨民益街中东铁路警察管理局	哈尔滨中东铁路护路军总司令部	哈尔滨白毛将军府	绥芬河军事用房
图片示意				
名称	富拉尔基兵营	博克图警察署	阿城护路军队部	昂昂溪兵营
图片示意				
名称	横道河铁路治安所	扎兰屯森警大队	满洲里监狱	横道河子水牢
图片示意				

中东铁路沿线的隧道、涵洞和桥头堡　　　　　　　　　　表 3-12

名称	新南沟隧道碉堡	富拉尔基江桥要塞	博克图碉堡	兴安岭隧道工事
图片示意				
名称	下城子十九里地碉堡	兴安岭隧道	博克图隧道	松花江江桥桥头堡
图片示意				

2. 经贸类型

中国东北地区物产资源丰富，尤其是林木资源，修建铁路所用的枕木、架桥所需要的木材，包括附属地内的民房建材，都取自沿途的林区。还有煤矿资源，这些都是 20 世纪初最重要的工业原料，这也使得中国东北的工业水平在当时是国内一流的。无论是沙俄还是日本，都依托于中东铁路建设了完整的工业体系，通过中东铁路，大量的工业原料源源不断地从边缘的山区运到其他地区，来自全球的货物从大连、满洲里、绥芬河进入东北地区进行再加工，正是这种便捷，使得工业蓬勃发展成为了可能。在中东铁路修建之前，绥芬河、满洲里仅仅是中俄边境的小村落，而随着中东铁路的运营，它们发展成为了初具规模的小城镇，城市内的建筑风格也是百家争鸣，成为了中俄贸易的重要通道，一直到今天。由于中东铁路的开工，俄国大量在内地招募人口来东北务工，人口增长促进了东北的城市化进程。哈尔滨在中东铁路开工前只有3000余人，而到1912年时，哈尔滨人口已经将近7万。当时中东铁路临时机械总厂的1300多名工人中，有300多名是俄国技术工人。到"二战"结束时，伪满洲国的生产总值已经超越了日本本土，位居亚洲之首。[107]
人口激增、土地开荒刺激了经济贸易，经贸又带动了东北的工业发展，所以，经贸特征和铁路工业发展是密切关联的。反映到建筑上，就是建筑类型的完整与多样，建筑功能形制的完善与成熟，涵盖了社会生活的方方面面，如办公建筑、商业建筑、医疗建筑、金融建筑、旅馆建筑及科研建筑等大量出现（表 3-13）。[108]

各类商业、办公建筑　　　　表 3-13

名称	梅耶洛维奇大楼	绥芬河欧罗巴旅馆	中东铁路公司宾馆	哈尔滨莫斯科商场
图片示意				
名称	华俄道胜银行哈尔滨分行	中东铁路职员竞技会馆	中东铁路哈尔滨农场场长办公室	哈尔滨亚古诺夫大楼
图片示意				
名称	中东铁路督办公署	中东铁路管理局	中东铁路中央医院	中东铁路印刷所
图片示意				

3. 生活关联类型

中东铁路附属地内建筑遗产除了军事建筑、铁路建筑、办公商业建筑等公共建筑类型外,更多出现的是与生活紧密关联的建筑,这其中包括医疗建筑(表 3-14)、厂房建筑(表 3-15)、教育建筑和住宅建筑等。这些民用建筑类型与居民的生活息息相关,根据附属地等级进行相应的配套建设。

由于中东铁路的修建,附属地内建造了大量的住宅建筑,以满足铁路职工的居住需求,住宅的数量和类型也较多。这些住宅,按照规格大体可以分为独栋的高级住宅和普通多户住宅(表 3-16);按照层数可分为单层和多层;按照建筑材料可分为木屋、砖屋和石屋。很多住宅的设计能够考虑和周边环境融合,造型韵味独特,建筑细节处理充分了考虑地域气候特点,房间的功能关系体现了个性化的人性需求和俄罗斯民族的生活习惯。建筑形式根据城镇规模的差异区别处理,风格多样。例如中东铁路建筑遗产中独具特色的职工住宅形式——木屋(表 3-17)。成片规划设计的职工住区,经过完整的规划,有完备的生活辅助设施、良好的绿化系统、富有生活情趣的街道和院落,形成了异域风情浓郁的铁路社区。

中东铁路医疗建筑 表 3-14

名称	哈尔滨中东铁路中央医院	博克图俄医院	满洲里医务段	一面坡医院
图片示意				

中东铁路建设关系密切的厂房建筑 表 3-15

名称	阿城糖厂	一面坡制粉厂	安达制粉厂	哈尔滨老巴夺烟厂
图片示意				

中东铁路公寓住宅与独立住宅 表 3-16

名称	一面坡乘务员公寓	横道河子大白楼	横道机务公寓	绥芬河铁路宿舍
图片示意				
名称	药剂师住宅	连铎夫斯基住宅	中东铁路高级官员联发街官邸	中东铁路管理局局长官邸
图片示意				

续表

名称	颐园街 1 号	斯基德尔斯基住宅	联发街 48 号	联发街 49 号
图片示意				

中东铁路木屋　　　　表 3-17

名称	一面坡木屋	横道河子木屋 1	横道河子木屋 2	横道河子木屋 3
图片示意				
名称	横道河子木屋 4	七里村木屋	安达木屋	富拉尔基木屋
图片示意				
名称	博克图木屋 1	博克图木屋 2	博克图木屋 3	博克图木屋 4
图片示意				
名称	博克图木屋 5	博克图木屋 6	博克图木屋 7	博克图木屋 8
图片示意				
名称	博克图木屋 9	博克图木屋 10	博克图木屋 11	新南沟木屋 1
图片示意				
名称	新南沟木屋 2	新南沟木屋 3	兴安岭木屋 1	兴安岭木屋 2
图片示意				

续表

名称	伊列克得站木屋1	伊列克得站木屋2	伊列克得站木屋3	免渡河站木屋1
图片示意				
名称	免渡河站木屋2	赫尔洪德站杂物棚	扎赉诺尔站杂物棚1	扎赉诺尔站杂物棚2
图片示意				
名称	扎赉诺尔站杂物棚3	扎赉诺尔站木屋1	扎赉诺尔站木屋2	扎赉诺尔站木屋3
图片示意				
名称	满洲里站木屋1	满洲里站杂物棚1	满洲里站木屋2	满洲里站木屋3
图片示意				
名称	满洲里站木屋4	满洲里站木屋5	满洲里站木屋6	满洲里站杂物棚2
图片示意				
名称	满洲里站木屋7	满洲里站木屋8	满洲里站木屋9	满洲里站木屋10
图片示意				
名称	满洲里站木屋11	满洲里站杂物棚3	满洲里站木屋12	满洲里站木屋13
图片示意				
名称	满洲里站木屋14	满洲里站木屋15	满洲里站木屋16	满洲里站木屋17
图片示意				

续表

名称	满洲里站木屋18	满洲里站木屋19	满洲里站木屋20	满洲里站木屋21
图片示意				

这些中东铁路职工住宅产权一般归属于铁路管理局。铁路住宅在一定时期内并不允许和商品房一样交易，只能在铁路系统职工内部流转。随着2000年以后铁路房产权变更政策的出台，这些铁路房从区位和产权隶属关系上已经逐渐融入城市，获得了正常的买卖、抵押的物业权利，同时也带来了原住民的流失、遗产生活原真性的减弱、遗产保护复杂化等问题。小型站点的职工住宅很多已经被废弃，不再有人居住。

六、承托精神情感

"场所"是指具有明确的空间特性的地方，是自然和人文两个方面相融合的有意义的整体。[109] "场所"是一种精神，它能够体现出精神功能，使得人与"场所"有一种感应的关系，"场所"深深地影响着人们内心的归属认同。《城市意象》的作者凯文·林奇曾指出，地方的特色是地方的"场所"感，它能够分辨一个地方的与众不同，唤起人的归属感与回忆。美国学者梅亚也曾指出：场所能够通过与众不同的物质与视觉特征区别不同地地区，为城市设计与城市规划指出解决问题的方法。[110] 一个真正具有场所感的地理位置并不单单是地理的边界范围，而是能唤起人的归属感与集体感，给人以安全感。人们对所处环境的归属感有助于我们理解建筑遗产保护中的情感价值。[111]

建筑遗产与使用人群的人文特征紧密结合也成为了中东铁路建筑遗产的重要特征之一，虽然中东铁路的建设历史反映了异族的侵略、殖民和文化入侵的历史背景，人们在看待这一历史阶段时呈现出屈辱和复杂的心态，但是作为被保存下来的独特的物态文化资源，包括建筑、场所和人文景观，也体现了大众对这种资源的利用与欣赏，同时，在相当长的时间内，这种物态环境成为了当地人群所熟知的生活场景，成为了他们生活的家园，所以这些遗产也能体现出公众的一种精神情感寄托。这种精神情感寄托来自于日常的生活，来自于对家乡故土的眷恋，所以保护建筑遗产能满足人们的集体记忆并诠释过去，体现了人对所在区域的深度情感归属，这种情感价值反映到不同的社会层面，从文化生成、社会生活到居住人群。其中宗教信仰是影响文化生成的起源，民俗是社会生活的延续，而社会生活又包括了当地居民的生活习惯和邻里交往习惯，居住人群和城市空间一同成为了地域文化传播的载体。[112]

中东铁路建筑遗产和与其相互影响的环境及使用人群共同作用，使遗产所具有的特征超越了形式和技术的范畴，这种特征充满了岁月的积淀，拥有丰富的情节要素，具有较强的叙事性和可读性，它的美学特质与时间相关联，在沧桑的建筑外观下传递着时代的痕迹，成为了当地社会生活的一部分。遗产所处的物态环境与人类对物态环境产生的主观情感依附产生了共融。

这种情感不但影响到了附属地内的居民，甚至影响到了民国时期大量修建的"中华巴洛克"式建筑（表3-18）。当时，闯关东的大量关内人群，受到中东铁路沿线西方建筑风格的影响，把中国传统合院式住宅的特点和西方建筑风格相融合，产生了一种"无设计"建筑形式，很多建筑细节借鉴和拼贴了中东铁路建筑风格的做法，如板夹泥的墙体做法、俄式风格的线脚装饰等。这种自发的集体性模仿创作体现了东西方建筑文化在民间的整合和碰撞。至今，中东铁路沿线，包括一些林区居民新盖住宅的颜色都是米黄色墙面、白色线脚、红色铁皮屋顶。这些颜色匹配正是中东铁路职工住宅大量采用的颜色。[113]

哈尔滨的"中华巴洛克"建筑　　　　　　　　　　　表3-18

名称	靖宇街412号 淳化医院	靖宇街283号 先威表行	靖宇街245号 滨江马路工程局	靖宇街170号 小世界饭店
图片示意				
名称	"中华巴洛克"建筑装饰细节			
图片示意				

第二节　中东铁路建筑遗产价值建构

本书对中东铁路建筑遗产的价值建构反映了对遗产价值的认知，既有研究在遗产价值的类型划分中通常以历史、科学、艺术、社会等视角形成价值体系。物质形态遗产根据体量、规模、类型加以区分。如美国建筑遗产按照体量分为地段、场所、建筑物、构筑物和物件5个层次。《世界遗产公约》按照遗产的性质将其分为纪念物、建筑群与场所。澳大利亚的《巴拉宪章》以"地方"的概念来统称物质形态的遗产，再用条文解释"地方"的形式和含义。表现特征是遗产价值表现的方式，如关联性、独特性、规模、重要性、完整性、代表性、感染力等。[114]

中东铁路建筑遗产作为近现代建筑遗产，其遗产特征典型而鲜明。特殊的线性空间分布特点和具有分形特征的建造模式使其价值脉络呈现出了不同于其他建筑遗产的个性特征，其价值构成也表现出多元化特点。只有深刻了解中东铁路建筑遗产综合的、独特的价值特点，才能准确地建构遗产价值体系，才能全面、客观地评价、保护、利用与传承遗产的价值。中东铁路建筑遗产作为特殊的功能型建筑群，有别于其他的建筑遗产类型，本书在对遗产深刻理解的基础上对其价值进行了贴切的内涵解析，厘清了相关价值之间的涵盖关系。这是进一步对中东铁路建筑遗产进行价值建构的关键。

一、遗产价值建构基础

中东铁路建筑遗产价值类型涵盖多元，它承载了历史与地域文化，使人对地域有归属感和认同感，同时也与社会发展、城市建设相结合，通过使用价值延续、城市环境影响和旅游开发实现其当代价值传承。对其进行价值建构，应建立在以下基础之上。

（1）充分理解中东铁路建筑遗产的特征，分别从遗产发展的空间维度和时间维度上去理解遗产的线性发展规律。在时间维度上，寻找稳定的时间切片，即寻找较为稳定的、有代表性的阶段去对遗产进行深入的挖掘；在空间维度上，充分考虑遗产建造、发展的分形特点，针对遗产的地域适用性和多元、包容的文化特性，把遗产价值的差异性和同质性纳入价值建构范畴。

（2）国内外相关的遗产保护法律文件也是中东铁路建筑遗产价值建构的基础，就国际遗产保护宪章来看，不同类型遗产的价值评价重点均有所不同。随着遗产规模、类型、影响范围的变化，遗产价值所涵盖的价值信息也变得更加复杂。

（3）把中东铁路建筑遗产价值的关联性作为遗产价值建构的重要理念，形成多元化的观察视角，理顺遗产与遗产之间，遗产与环境之间，环境与地域之间的重要关联，思考从单体建筑到遗产建筑群，从物质实体遗产到社会、经济影响等无形遗产之间的关联。

（4）梳理建立在对现状深入调研的基础上的中东铁路建筑遗产的点、线、区、城等多层次核心的遗产类型，厘清遗产脉络，整合遗产信息，挖掘遗产精华，构建遗产价值体系。[115] 打破地域和城际界限，基于遗产廊道的视角，强调中东铁路沿线建筑遗产的整体空间格局。

（5）把中东铁路建筑遗产和当代社会经济发展的关系纳入到遗产价值体系的建构中来，正视当代社会遗产保护面临的现实性问题，体现遗产的当代价值传承，在当代遗产价值传承中延续遗产的生命与意义。

（6）在中东铁路建筑遗产的价值建构与遗产的保护之间建立关联，强调遗产的价值分类和价值排序对遗产保护的指导作用，强调建筑遗产保护的社会性，避免单纯地采用技术性手段去保护单一建筑遗产物质实体的片面保护行为，使保护成为一种广泛参与的社会事物，而不仅仅是对遗产物质实体的技术干预，遗产保护需要公众参与和各领域配合才能完成。

二、遗产价值建构的价值观

在中东铁路建筑遗产价值建构的过程中，会受到社会文化和价值观念的影响，评价主体存在特定的价值观。主观评价在建筑遗产评价过程中无法避免，也最容易出现偏差。清晰地建构遗产价值的价值观，才能保证遗产价值的建构具有客观性，近代讨论遗产价值的学科多见于社会学、哲学、经济学与心理学，价值在这些学科领域中均有不同的含义。当代对遗产价值问题的探讨拓展到了现代心理学和经济学领域。本书的中东铁路建筑遗产价值建构并不尝试卷入复杂的价值认知论问题，只是试图衡量和理解价值观念，并且以尊重价值多元的态度来反映中东铁路建筑遗产价值类型，厘清遗产多维价值间的涵盖关系与相互关联，进而准确判断建筑遗产保护过程中价值的取舍。只有遗产价值的建构准确、适用，后续进行的价值指标因子选择、价值指标因子释义及价值评价才有意义，针对建筑遗产保护的具体方案才有针对性。

中东铁路建筑遗产价值类型具有主观性与客观性两方面特质。客观性是指遗产本身，其拥有建筑物的使用价值，包括建筑本体和其所构成的城市场所发展的潜在价值等，同时它又拥有特殊物的见证价值，包括艺术价值、历史价值和技术价值等。主观性通过社会价值体系进行筛选，社会价值体系被各方面因素影响，是社会个体与群体双向选择的结果。所以，中东铁路建筑遗产价值类型的建构是一种社会化建构，是随着时代的发展和时空环境的变化而改变的，受当代社会价值体系的影响，新的遗产价值类型会被逐渐发掘，不存在一成不变的遗产价值。本章探讨的是归属于当代的中东铁路建筑遗产价值类型，即以当代价值观去建构的遗产价值类型。把遗产的过去与现在对接，把遗产置于当代社会背景下，把遗产价值用当代价值观重新建构。

中东铁路建筑遗产作为近现代建筑遗产，很多还处于其正常的使用周期内，通过必要的维护和利用，可以延续其使用生命。注重遗产的利用、开发潜力是中东铁路建筑遗产价值建构的侧重点，所以，要把关于遗产适用和安全的价值认知上升到一定的地位，而这一切又同经济要素产生了密切的联系，由经济而引发的一系列问题又不可避免地成为了中东铁路建筑遗产价值建构的重要组成部分。价值建构导向直接影响遗产的开发潜力与利用模式，影响开发过程中的保护与利用的相关问题，影响遗产同其所处环境的融合，影响对遗产聚落形态特征的挖掘。中东铁路建筑遗产的当代价值属性又决定了遗产价值必然和当代使用人群发生紧密的联系，而当代使用人群的构成又是多元的，多元的使用人群对遗产的持续使用是遗产价值得以传承的有效方式，中东铁路建筑遗产价值建构的价值观，除了重视遗产自身的物态形式的价值外，对遗产的非物态形式价值也给予充分的关注。把中东铁路建筑遗产看作是一种当代社会资源，从资源整合的视角重视使用人群及使用活动，提炼建构遗产被当代人所认同的价值，成为中东铁路建筑遗产价值建构的重要价值观。

三、遗产价值的本质与内涵

中东铁路建筑遗产保护的核心问题是价值问题。价值认知不同会带来建筑遗产保护方式与保护理念的差异，历史上对遗产价值认知的转变都对应着遗产保护方式的改变。当代对遗产价值的认知经历了由重视历史价值到重视社会价值、经济价值的转变，由重视单体价值到重视遗产群体价值的转变，由重视物质价值到重视非物质价值的转变。理念的变革引导了中东铁路建筑遗产保护的方向，不再只是关注单体建筑的保护，而转向了重视遗产背后文化的传承，从对建筑遗产的单纯的技术性保护，转向了全社会的公众参与，从单一的建筑学角度转向了跨专业、全方位地理解遗产价值的本质。中东铁路建筑遗产的价值构成是多层级的，有些维度的价值是遗产的核心价值（也有称内部价值、内在价值），有些维度的价值是遗产的衍生价值（也有称外部价值、外在价值），厘清遗产价值之间的关联，充分理解各维度价值之间的涵盖、包容、交叉关系，才能进一步准确地进行遗产价值评价。

从不同的观察视角，可以对中东铁路建筑遗产进行不同的价值建构分类，差异的价值体系也从不同的侧面反映了遗产的价值特征，不同的研究者由于自身认知的差异，会建构出不同的遗产价值体系，但只要价值体系设定足够广泛，考虑全面，在遗产的价值评价中能够充分考虑遗产价值的广度，其分类方式就并无优劣之分。不同价值体系的划分方式也反映了遗产价值构成的多元化倾向。当然，对中东铁路建筑遗产价值的建构不是随意和无限度的，它是在遗产价值建构价值观的基础上，根据当代社会与文化倾向建构而成的。价值建构受制于真实的社会事实和物质现实。明确这一点，有助于更好地理解中东铁路建筑遗产价值建构和认知上的分歧和规律。

1. 文化价值

"文化"一词涵盖面非常广，它包含了人类改变自然的过程，这种改变有时是指思想的陶冶和教化，有时是指相关规范的建立和关联。人类学的奠基人泰勒认为"文化"是一种复合体，包括艺术、法律、民俗等各方面的要素。[116] 我们可以理解"文化"的概念是针对"自然"的概念而言的，包含了所有人类创造的事物，如历史、艺术、科学、社会、精神等价值内涵。从众多学者对遗产的价值划分来看，文化价值的概念已经涵盖了历史价值、艺术价值和科学价值的部分或全部内容，或起码在内容上有包容和交叉。所以，2014年《中国文物保护准则》（修订版）中对文物价值类型的划定中包括文化价值，对中东铁路建筑遗产来说，文化价值这一价值类型意义重大，其所涵盖的内容通过其他细分的价值类型进行表达。按照一些学者的价值理论，文化价值包括历史价值、艺术价值、科技价值，其实是建筑遗产最核心的价值属性。[117]

1999年澳大利亚的《巴拉宪章》提出了"文化意义"的概念，是在遗产价值建构价值观的基础之上——无论是对现在，还是过去与未来的人的综合的文化价值，包括美学价值、历史价值、科学价值、社会价值。这种文化意义对于不同的群体便会有不同的意义。此处，文化价值显然涵盖了美学价值、历史价值、科学价值。[118]

2000年，澳大利亚的经济学教授戴维·思罗斯比（David Throsby）在《经济学与文化》中从一种经济学的角度看待遗产价值，他把遗产价值分为经济价值和文化价值，其中文化价值包括审美价值、精神价值、社会价值、历史价值、象征价值与真实价值。[119] 此处，文化价值显然又涵盖了审美价值、历史价值、精神价值。

文化与价值都是比较常用的一般概念，在一般有关遗产的表述中，都默许遗产是具有文化价值的，从遗产特征分析来看，显然中东铁路建筑遗产是具有文化价值的。只不过文化价值的表征为历史价值、艺术价值、科技价值。

2. 社会价值

2015年《中国文物古迹保护准则》中对社会价值的引入也是对文物遗产价值构成的有效补充，多位学者对遗产价值进行划分时都强调了社会价值的重要性，除伯纳德·费尔登外，《巴拉宪章》（1999年）中的价值认知也强调了遗产的社会价值。思罗斯比（2003）在他的价值分类中同样强调了遗产的社会价值。社会价值通常是指受到社会人文环境和自然环境影响而形成的个人价值观，经过社会性的选择、调整与淘汰以及长期的经验互动，所形成的多数人共识的社会价值观，包括共识性价值、道德、正义等社会概念。[120] 还有更有意义的特殊社会价值观，例如哲学思想等。理论性价值观和风俗性价值观相互影响、相互作用，构成了现实社会的主流价值思想，即产生了社会价值体系（图3-10）。

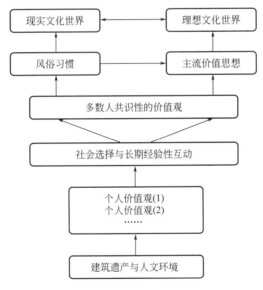

图 3-10
社会价值体系形成

中东铁路建筑遗产的价值建构过程是一个社会建构过程，在这一建构过程中，遗产的历史、宗教传播和特殊遗产个体的独特影响都以各种形式发挥了其对社会的影响，从政府的角度看，中东铁路建筑遗产是这一地域居住人群历史上的重要使用载体，而且通过使用和文化象征在过去和现代之间形成了一种联系物，并形成了历史发展脉络中的一种持续的存在，这种存在不但和地域发展、地域文化的形成有着直接的联系，而且通过对遗产的保护利用，还可以传递特定的政治目的和地域身份的认同感，事件、记忆、故事、建筑之间形成紧密的关联，能够有效地形成象征价值和情感价值，虽然这种殖民地情感曾经意味着屈辱，但是这种屈辱在遗产当代价值建构过程中已发生改变，形成了一种依恋和乡愁。

中东铁路建筑遗产与社会人文环境共同影响了这一地域的个人价值观，人群的长期经验式互动和社会调整、选择，影响了具有人群普遍认同特点的社会价值体系，中东铁路建筑遗产具有社会价值在人们心中已经成了一个不言而喻的事实和先验式的自明概念。主要体现在以下几个方面：

（1）积淀中东铁路特色文化，展现东北地域建筑精华。建筑遗产是中东铁路特色文化的重要载体，更展现了我国东北地域的建筑精华，其展现的不仅仅是建筑实体本身，还有历史长河中沉淀的中东铁路文化内涵。

（2）保存历史风貌，增进民众对历史的理解与感悟。中东铁路是工业革命留下的时代烙印，在时代的巨变中，中东铁路带来了西方的文明，冲击了古老的传统文化，记录了异族殖民的屈辱历史。通过这些建筑遗产，可以让大众更深入地了解当时东北地域乃至整个中华地区的经历，使中国人，特别是年轻人更加了解我们这个古老的国家所经受的耻辱，树立更强的爱国情感。

（3）反映历史人文内涵，提高城镇品位。在经济发展的大形势下，中东铁路沿线城镇的发展出现了历史人文内涵缺乏、城镇文脉气息减弱的困境，这些建筑遗产中蕴含着更多的人文资源，可将文化固化为实体的物质空间，使人们更容易理解城市文脉的人文精神。[121]

（4）传承遗产价值，构成丰富的旅游文化资源。中东铁路沿线的建筑遗产都有其独特的一面，地域时空的变化决定了不同建筑组群的差异性和不可移植性，体现了遗产的多样性和丰富性。通过这些建筑遗产，游客可以了解中西方建筑文化，了解西方文化的传播途径，可以把建筑遗产作为载体，整合全线旅游资源，发掘其文脉内涵，制定遗产廊道全域旅游和特色旅游规划，推广品牌效应，将建筑遗产保护与旅游经济充分结合起来。

唐岳兴在《遗产廊道城镇旅游开发潜力评价——以中东铁路滨绥线为例》中基于对中东铁路遗产资源评价和筛选，选出了15个旅游节点城镇作为评价对象，从旅游资源数量对比、类型丰富度、空间聚集度、交通可达性等方面分析了中东铁路沿线城镇的旅游开发潜力，对发挥中东铁路遗产资源的社会价值作了有益的探索（图3-11、图3-12）。[122]

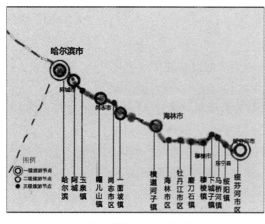

图3-11 滨绥线旅游节点开发潜力分级

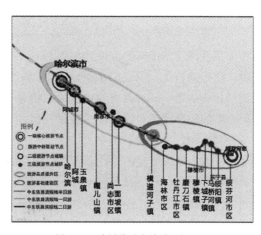

图3-12 滨绥线遗产旅游空间组织

由此可见，社会价值是中东铁路建筑遗产的一个重要的价值属性，发挥中东铁路建筑遗产的社会价值是遗产当代价值传承的体现，也是中东铁路建筑遗产各维度价值与社会活动互动后的产物，包括人与遗产物质的互动，通过物态遗产形成的人群集体互动关系，伦理、习俗和社会规范体系等，再影响到宗教的传播与信仰的世俗化过程，这些互动行为在不同的时代形成了不同的社会生活观念，进而影响到社会的凝聚力并规范社会行为，把中东铁路建筑遗产的保护变成了提升社会物质生活与精神生活的价值文化。这种带有升华性质的遗产价值目标体现了遗产保护和当代社会的一种关联和转化关系，可以说是中东铁路建筑遗产保护的目标。理解社会价值的关键在于它的存在方式和实施途径，社会价值在中东铁路建筑遗产的价值构成中是存在的，但是它不是抽象存在的，而是通过遗产的活态使用和作用于环境而产生的情感联系去实现的，是一种目标价值。所以，这一价值不是遗产价值建构的目标，而是遗产价值建构以后需要实现的目标。这些建筑遗产通过各种互动关系影响人们的生活方式，或者反过来又受到人们的生活方式的影响，它所形成的"场所"有助于整个社区或其中的个体形成身份意识，提供给人们一种文化自信，让他们感受到本土文化与异域文化之间的连通性，帮助人们强化地域特色文明及文化认同感。中东铁路建筑遗产的社会价值会传达一些意义和信息，这些意义和信息能够帮助一个城镇和社区解释其身份。它不仅影响了过去的几代人，还会继续影响下几代人。

3. 经济价值

建筑遗产能够带来经济效益在国际上已经形成共识，费尔登、莱普（1984）、英格兰遗产委员会（1997）、思罗斯比（2003）均在其遗产价值分类中强调过经济价值在建筑遗产价值构成中的重要性。形成经济效益的主要表现为价值传承和文化特色认同，中东铁路建筑遗产的经济价值，一方面通过其使用价值进行传递，另一方面，建筑本身的正常使用会带来使用价值。使用价值本身就可以转化为经济价值。建筑遗产作为一种文化遗产，如同古董一样，自身也会不断升值，遗产本身占有的土地也在不断地升值。[123] 李浈在《历史建筑价值认知的发展及其保护的经济学因素》中强调了遗产的经济价值，认为它同遗产的文化价值（历史、艺术、科学价值）一样重要，反映了遗产价值理论注重遗产价值历时性发展的趋势。建筑遗产的经济价值随着时代的变革在不断地变化，遗产不可再生的特点使其具有了持续的增值性。在当代社会，由于中东铁路建筑遗产存在着潜在的利益关系和资源性特点，可以通过开发旅游产业来推动地方经济，所以，对这些遗产的利用比历史上其他时候更加具有功利性和当下性。遗产在被视为一种资源的视角下，其经济价值被建构和重视，进而影响到使用人群对遗产价值的认知。使用人群的广泛参与更有利于遗产的价值传承，在当代社会，应该客观地认定中东铁路建筑遗产具有经济价值，经济价值是当代中东铁路建筑遗产的重要价值属性。

中东铁路建筑遗产本身就具有实物经济价值，得益于中东铁路建筑遗产具有地域特色的建造工艺、精细的建筑构件的接合、规划布局、选址、防灾的设计和建造水平,使得现存的很多遗产结构稳定、耐用,这决定了对这些遗产的再利用是可行的,例如很多站房建筑及附属设施还在发挥作用。城镇中的公共建筑,其独特的建筑风格、典型的建筑形式、具有代表性的装饰细部构成了街区富有特色的空间形态等特点,在城镇建设中起到了文脉纽带的作用,围绕着这些建筑遗产,构成了城镇的特色空间(表3-19)。非物质文化遗产如充满异域风情的文字、图样、手工技艺、美食、民俗等形式都可以在现代社会中转化为更有感染力的艺术表现形式,从而转化为经济价值,对废旧厂房、仓储等遗产的再利用,还会产生独特的效果和艺术表现力(表3-20)。恰恰是在对中东铁路建筑遗产进行维修和利用后,它的受众人群才变得更加广泛,遗产的城市肌理和与周边环境的关系才被更好地保留和整饰,有些非物质文化遗产的内容才得以被挖掘。这些研究和探讨又会引出中东铁路建筑遗产的"真实性"问题,或遗产保护过程中的开发强度问题。

横道河子机车库修复前后对比实例 表3-19

名称	横道河子机车库
修复前	
修复后	

中东铁路建筑遗产经济价值的衍生过程 表3-20

文化价值	经济价值
历史价值——文物保护单位的数量等级、历史建筑的数量、面积、代表性,历史街区的数量、长度、面积,名城重镇整体风貌的完整性与原真性	中东铁路建筑遗产目前一般结构良好,保存寿命较长,再利用时只要稍加改进即可满足使用需求
艺术价值——建筑遗产的风格、形式、装饰,构成街区的空间形态,附属地的整体格局,非物质文化遗产如民间文学、民间美术、传统手工技艺、美食、服饰	对水塔、木屋等中东铁路建筑物、构筑物遗产的空间再利用,往往会产生独特的效果和艺术表现力
科技价值——建筑遗产围护构件,细部构件,地域特色建造工艺,建筑构件接合的精细程度,排水、消防、通风系统的先进性,规划布局、选址、防灾的设计水平	中东铁路建筑遗产大多具有坚固、耐久的主体结构,受力简单而且具有共性,建筑结构再利用可以缩短建设周期,节约成本,短期内获益

例如哈尔滨太阳岛的俄罗斯小镇，哈尔滨市在 2003 年对这些俄罗斯田园式别墅群进行了修复保护，修建成了如今的俄罗斯风情园，由 27 座俄罗斯风格的别墅和民宅构成。小镇共划分为三大区域——俄罗斯民族民俗风情村、俄罗斯文化艺术走廊、俄罗斯历史文化街区。其建筑职能大多为游客提供休息场所和有偿服务，修复后的小镇还建有广场、雕塑、演艺大厅。俄罗斯小镇已经成为太阳岛乃至哈尔滨独特的风景线和文化遗产（表 3-21）。

哈尔滨太阳岛的俄罗斯小镇　　　　　表 3-21

图片示意				

在公众认同感的心理基础之上，商业、旅游与建筑遗产的经济价值建立了紧密的联系，在保护建筑遗产的基础上，可以展现铁路文明和遗产的文化活力、直接获得经济效益，可以将收益不断地投入到中东铁路建筑遗产的保护中去，保护与旅游相互促进。这种联系构成了遗产价值建构中必须考虑的时代要素，这种对商业、旅游价值资源的认定体现了建筑遗产保护中对文化多样性和文化资源利用的一种态度，也体现了当代遗产价值认知的特点。

4. 非使用价值

建筑遗产作为一种有价值的资源，具有稀缺性和不可再生性。从功效、财富和稀缺的角度来分析遗产，能满足人的多方面的需求。从资源经济学的视角来观察，中东铁路建筑遗产已经成为整个地域、城镇发展的影响要素，是社会环境资源的重要组成部分，是城市空间的重要构成部分，是城市文脉和地标场所的重要节点。其本身就具有巨大的价值，这种内在的价值是遗产本身所具有的，不单单是满足人类的游览、科研与文化需求，它与管理机构或旅游开发并不直接相关，更多地体现为一种遗产存在本身所具有的内在价值。也有学者把这种内在价值称为非使用价值。同济大学李浈认为非使用价值和使用价值共同构成了建筑遗产的经济价值。[124] 人们在观察建筑遗产的同时，愿意为其支付一定的资金，以换取精神上的快乐，这就是这个建筑遗产的非使用价值，是相对其自身使用价值而提出来的。非使用价值一般包括选择价值、存在价值和遗赠价值（图 3-13），它是基于人从环境物品中获得的愉悦感而产生的价值，这种愉悦感来自于对环境物品相关知识的了解和感受。建筑遗产的使用价值包括建筑物的功能价值和旅游价值。它的非使用价值来自于人们对地方特色的认同，这种认同能给人带来愉悦，能唤起人们的归属感和集体感，可笼统地认为非使用价值的价值内涵和建筑遗产的情感价值有一定的关联。他们都是一种抽象的、物质遗产与人由于互动而产生的一种价值认可。称谓不同，观察视角也不同，对遗产价值的建构的出发点也不同。[125]

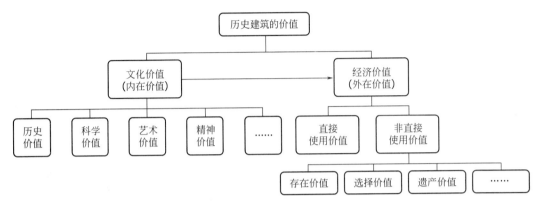

图 3-13 李浈对建筑遗产的价值认知

本书对遗产非使用价值的划分是从资源经济学的视角出发的（图 3-14），价值划分侧重于遗产的经济价值，对非使用价值的评价通常采用意愿调查法（CVM），构建一个假想的资源市场，通过调查使用人群对遗产的支付意愿来量化评价遗产的经济价值，其方法对于中东铁路建筑遗产的评价具有启示作用。但是非使用价值概念相对于使用价值来讲较为晦涩，受访者在短期内很难理解这一概念的全部内涵，问卷的回答随意性较强，造成评价结果易出现偏差。非使用价值的概念对于遗产价值的划分不同于其他领域，但其所涵盖的内容却可以被情感价值、环境价值的内容大致涵盖。所以，非使用价值的概念并没有在中东铁路建筑遗产的价值建构中引入。

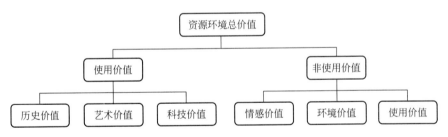

图 3-14 遗产资源经济价值总和

中东铁路建筑遗产的价值建构，并不是要穷尽列举所有的遗产价值类型，从不同的视角出发对遗产价值类型的划分也是多样化的，不存在惟一性。每一种价值类型只有放到其特定的价值体系中，其所表达的内涵及相互之间涵盖的内容才会全面、完整，离开一个完整的价值体系孤立地去谈一种类型的价值是片面的、不准确的。中东铁路建筑遗产处于当代文化和社会关系当中，其价值体系应体现当代的遗产价值特点。

第三节 中东铁路建筑遗产的多维价值

中东铁路建筑遗产作为一种当代社会资源，其多维价值通过当代社会需求和价值观建构，反映了当代社会对中东铁路建筑遗产的利益诉求，即在重视遗产自身文化价值的基础上，还重视了遗产价值建构给遗产保护所带来的持续性的影响,强调了遗产的经济价值构成。

一、遗产多维价值构成

中东铁路建筑遗产价值评价的基础是"价值建构",在特定的文化和价值观下,通过当代的社会价值建构,反映中东铁路建筑遗产当代价值特征,以制定完善、合理的遗产保护对策和遗产保护手段为目的,致力于遗产的价值传承,最大化地发挥遗产的当代价值,反映当代社会文化遗产保护的新变化,即从单一到综合、从保护到传承、从专业到大众的保护理念,把遗产保护看作是一项社会事业,需要广泛的公众参与和关注,建构属于当代的中东铁路建筑遗产价值体系。

本书通过对中东铁路建筑遗产特征的认知及对其价值内涵的梳理,同时依据《中国文物古迹保护准则》(2015)中的文物价值类型划分,对中东铁路建筑遗产进行价值建构,把中东铁路建筑遗产价值划分为经济价值和文化价值,其中经济价值包含了环境价值、使用价值和情感价值,而文化价值包含了历史价值、艺术价值和科技价值(图3-15)。

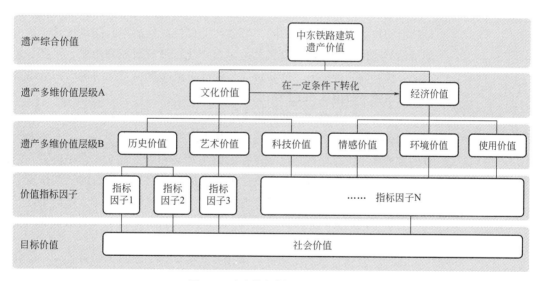

图 3-15 中东铁路建筑遗产价值构成

把历史价值、艺术价值和科技价值三大价值归类为文化价值,很多学者都有类似的划分:蔡达峰把这种价值集合称之为信息价值;王世仁把三大价值都划为历史价值;宋刚把三大价值划为基本价值;费尔登也把近似于三大价值的价值称之为文化价值。也有学者称之为核心价值,所以根据众多学者的价值建构,结合中东铁路建筑遗产特征可以确定,文化价值是中东铁路建筑遗产的核心价值,构成了遗产的价值核心与基础,在此基础上衍生出经济价值,包括使用价值、环境价值和情感价值。

中东铁路建筑遗产作为近现代建筑遗产,其特点必然衍生出一般文物遗产所不具备的使用价值,而其所处城市的位置、建筑群落形成了它的环境价值,与使用人群共同形成生活、怀旧的场所,又使其具有了情感价值。情感价值、使用价值和环境价值又一同构成了遗产的经济价值。对待由核心三大价值衍生出来的其他价值,不同学者也有不同的研究和划分,侧重也不相同。普鲁金(O. H. Prutsin)以遗产保护与修复为出发点,认为建筑遗产由"内在价值"和"外在价值"组成。内在价值主要体现为建筑本身在美学、结构、技术等方面的价值,类似于三大价值的划分;尹占群把建筑遗产的价值分为本体价值和外部价值两部分,其中本体价值类似于文化价值,它包含历史价值、科学价值、艺术价值,而外部价值同经济价值类似,包括环境价值和使用价值。中东铁路建筑遗产的价值建构是在吸取以上研究成果的基础上,结合中东铁路建筑遗产特征立足于当代遗产价值的建构。

二、遗产的多维价值解析

《中国文物古迹保护准则》(2015)中认为:"文物古迹的根本价值是指其自身的价值,包括历史价值、科技价值及艺术价值。对文物价值的理解和认识需要多次才能完成,并随着社会与科技文化的进步而不断拓展和深化。"[126]

历史价值、艺术价值与科技价值在《雅典宪章》中就被认定为建筑遗产最核心的价值。随着针对不同类型遗产的保护文件的不断问世,对建筑遗产的价值阐述也更加细化,但是无论多么细化,都没脱离开历史、科技、艺术三个方面,而精神价值、社会价值、经济价值等价值类型的提出则可以视为之后建筑遗产价值认知上的拓展。

本书对中东铁路建筑遗产当代价值的建构是以当代社会的发展为前提的,遗产的价值传承脱离开社会发展的具体要求是不可能实现的,遗产为人类服务的方式已不仅仅是博物馆式保存的纪念意义和观赏意义,它渗透进人们的生活,可以和人们的日常生活发生密切的联系。对当代价值的强调体现了当代的遗产保护观,李格尔的建筑遗产价值分类就从时间层面上把历史建筑的价值分为了两大类,纪念性价值和现今的价值,强调了现今价值,即历史建筑对现代人的价值。

中东铁路建筑遗产作为近现代建筑遗产的典型代表,不仅具备了文化方面的三大价值,而其实用的功能性、与环境紧密融合的以及同使用人群的情感形成的密切关联,又使其具有一般建筑遗产所不具备的衍生价值,也就是经济价值方面的三大价值。所以在遗产价值建构时应以发展的眼光而非怀旧的思维去看待当代遗产的价值构成。

1. 历史价值

中东铁路建筑遗产具有十分显著的时代烙印,时代的剧烈变迁使东西方文化交融在一起,在那段特殊的社会背景下,西方文明通过殖民和入侵对中国东北地区古老的传统文化产生冲击,为了掠夺东北富饶的资源,形成了中东铁路建筑遗产。通过中东铁路建设后的大量资本注入,商贸又得以迅速发展,俄罗斯、日本、英国、法国、德国、意大利等30多个国家在这里设立领事馆和银行,以铁路为依托,以商贸为中介开埠,形成了满洲里、富拉尔基、扎兰屯等多个中东铁路建筑遗产群。铁路附属地的建筑完全不同于东北传统建筑，而是从审美和功能用途上符合西方的生活方式和建筑功能特点，各建筑聚落受近代城市规划理论影响进行设计和建设。建筑文化多元而包容，中国东北传统建筑、欧洲古典复兴建筑、折中主义建筑、俄罗斯田园建筑、现代建筑等不同风格的建筑共存，反映了近代中国中西方文化的碰撞与融合。很多建筑遗产保存至今，这些建筑遗产对研究近代中国建筑艺术与建筑文化具有重要的参考价值。除了典型的站房及其附属建筑外，众多的名人寓所和建筑师作品也是中东铁路附属地的宝贵遗产。据统计，近代有30多种重要建筑类型在中东铁路附属地两侧留下了印迹，这些建筑遗产参与构成了中国东北地区波澜壮阔的近代史的一部分。

中东铁路建筑遗产承载着特有的历史信息，它因中东铁路的修建而建造，并且真实地记录了这段历史，它见证了20世纪中国东北社会的政治、经济、文化的发展、变迁和更替，反映了这一历史时期的生产、生活、思想、风俗和社会风尚，经历了各种历史事件，目睹了众多历史人物的活动，也见证了这一区域居民的日常生活。很多建筑物成为象征性纪念物，成为表达某种精神的场所，而且留住了对逝去的人物和事件的记忆。在中东铁路附属地内发生过多次战争，如中东铁路事件等，中东铁路沿线的碉堡等军事工程都能完好地呈现当时的重要事件以及主要人物活动的历史环境，在时间轴上有值得记忆的重要历史信息。它可以证实、订正、补充关于中俄、中日的文献记载的史实。这些遗产历经了东北20世纪初的动荡，见证了哈尔滨、大连等城市从小渔村、小村落发展为繁荣的大城市，见证了横道河子、一面坡等城镇的从无到有，见证了多元建筑风格的演变与创新，见证了一个世纪东北地域的人文情怀、民俗的变迁，反映了当时的社会状况，是研究东北小城镇发展最鲜活的实例。这些的历史信息充分反映了其价值所在。在国内现存的线路遗产当中，中东铁路建筑遗产线路类型独特且弥足珍贵，具有代表性。这些价值要素在中东铁路建筑遗产身上均有所体现，所以历史价值是中东铁路建筑遗产的重要价值类型。

中东铁路建筑遗产的历史价值是广义的，除了具有独特性、代表性的建筑遗产外，对于普通的、平凡的建筑遗产来讲，历史价值反映到它们身上则是一种岁月的积累，这种岁月的积累是随着时间的流逝，在自然力或人为力作用下，遗产本身的结构、材料、形式、色彩等多方面的形态特征，由繁盛走向衰败，由整体走向解体的过程中，使遗产拥有了某种价值，这种价值在遗产上表现出的细节和痕迹往往更能表达遗产的意义。有的学者称之为"岁月价值"，由于中东铁路建筑遗产的建造时段相同，所有遗产具有几乎相同的时代背景，所以这种"岁月价值"在其身上反映出了均质性，因此都归入了历史价值范畴。

2. 艺术价值

中东铁路建筑遗产的艺术价值更是极具典型性，多元的文化背景带来大量的异质文化，又通过中国本土的时代演绎，形成了中东铁路附属地特有的生活场景和建筑文化，多元的建筑风格构成了中东铁路沿线独特的建筑景观。

不仅仅是建筑风格，中东铁路建筑遗产由于其特有的空间布局和环境协调性以及建筑材料自身的质感与肌理，结构与构造工艺都具有独特的美学特质，这些都构成了中东铁路建筑遗产的艺术价值。

国际上有关建筑遗产保护的宣言和法规中，遗产的艺术价值一直被广泛提及，主要是指建筑遗产自身呈现的一种明显的、独特的艺术特征，即能够反映一定时期的艺术风格及其演变规律，更能在艺术处理上展现出其审美感染力。

美学价值（Esthetic Value）是一个与艺术价值密切联系的概念。普鲁金认为建筑遗产所体现的美学价值是与遗产的艺术价值不同的价值属性，而且将其列为确定建筑遗产的基本准则之一。[127]

中东铁路建筑遗产的艺术价值极具代表性，许多大型公共建筑都是经过国际招标选拔建设的。许多知名的建筑师参与了设计工作，他们的作品也为中东铁路建筑遗产增添了一抹亮色。普通的住宅也是按照俄式生活习惯和西方建筑式样建造的，采用了当时欧洲最为流行的建筑风格（表 3-22）。

典型的新艺术运动风格建筑　　　　　　　　　　　　　　　　表 3-22

名称	中东铁路管理局	黑龙江省博物馆	马迭尔宾馆
图片示意			

新艺术运动建筑在其发源地——欧洲逐渐式微之时，却在中东铁路附属地方兴未艾，不仅扩大了建筑材料的选择范围，而且扩展应用到了大部分建筑类型中，乃至后来新艺术运动装饰符号的能指与所指分离，大量被其他风格的建筑采用，形成新艺术运动泛化的倾向，构成了一道独特的建筑景观。新艺术运动之后，又出现了装饰艺术风格，它以规则化的装饰线条和几何形图案为特征，为向现代主义过渡作了铺垫。还有日本人引进的现代主义建筑风格，是与技术的发展和时代的需求密不可分的，代表性作品有哈尔滨滨江火车站、牡丹江火车站、大民屯站等（表 3-23）。除此之外，中东铁路建筑中还有大量的折中主义风格、俄式建筑风格，如各类型东正教教堂及民居等。这些不同风格的建筑遗产共同体现了中东铁路建筑遗产的艺术价值。

中东铁路现代主义风格建筑　　　　　　　　　　　　　　　　表 3-23

名称	黑龙江日报社	哈尔滨国际饭店	齐齐哈尔大民屯火车站
图片示意			

3. 科技价值

中东铁路建筑遗产应用了当时较为先进,有些至今仍被采用的建筑技术,体现了当时俄罗斯的社会科技水平和西方建筑的艺术特征。当时的中东铁路建设者坚持采用实用主义的建造原则,严谨地处理中东铁路建设过程中出现的各类技术问题,反映了对中东铁路沿线附属地建设认真务实的态度。

中东铁路建筑遗产针对东北地区的地域特点采用了特定的建筑结构、构造节点、地方材料及针对性的建造思想,体现了卓越的技艺水平,对当代建筑技术的创作与发展具有一定的启发与借鉴作用。它的建筑形制、规划布局、建筑细部以及与城市环境的密切融合,均成为沿线城镇空间格局建设与发展的基础。

中东铁路的发展带动了铁路沿线市镇的建设与发展,又直接带动了一系列建筑类型的产生。这些丰富的建筑类型反映了现代转型时期的建筑特征,体现了先进的大规模机器化生产要求的标准化与定型化特点。由于中东铁路建设工期短、难度大,中东铁路管理局在建设的过程中坚持实用主义原则,降低成本但又保持耐用,这些建筑技艺体现了当时先进的建造思想。

中东铁路各站点的选址都是科学而严谨的,根据城镇所处地理环境,选在地势平坦之地,附属地更是根据铁路的走势和功能需要进行规划布置。俄国传统的建造技术和理念与中国传统技术相融合形成了独特的建筑技艺,对东北建筑建造理念的更新与技艺的提高产生了极大的影响,包括建筑砌筑、屋架等方面。如今沿线很多居民仍然延续着这种技艺,同时把俄式建筑的隅石、山墙落影、门窗贴脸等装饰符号用在了新建建筑中,体现了中东铁路建筑遗产的科技价值对当代的影响。

4. 使用价值

1975年,在阿姆斯特丹召开的欧洲建筑遗产大会强调,建筑遗产的保护不应该只注重遗产的文化价值,还应该包括其使用价值,将两者有机地结合起来才能充分反映遗产保护的整体意义。[128]

英国建筑师伯纳德·费尔登(Bernard Feilden)对于建筑遗产的价值类型的划分虽然产生于1982年,年代较早,但是在某些方面却很有启发性:首先,他提出建筑遗产的认知要强调价值评价与保护的关系,先要明确保护的目标,然后再去评价遗产的价值,并将建筑遗产不同的价值进行排序,按照价值的排序确定保护的措施。其次,在他的建筑遗产评价体系中将遗产价值分为情感价值、文化价值、使用价值,对使用价值和情感价值与文化价值并列去看待,强调了建筑遗产持续被人类使用的特征。第三,他的价值体系最重要的特点是把社会价值作为使用价值来认知。第四,重视建筑遗产的情感价值。他的评价体系比以往的评价体系的价值范围更广,很多价值认知具有当代现实意义。

中东铁路建筑遗产的使用价值包括物业价值和旅游价值等,其与使用人群之间存在着主客体关系。从哲学的价值观察视角分析,价值就是建筑遗产对遗产使用人群所具有的意义,这种意义体现为建筑遗产能够满足使用人群所需要的某种建筑物及其所形成室外空间的使用功能或效用。人是使用主体，建筑遗产是客体，建筑遗产满足了使用人群生活、发展和享受的需要，所以建筑遗产对人来说是有使用价值的。中东铁路建筑遗产的使用价值是通过遗产一直以来的活态存在体现的，即通过延续其使用功能而实现的。这种使用是物态的、可见的，而且始终和直接创造财富相关联，中东铁路建筑遗产作为近现代建筑遗产，区别于古代建筑遗产的一个最典型特征就是它的使用功能还相对完善，在当代或更远的将来还能够持续性地被人们使用。它的这种自我更新的特点是由实际生活需要推动的，并从其诞生之日起就始终处于这样一种状态。在人们的持续使用中，遗产的价值得以传承，而且遗产的使用方式也直接决定了遗产的受众人群，进而影响到遗产的公众参与度，这些要素都会直接导致对遗产的价值认知与评价。中东铁路建筑遗产的另一种使用价值功效也可以通过旅游、游憩、参观、纪念、怀旧来满足人的精神层次的猎奇、认同等需求，这种功效是非物态的，是使用价值的另一种表现形式。中东铁路建筑遗产旅游作为一种独特的旅游资源，如果进行适宜的开发和利用，能够带动区域旅游经济的发展。这构成了其使用价值重要的组成部分。遗产的旅游价值表象上是由遗产使用价值转化的，而其本质是由遗产的文化价值所决定的。这就是中东铁路建筑遗产多维价值的逻辑层次，即由文化价值衍生出经济价值。

5. 环境价值

在 2005 年维也纳召开的世界遗产与当代建筑国际会议中提出，包括考古遗址和古生物遗址在内，很多自然生态环境经过一段时期后会成为城市环境的一部分，这些景观与城市结合，对理解当代人的生活有重要的价值。[129]

国内的《西安宣言》在建筑遗产认知方面也提及了"环境"的概念，强调了其对认知建筑遗产的重要性，特别是建筑遗产的评价与界定方面。"环境"包含了与遗产价值相关的信息，既包括有形的实物环境，也包括无形的非物质文化成分，共同构成了文化遗产的环境。[130] 遗产本体，例如建筑物往往在外部表现形式上非常突出，体现了历史、艺术、科技价值的高度浓缩，而遗产环境往往不如遗产本体那么突出，但遗产本体作用于周围环境所产生的环境价值却把遗产本体和周围环境紧密联系到了一起。只有对其有了整体性的理解，才能全面准确地评价遗产。俄罗斯的普鲁金把建筑遗产放在大的城市空间背景之下产生的这种价值称作"城市规划价值"。

中东铁路建筑遗产参与构筑了所在城镇的物质空间及重要景观，形成了统一而多样的城镇意象。其独具特色的建筑群落规模效应、建筑布局特色、基于周边环境的协调性、地域之间的空间联系及视廊组织均是其环境价值的构成要素。它的历史街区、城镇聚落以至历史文化名城所形成的环境价值会逐渐吸引人们来探寻它的精彩，使人们在出行、游憩中感受到历史的变迁和文化的传播，感受那段屈辱的历史，欣赏那份别致的建筑风景，在异域风情中体验矛盾的人文情怀。它会转化为旅游实践中的高品质资源，也会成为地方发展的独特的名片。根据中东铁路建筑遗产的分布和构成特点，它的环境价值体现在自然环境和人工环境两个方面。自然环境是指附属地城镇、建筑聚落与所处区域自然景观、地理环境之间的和谐关系，是建筑遗产空间形态的重要组成部分。人工环境是指在附属地中人工建筑物、构筑物共同形成的历史环境、景观节点等，包括城市肌理、街巷布局、广场、街道、院落等，反映了建筑遗产的历史、空间组织脉络、视线走廊等。

6.情感价值

很多学者的建筑遗产价值建构在情感价值属性上空缺。尤其是在近现代中国建筑遗产问题上，这些遗产虽然文化价值较高，但是反映了屈辱的殖民历史和外来文化的强行渗透，所以人们对待这些遗产的感情是矛盾和复杂的。对这一价值的认知，首先应当明确"情感价值"中的"情感"是一种什么样的"情感"。中东铁路建筑遗产的一个重要特征就是附属地人群与具体的生活环境建立起的情感联系，这种情感回忆是在共同记忆的基础上人与建筑遗产空间形成的独特的伙伴关系。它承托了人们对故居和乡愁的情感，提供给人们从使用到记忆的多层级功效，形成城镇发展的空间基础和文脉的延伸。这些建筑遗产和其他门类的遗产文化一同影响并引导了当代东北地域的公众文化和价值认同，形成和代表了特定的文化脉络，同时也可以对人们进行历史思想教育，而且这种情感无法由人类使用商品生产的方式进行再次生产。

德国文艺理论家本雅明（1892-1940）认为，每个古迹遗址均存在着"光韵"这种精神价值，它使古迹成为了反映特定历史时期生活方式和"风格"的载体。古迹的空间形态和时间脉络在"光韵"中融为一体。这种古迹光韵概念，影响到了《威尼斯宪章》、《奈良真实性文件》、《巴拉宪章》等有关遗产保护的纲领性文件。[131] 澳大利亚的《巴拉宪章》在诠释遗产时用了"地方"一词，涉及了价值与归属，它既包括物质环境（场所），也包括人的主观情感依附（地方感），既反映了一种社会关系，也是人寻找"地方"的手段，即人追求认同感的欲望。自《奈良真实性文件》以来，学界关注遗产的无形价值已经成为一种趋势，所有遗产都有相对应的精神层面。《巴拉宪章》认为遗产保护维护了一个地域文化价值的完整性，强调了形式以外的遗产价值表达脉络，指出价值不一定仅存在于物质实体中，它根据地方的历史会产生不同的变化。《华盛顿宪章》也强调，历史城镇与城区保护与当地居民的生活密不可分，所以，对遗产的保存，除了外在特征外，一切物质与精神的组成部分均应得到重视。吕舟认为遗产的情感价值是指遗产与地方文化密切联系而形成的地标性建筑，是当地人群的情怀。朱光亚也曾指出社会人群的生活方式、行为方式、信仰习俗同建筑遗产之间的关系不应被忽略。秦红岭在《乡愁：建筑遗产独特的情感价值》中强调了建筑遗产价值构成的多元性，指出了当代建筑遗产价值认知与评价中对情感价值的重视不足，论述了情感价值在强化地域认同和精神象征等方面的作用，同时对乡愁这种特殊的情感价值在空间与时间轴上进行了阐释和分析，这种认知拓展了对建筑遗产价值构成的观察视角。[132]

不同于实体建筑遗产文化价值的辉煌，中东铁路建筑遗产的情感价值是一种特殊的情感价值。它是一种殖民地文化，反映了这一特定历史时期国家、民族的屈辱历史及文化强行植入的过程，经历了本土文化的弱势和衰败，但是它作为建筑实体在与使用人群的互动过程中完成了它应尽的职责和功能，而且随着时代的变迁，这种屈辱的痕迹只停留在特定的历史观察视角下。实体遗产本身并不应当永远承担这一份罪责，而且遗产本身已经融入了东北地域人们的生活中，造就了几代人熟识的环境和生活氛围，这种环境氛围已经成为我们生活中的组成部分，并与人们的日常生活建立了积极而紧密的使用与情感联系。这种情感价值与中东铁路建筑遗产的岁月价值紧密相关，强化了当地居民的地域认同感，承载着人们的记忆，可唤起人们独特的情感体验，也同样形成了乡愁，起到了精神象征等方面的作用。

本书对中东铁路建筑遗产情感价值的认定和保护，决定了中东铁路建筑遗产能否得到更为普遍的价值认同和社会保护，对遗产情感价值的建构与阐释已然成为遗产保护中的关键因素。中东铁路建筑遗产的情感价值与历史价值、岁月价值紧密相关，成为了具有复杂情感色调的审美意象，有助于强化对遗产的认同感，形成遗产的精神象征作用。

三、多维价值的递进层级

三大价值是中东铁路建筑遗产价值的必然属性，其内容相对客观，是中东铁路建筑遗产最核心的价值。所有关于遗产价值的评价内容均离不开对它的理解和把握。其他价值是在三大价值基础上的衍生拓展，它们以三大价值为基础，是三大价值作用于当代社会之后的具体表达。三大价值主要反映的是遗产文化层面的价值信息，因为三大价值中的艺术价值在当代社会也能通过它的魅力传达美感的愉悦。科技价值在当代社会一方面能通过它的具体构造、建造细节继续影响当代的建筑，另一方面，它的建造理念，尊重地域、与环境和谐共生、注重成本控制等深层次的设计理念也在影响着当代的建筑创作。整体、完善地保护中东铁路建筑遗产的三大价值，在保护的前提下最大程度地实现遗产当代的经济价值，让遗产的文化价值和经济价值共同实现遗产的社会价值正是我们研究中东铁路建筑遗产保护和对遗产进行价值评价的本质和目的。

中东铁路建筑遗产的多维价值，从不同的维度反映了遗产的价值属性，这些价值是遗产的共性价值，各维度价值之间是平等的，它们之间的逻辑顺序是先有文化价值（历史价值、艺术价值、科技价值），后有经济价值（使用价值、环境价值、情感价值），但是涉及遗产个体时，每一种维度的价值又体现出多样性和不均衡性，有的遗产个体可能在某种价值维度上缺失、偏强或偏弱。比如说情感价值就和他的影响人群关联极大，一栋平淡无奇的小房子可能在其他价值领域平平淡淡，但对于它的受众群体来讲，它却是一份乡愁，是不可替代的。受众群体的构成是广泛的，受众群体的范围也是多层次的，对受众群体的影响原因也是复杂多元的。如环境价值，孤立的一栋历史建筑可能微不足道，各项评价指标均不出众，甚至非常普通，但是如果把它放置到一个更广阔的"结构段"中去考核，会发现正是这一栋栋普通的小房子共同构成了韵味独特的建筑群落。每一栋建筑都在它自己的位置上默默地完成了它的任务，任何一栋平凡建筑的缺失都会削弱群体遗产整体的艺术魅力。中东铁路建筑遗产在各个维度上的价值差异形成了遗产自身的价值特征，这种价值特征是一处遗产区别于另一处遗产的独特之处。各维度价值之间是相对独立的，但是也存在一定的交叉、转换关系。比如使用价值、环境价值、情感价值形成了遗产的经济价值，但是历史价值、艺术价值、科技价值在一定条件下也能转换为经济价值。再比如旅游价值，虽然在遗产的价值维度中没有列出，但是它依托于遗产的文化价值、环境价值和使用价值而产生，又直接完善了遗产的经济价值。这些经过分析、筛选的价值维度共同建构了中东铁路建筑遗产多维复杂的、完整的价值体系。

四、遗产多维价值的整体关联

中东铁路建筑遗产的多维价值既是彼此独立的价值维度，它们之间又存在着相互的关联，不能将具体的价值维度从建筑遗产的整体环境和背景中割裂出来进行"评价"，对中东铁路建筑遗产价值的评价，要尊重其内在的丰富性和生命特点。例如把老阿城站（已消失）与双城堡站剥离开当时的社会背景（表 3-24），仅仅去评价分析它们的建筑艺术价值，一定会惊讶于在沿线以俄式建筑为主的站房中，为什么会出现两个这么明显的中式建筑。它的建造背景是：由于阿城是金上京会宁府，是一座古老的都城，双城也是北方重镇，所以俄籍建筑师也充分地考虑了这里的历史背景，致敬中国传统文化，因此两处站房设计成中式便不难理解。其能指是风格迥异的中式站房建筑，其所指是特定历史条件下外来文化和民族文化的碰撞和妥协。所以，在中东铁路建筑遗产的价值评价过程中不能孤立地去评价遗产的物质形态，要综合其所处的历史人文环境与建筑实体相互影响造就出的无形文化遗产来考虑。[133]

中东铁路沿线的中式风格建筑　　　表 3-24

名称	老阿城火车站(已经被拆毁)	双城堡火车站
图片示意		

中东铁路沿线建筑遗产实体留存有几千座，遗产的整体价值不仅仅是单体建筑价值的简单叠加，它全方位地涵盖了遗产的物态与非物态价值。中东铁路建筑遗产的各维度价值是相互关联的，各维度价值的评价必须要以整体、多层次和非简化的方式去理解。[134] 中东铁路建筑遗产之所以宝贵，是因为它们具有时代的信息与文明的痕迹，或是科技的先进，或是民族的屈辱，所谓温故而知新，以史为鉴；在新的时代，这些遗产又整合了新的社会需求，它

与时俱进，重新融入城市的生活，展现了强大的生命力。它的遗产价值构成从历史到当代不断地拓展和完善，体现了价值体系的多样性及时空性。

第四节　本章小结

中东铁路建筑遗产的建造活动具有一定的规律性：它的建筑功能类型丰富，建筑风格反映了现代建筑转型时期的特征；它的技术特色、艺术风格、人文理念和社会影响均在服务社会和文化传播中呈现出了特有的品质；它的城镇体系的形成和发展与交通系统的走向和分布形成了密切的联系。多样化的城镇规模与空间形态使其呈现出独特的遗产特征。同时，隐藏在建筑遗产形态、布局特征之后的是其综合性的文化价值和社会价值，它的遗产特征随着时代的改变而不断拓展，它自身的线性布局和动态的建造特点，多元、丰富、包容的建筑风格以及成熟、理性的地域适应性技术与理念，都折射出了它最本质的价值内涵。它作为中东铁路文化的重要载体，又与特定的使用人群产生了紧密的情感联系，这种联系本身已经超越了铁路本身和建筑遗产本身的功能范畴，同沿线人群的生活习惯、行为习惯、信仰、民俗等人文要素紧密联系到了一起。随着中东铁路建设一同形成的不仅有城镇、街区、聚落、建筑，同时也形成了一种主观情感的依附和认同。

中东铁路建筑遗产作为近现代建筑遗产，其遗产特征典型而鲜明。特殊的线性空间分布特点和具有分形特征的建造模式使其价值脉络呈现出不同于其他建筑遗产的个性特征，其价值构成也呈现出多元化特点。在特定的文化和价值观的背景作用下，通过当代的社会价值取向建构出来，反映中东铁路建筑遗产的当代价值特征，最大化地发挥遗产的当代价值，完善属于当代的中东铁路建筑遗产价值体系，即历史价值、艺术价值、科技价值、环境价值、使用价值和情感价值。三大价值是中东铁路建筑遗产价值的必然属性，是中东铁路建筑遗产最核心的价值。其他价值是在三大价值基础上的衍生拓展，它们以三大价值为基础，是三大价值作用于社会之后的具体表达。三大价值主要反映的是遗产文化层面的价值信息，而其他价值反映的是遗产当代的经济价值信息。这些价值共同作用，实现遗产的社会价值。中东铁路建筑遗产的多维价值，从不同的维度反映了遗产的价值脉络，是遗产的共性价值，各维度价值之间是平等的，它们之间的逻辑顺序是先有文化价值（历史价值、艺术价值、科技价值），后有经济价值（使用价值、环境价值、情感价值），各维度价值之间又存在着相互的关联，不能将具体的价值维度从建筑遗产的整体环境和背景中割裂出来进行"评价"。对中东铁路建筑遗产价值的评价，要尊重其内在的丰富性和生命特点，必须以整体、多层次和非简化的方式去理解。

第四章　中东铁路建筑遗产价值指标体系

本书的多维价值是由层次更加深化的众多价值指标因子支撑和构成的，价值指标因子的选择使评价的层级更加完善，指标因子选取上的针对性和独特性更能体现中东铁路建筑遗产全面的价值特质。价值指标因子的选取是否整体、客观，决定了对这一维度的价值能否全面、真实地反映出来。指标体系建构的基础是对遗产价值更深入的挖掘。中东铁路建筑遗产价值系统的复杂构成必然表现出价值指标体系微观构成的多样性，形成生物链状的整体价值指标系统，环环相扣，相互关联，所以中东铁路建筑遗产的价值指标系统的整体性、多样性与协调性是统一的，共同构成了多维的中东铁路建筑遗产价值。

第一节　价值指标体系的影响因素

中东铁路建筑遗产是人工遗产与人文遗产、物质遗产与非物质遗产结合的产物，其在空间分布上又体现了点、线、面的珠状分布的遗产廊道特点，从而构成了一个遗产体系，它涉及的遗产类型丰富，包括各类型单体建筑、街区、历史城镇以及附属地周边的环境景观和非物质文化遗产。

经过对中东铁路建筑遗产的价值体系建构，本书确定了中东铁路建筑遗产由历史价值、艺术价值、科技价值、使用价值、环境价值、情感价值构成。每一维度价值又都由若干个价值子集和价值因子构成。这些价值子集和价值因子在建构的过程中又会受到遗产特殊性的影响和制约，体现了中东铁路建筑遗产的价值指标体系的多样性与独特性。由于中东铁路建筑遗产价值体系的多样性，不同类型价值之间也存在着矛盾与平衡关系，如使用价值与岁月价值的矛盾，文化价值与经济价值的矛盾等。这些矛盾在当代遗产使用过程中是不可避免的，评价者要从当代社会总需求出发来探讨各类型价值的关系，不应因对遗产某类型价值的极度推崇而影响到对其他遗产价值的认知和利用。

一、遗产信息自相似带来的同质化倾向

如果抛开中东铁路建筑遗产的特征而对其孤立地进行单体价值评价，就会发现，不同类型的遗产由于其功能类型不同、规模不同，如果放到一起评价量化，其建筑级别、类型的差异会使比较结果差异较大，即使评价结果产生了遗产的重要性排序，也不能真实反映遗产的价值特殊性，因为某一个综合价值偏低的遗产可能某一维度的价值比较突出，综合价值低不能影响到对遗产单一维度突出价值的保护。量化数据反映的遗产信息被简化为数值后，不能反映遗产的单一维度价值的高低，而同类型遗产进行对比时，一些建筑

类型大量采用标准化设计,又会使量化评价得分值接近,不易区分。抛开大城市中的建筑设计艺术精品外,散落在中东铁路沿线的很多类型的中东铁路建筑遗产为了降低成本,防止增加面积、提高质量标准、防止偷工减料,都采用过通用的建筑图纸,如浴池、公厕与站房等类型的建筑(表4-1)。

中东铁路浴池、公厕　　　　　　　　　　　　　　　　表4-1

名称	青云站浴池	横道河子浴池	肇东站浴池	扎赉诺尔微型厕所
图片示意				
名称	马延浴池	舍利屯浴池	九江泡公厕	万山浴池
图片示意				
名称	五里木浴池	里木店浴池	乌固诺尔公厕	红房子浴池
图片示意				

中东铁路二等站点及以下的铁路建筑,建筑构成在数量上和标准化程度上都相对较高,大都是规模相对较小的卫生所、兵营、铁路服务办公用房、公共厕所、职工住宅等。另外,大部分的铁路交通设施,如水塔、城市跨线桥、铁路隧道,其设计的样式都较为统一、模式化。其共同的特点就是数量多,分布广,对建筑造型要求较低。这种建筑的相似性在中东铁路站房建筑、住宅建筑和铁路附属设施上比较突出。现有的二、三等火车站舍等,对德惠、昂昂溪、扎兰屯、安达、穆棱、一面坡站舍等,对这些站房在基本的功能空间构成与建筑形态方面作对比分析,能够体现出这些建筑设计的相似性以及它们的标准化建造模式(表4-2)。

中东铁路附属地站舍立面特征对比　　　　　　　　　　表4-2

站舍	穆棱站舍	安达站舍	昂昂溪站舍	扎兰屯站舍	德惠站舍
火车站现状					
共有特征	站舍建筑都是局部2层,建筑的一层部分都设为候车室,站长室与主入口在立面造型上作突出处理,站舍屋面和山墙的造型样式较为统一				

中东铁路建筑遗产本身的历史信息大都是在20世纪初中东铁路修建的背

景下产生的,遗产的空间分布规律和类型构成具有分形几何的特点,就是呈现出自相似性,这种自相似性体现在遗产信息的"时间的久远度","与历史事件,历史人物的关系","行业开创性和工艺先进性","工程技术","社会情感","生活文化"等价值评价要素方面,可以看出,这些同类型建筑遗产的价值要素也呈现出很高的相似性,这种相似性导致普适性的量化评价模式很难准确区别中东铁路建筑遗产价值的差异。例如在铁路员工住宅方面,大量的住宅建筑是用同一图纸设计建造的,根据地域的不同在装饰上适当加以变化来体现差异,而这些住宅建筑与"稀有性"、"代表性"、"独特性"、"重要性"无关。但是,这些住宅又参与构成了中东铁路沿线的整体景观,它们只是平凡的、带有历史痕迹的旧建筑。此外,中东铁路沿线的木杂物棚绝大多数也采用相同或相似的形式,即使造型并不相同,建造的风格也是相近的,差异只体现在体量和规模上。这些特征都是由中东铁路建造过程中的分形特点决定的,分形特点不仅仅体现在遗产的分布的空间形态上,还体现在建造模式、风格影响和建筑类型的分布上。分形特点带来的影响就是区域间的自相似性,这种自相似性带来了评价过程中的同质化倾向。

价值同质化本身就是中东铁路建筑遗产的一种属性,从同质化的能指中得到的所指其实是中东铁路修建时的理性设计思维,即注重低成本建造手法、建设中主次分明的一种建造模式。这种由于标准化设计和遗产分形特点而形成的自相似性造成的遗产价值的同质化,是在建造过程中就伴随出现的遗产本身的一种属性,同时也持续性地伴随着遗产经历岁月,这种属性会影响到中东铁路建筑遗产的评价模式。所以对中东铁路建筑遗产的价值评价的目的并不是要把它们区分出严格的等级,而是厘清遗产价值之间的相互关系,从而对遗产按照价值特点进行分类,进而有针对性地进行有效保护。所以,在中东铁路建筑遗产的价值评价中,根据遗产价值的特征对遗产进行分类比分级更具有针对性。

二、遗产价值的历时性延续

《巴拉宪章》中指出,要为建筑遗产找到合适的用途,尽可能地降低对其重要结构的改变,并使其得到修复,也就是"改造性再利用"。[135]《华盛顿宪章》也提到了要保护历史城镇和历史街区的特征,使其在精神和物质两个方面进行一种传承,虽然有些遗产看似微不足道,但却成为了当地人生活和记忆的一部分,保护其特征有助于延续遗产价值的原真性。很多遗产保护宪章都强调了为历史建筑遗产在新时期找到新的"角色",一方面可实现对历史建筑的保护,同时使其具有新的利用价值,尽可能降低建筑在自身功能、结构等方面的改变。"改造性再利用"体现了建筑遗产功能价值的延续,对推动遗产的价值保护和传承起到了非常重要的作用,符合当代遗产保护的趋势。

中东铁路建筑类型多样,不同的建筑类型在现代社会被利用和再生的模式也各有特点。例如公共建筑,建筑本身体量较大,建筑风格、形象突出,一般为砖混和框架结构,结构稳定性较强,有较好的建筑改造基础。虽然经历了较长的历史时期，但自身强度和配套设施在完善和修复后还可以满足新的社会"角色"的要求，发挥其最大的价值与意义。

中东铁路建筑遗产价值的延续和转化不仅是遗产的当代特征，而且从其建造之日起就和遗产本身同步存在。例如绥芬河梨树街1号，建于1913年，是具有俄罗斯风格和浪漫主义风格的单体建筑，最初为总理绥芬河铁路交涉分局，又因为建筑的色彩基调为白色，被人们称作"大白楼"。1912~1955年，曾被用作市政分局局长办公室、满铁日本籍员工的宿舍、苏联铁路专家宿舍及办公地、铁路职工独身宿舍等。1968年后，因功能的需要而改为绥芬河铁路地区党委办公室及职工宿舍、绥芬河铁路地区办事处。2005年至今，一直用作绥芬河市政府宾馆（表4-3）。可见中东铁路建筑遗产中这类公共建筑的功能适应性是非常强大的。

绥芬河大白楼的功能活态变化　　　　　　　　　　表4-3

名称	正立面	侧立面	建筑细部
图片示意			

这种灵活的价值延续，一方面以建筑文化传播的方式渗透到社会生活中；另一方面，也参与调动城市整体的服务价值，主要体现在其适度的商业功能、旅游文化传播功能、历史文化展示功能和公益服务功能上。正是这种历时性价值的应用和传播，使得中东铁路建筑遗产本身具有了实用的功能，再结合丰富的历史文化积淀和不同时期叠加的情感要素，构成了它的不可替代性。在现阶段的社会生活中，人们对中东铁路建筑遗产的持续性使用以及更灵活、多元化的服务功能，带来更多的公众参与。人的活动参与和建筑遗产充分地融合，凸显了遗产的独特韵味，也体现了遗产保护的趋势。

有的遗产类型没有得到有效的重视和保护，例如大量的中东铁路职工住宅建筑聚落，虽然建筑的主体结构基本完整保留，但是这些建筑由于居住条件、城市配套设施、卫生状况的不完善，年久失修，部分已经不能达到人居的舒适标准。再加上建筑物的使用年限过长，缺少系统的加固维修，造成了建筑结构安全性以及建筑整体的残破等问题，不能保障人居安全。所以，原住民大量搬离，整个住区处于廉价出租状态，成为大量外地劳务人员的居所，缺乏基本的物业维护，再次恶化了居住环境，导致建筑遗产更加破败，成为了新的"城中村"。这一类型的居住建筑延续了原有的居住功能，但是整体环境处于劣化的边缘（表4-4）。还有一部分住宅建筑由于所处的地理位置较好，被转换了原本的功能，以另一种功能存活下来。功能转换主要体现在商业和文化功能上，遗产和新的使用功能充分地融入了人们的日常生活之中，例如哈尔滨南岗区花园街一带的沿街单层住宅建筑，大量被改为特色酒吧、餐饮，建筑得到了有效的修缮，人的活动参与又为建筑增添了生机与活力（表4-5）。

居住环境劣化的中东铁路职工住宅 表 4-4

名称	哈尔滨元和街 33 号	马桥河	太岭	博克图
图片示意				

使用功能发生转变的中东铁路职工住宅建筑（以哈尔滨为例） 表 4-5

名称	海关街	中山路	花园街	西大直街	联发街
图片示意					

作为一个跨越三省一区的遗产线路，中东铁路附属地内有着类型极为丰富的建筑遗产。本书不能以评价精品建筑遗产的结果来代替对整条铁路沿线建筑遗产全局的关注和评价。建筑遗产中既有设计精美、具有丰富艺术内涵的大型公共类建筑，也有小家碧玉、装饰丰富、体现异国情调的高级职工住宅和建筑小品，但是也大量存在着设计简单、装饰平实、朴素平凡的各类单体建筑（表 4-6）。它们共同构成了中东铁路建筑遗产的整体风貌。在对其进行遗产价值评价时，应把非保护类遗产纳入评价关注的视野。以遗产价值分类代替遗产价值分级的评价目标也更能有针对性地反映出中东铁路建筑遗产构成的实际特点。

形象平实的单体建筑 表 4-6

名称	白帽子	小九	青云	大观岭
图片示意				

广泛分布的中东铁路职工住宅和小型站房、铁路服务设施等辅助性建筑物、构筑物，满足了功能使用的基本需求，拥有特色并不鲜明的外部形态，经常采用通用图纸设计建造，或是采用"低技术"节省造价，它们的存在反映了建设者理性的工业设计思维和注重高效、节约的设计理念。如果单拿出一栋这样的建筑去确定它的历史价值、艺术价值和科技价值，可能一无所获。这种忽略遗产使用价值和情感价值的评价范式得出的评价结果必然缺乏对整体遗产廊道韵味的关注。如果仅仅以个别已成为"文物建筑"、"保护建筑"、"历史建筑"的"代表作"的形式对已经认证的建筑遗产进行"圈护"，那就可能在保护个别"精品"遗产的同时，漠视、忽略、遗弃更多未被"圈护"

的遗产[136]，而这些未被"圈护"的遗产同样是中东铁路建筑遗产的构成部分，正是有了它们的存在，才使得中东铁路建筑遗产的整体性价值突出，才形成了遗产廊道完整的视觉联系。所以应当关注中东铁路建筑遗产作为遗产廊道的整体价值内涵，即加入区域研究视角，建立对遗产整体保护的观念，因为任何看上去微不足道的遗产单体的消失和破坏都会影响到中东铁路遗产线路、历史城镇和历史地区的原真性。

中东铁路建筑遗产的价值延续性不只表现在功能价值的延续上，它的历史价值在新的生存时空下也会产生新的发展。比如哈尔滨站在1909年发生过安重根刺杀伊藤博文事件，这样的事件赋予了哈尔滨火车站更多的人文背景与抗日精神，也反映了日本在东北的殖民统治的历史环境，在中韩两国领导人的共同关注下，安重根纪念馆于2014年1月开馆，虽然作为中东铁路枢纽站房的新艺术风格的哈尔滨站消失了，但是在新时期下这样的事件又为哈尔滨火车站添加了新的人文背景。[137] 所以说，历史文化遗产不是静态的，它会随着时间的流逝不断产生新的人文遗产，所以我们对中东铁路建筑遗产的价值评价也应该是动态的。遗产价值应该反映当代社会的价值诉求，有形的建筑遗产反映的可能只是人类过去的创造，而无形的非物质文化遗产反映的是人类的过去、现在，甚至可以预测与指引将来的创造力。我们应该看到中东铁路建筑遗产随着社会发展而发生的角色转变，对它的价值评价不应定影在某一历史时空点上。

三、遗产形成与分布的地域差异

中东铁路拥有两千多公里的地理跨度，穿越了东北三省及内蒙古东部地区，地形地势复杂，站点的选址因其所处地区的地理情况不同而有着极大的差异。由图4-1可知，哈尔滨以东为山地、丘陵地区，地势险峻，对城镇的建造起到一定的限制作用；哈尔滨以西至满洲里，途径松嫩平原、大兴安岭以及呼伦贝尔大草原，地形相对平坦。这种地形地貌的多样性对沿线城镇的个性的形成有着重要的影响。

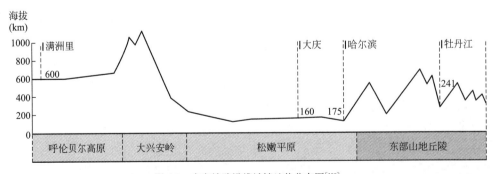

图4-1 中东铁路沿线城镇地势分布图[138]

中东铁路附属地城镇分布比较均衡，整体呈线性串珠形分布，局部散点形分布。这些城镇在铁路快速建设的形势下，发展非常迅速，以一种全景覆盖的模式将铁路沿线以自然风光为主的站点景观塑造成为了自然和人文风貌结合的现代人文景观带。

中东铁路建筑遗产的产生既是一种文化传播现象，也是一种物质生产行为。它的发展不仅受地域文化的影响，也受到时代、地域、经济、技术发展的制约。不同地域的地貌特点、地理位置、建造技术水平提供给这些建筑遗产不同的发展空间，并且间接调控了建筑形态发展的方向。中东铁路带动了沿线城镇的经济发展，沿线城镇受到沙俄侵略者及日本侵略者的统治，深受殖民文化影响，在这种多元外来文化与殖民文化的渗透下，这些小镇依靠自身规模、区位或者资源的差异，又发展形成了商贸城镇、度假城镇、战略城镇及资源城镇等类型，不同的城镇职能格局又由不同类型的建筑构成。每个城镇的面积、人口数量、建设特点因地域的不同，而呈现出一定的差异性（图4-2）。

城镇的空间发展走向、用地布局和路网形式与铁路的延伸方向形成了不同类型的模式、关系，同时不同规模城镇的建筑遗产类型分布与规模也受到自然条件和社会条件的影响而呈现出各自的特性。中东铁路建筑遗产的分布和规模从产生起就和站点关系密切，其建设规模和站点的规模呈对应关系。随着中东铁路功能的弱化，沿线城镇职能也发生了调整，直接影响到了遗产的保存状况。

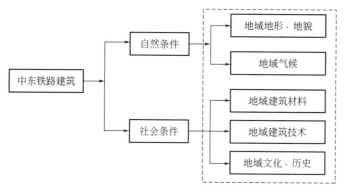

图4-2
中东铁路建筑受自然、社会条件影响

目前的火车站等级和运营初期的车站等级分等标准有所不同，运营初期车站分为一等站到五等站和会让站，如今的车站分为一等站到五等站和特等站。如图4-3所示，运营初期，研究范围内有扎兰屯、安达、一面坡、穆棱、德惠5个三等站，中东铁路共有9个二等站，西部线和东部线占6个，包括满洲里、昂昂溪、横道河子等。如今，满洲里站、海拉尔站、绥芬河站和原为会让站的富拉尔基站升为一等站，哈尔滨和原宽城子所在的长春均为特等站。[139] 整体来看，现今的车站等级基本上有所提升，或者持平。个别车站降等，如博克图站、昂昂溪站和横道河子站，均从二等站降到了三等站，车站的降等也反映了其所在城镇的衰落（图4-3）。主要原因有：①交通出行多元化，一些站点和城镇已经不再是交通网中的枢纽，地位降低。②地理因素、气候环境、人文社科等方面的影响。③城镇在铁路工业衰败后缺乏支柱产业的支撑。④相邻城市的发展对老城镇有所冲击，如一面坡和横道河子的衰败就受到了尚志市和海林市发展的影响。⑤城镇具有的地理位置的特殊性消失，

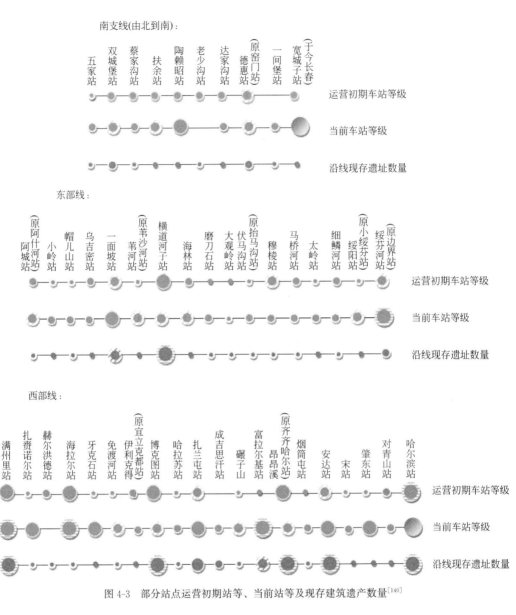

图 4-3 部分站点运营初期站等、当前站等及现存建筑遗产数量[140]

如博克图镇军事地位突出，直到苏联解体前，一直有军队驻扎。初期，博克图路段因地理因素，在修建中面临很大的挑战，需大量人力聚集于此，所以城镇发展欣欣向荣。随着技术的进步，铁路建设问题迎刃而解，城镇衰落也在情理之中。⑥历史原因和政治原因。原齐齐哈尔站便是在特定的历史因素的影响下由昂昂溪迁至今齐齐哈尔，由于经济、政治、文化中心的改变，昂昂溪自然而然地衰落了。

建筑遗产保留数量基本上和车站等级是成正比的，一般来说，车站等级高，遗产数量也多一些。也有特殊情况，如穆棱站是四等站，现存建筑遗产14栋，超过了一等站海拉尔站的8栋；昂昂溪站如今虽是三等站，却有111栋建筑遗产，数量非常庞大。这和上述车站、城镇的兴衰原因有一定的关系，同时铁路沿线原始建筑的基数、质量和后期的保护政策、重视程度都是影响现存建筑遗产数量的原因。

受自然条件和社会发展影响,中东铁路建筑遗产的分布极度不均衡,西部线现存建筑遗产最多的是昂昂溪,有 111 栋(图 4-4),东部线现存建筑遗产最多的是横道河子,有 71 栋(图 4-5),南支线(至宽城子)现存建筑遗产最多的是德惠,只有 20 栋(图 4-6)。在车站沿线城镇中,保留超过 30 栋遗产的城镇:西部线有满洲里、博克图、扎兰屯、富拉尔基、昂昂溪 6 个,这 6 个城镇的建筑遗产之和为 359 座,占城镇建筑遗产总量的 84.93%;东部线是一面坡和横道河子,二者的建筑遗产总数为 106 座,占城镇建筑遗产总数的 47.96%;西部线的现存建筑遗产数量超出东部线和南支线很多,图中所示城镇的建筑遗产量平均数为 25 栋,也超过了东部线的 12 栋和南支线的 9 栋,保护情况较好。[141]

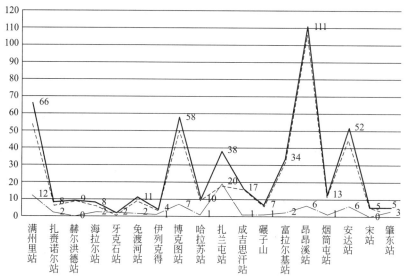

图 4-4
中东铁路西部线建筑遗产分布

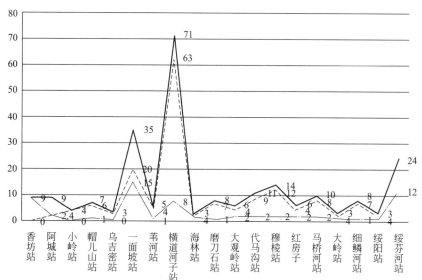

图 4-5
中东铁路东部线建筑遗产分布

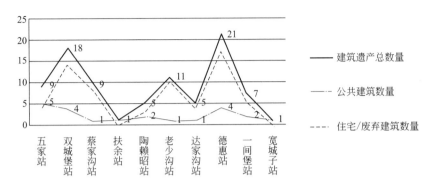

图 4-6
中东铁路南部线
(部分)建筑遗产分布

统计显示,建筑遗产的总数量与住宅和已经废弃的建筑遗产的数量分布基本上是重合的,也就是说,整体来看,现存遗产中住宅和已废弃的建筑遗产数量远远多于公共建筑遗产的数量。住宅和已经废弃的建筑在建筑遗产中所占的比例:西部线为 84.93%,东部线为 76.02%,南支线为 74.71%。由此可知,建筑遗产如今的使用率是较低的。这些建筑该采用何种保护方式,是任其废弃不管,或是该作为"历史建筑"来保护,或是在保护的基础上赋予其新的功能、新的概念,再次投入到使用中去,都值得思考。

中东铁路沿线建筑遗产主要集中在图 4-7 中所列的 10 个城镇,共计保护建筑 1027 栋,呼伦贝尔市保护建筑最多,共 249 栋,达保护建筑总量的 24.25%。此外,拥有超过 100 栋保护建筑的城市还有哈尔滨市、齐齐哈尔市和牡丹江市,分别有 186 栋、180 栋、154 栋。其中省级以上重点文物保护单位有 69 个,包括 21 个国家级文物保护单位,其他类型的文保单位或不确定等级的文保单位 763 个,达总文保单位数量的 74.29%。

其中,国家级重点文物保护单位最多的是牡丹江市,其下辖海林市和穆棱市共 12 栋,占国家级重点文物保护单位总量的 57.14%;省级重点文物保护单位最多的是呼伦贝尔市,共 45 栋,占省级重点文物保护单位总量的 93.75%;市及县级市重点文物保护单位最多的是齐齐哈尔市,共 126 栋,占市及县级市重点文物保护单位的总量 64.61%,达到了自身建筑遗产总数量的 70%,如图 4-7 所示。

由以上统计数据可知:

(1) 牡丹江市不仅拥有最多的全国重点文物保护单位、市级文保单位,保护建筑总数量也很多,说明其中东铁路建筑遗产保护工作较为系统,遗产能够得到相应的保护。

(2) 呼伦贝尔市的省级重点文物保护单位数量最多,原因可能是内蒙古自治区保留下来的建筑遗产基数较大,经济发展和城市化进程没有和遗产保护形成矛盾冲突,政府对于中东铁路建筑遗产的重视程度高,各省划分层次的标准不同也有所影响。

(3) 从市级层面来说,齐齐哈尔的市级文物保护单位数量远大于其他各市的市级文物保护单位数量之和,说明齐齐哈尔市对于中东铁路建筑遗产的重视程度较高。

(4) 很多建筑对于保护等级的界定比较模糊,无标志建筑遗产数量众多,没有引起所处区域的关注和重视，没有纳入对中东铁路建筑遗产的整体性保护，更多的遗产保护等级的划定停留在对遗产文化价值（三大价值）的认定上。

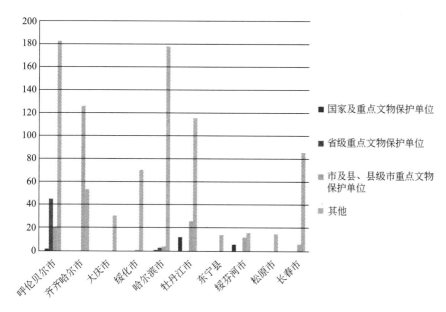

图 4-7
中东铁路保护建筑等级分布

（5）除了纳入省市级遗产保护单位的建筑遗产，还存在着大量未挂牌遗产，它们处于废弃或损毁的状态，对这些建筑遗产的关注应该成为体现中东铁路建筑遗产廊道特点的重要内容。

四、区域保护缺少衔接和配合

相关保护部门已经认识到遗产保护的群体概念，所以像一面坡中东铁路建筑群、昂昂溪中东铁路建筑群、绥芬河中东铁路建筑群、横道河子中东铁路建筑群等建筑群落都得到了相应的重视和保护，它们当中很多已经被列为全国重点文物保护单位，有些偏远地区如满洲里、博克图、德惠等地区的历史建筑群还没有得到整体性的保护（表 4-7）。跨地域的建筑空间脉络还没有得到重视，中东铁路建筑遗产作为遗产廊道的整体性还没有受到足够的关注。

第七批全国重点文物保护单位　　表 4-7

香坊火车站	哈市香坊区
一面坡中东铁路建筑群	哈市尚志市
滨洲线松花江铁路大桥	哈市道里区
昂昂溪中东铁路建筑群	齐齐哈尔市
绥芬河中东铁路建筑群	绥芬河市
中东铁路管理局旧址	哈市南岗区
霁虹桥遗址	哈尔滨市

中东铁路经历了百年的沧桑，其东西线的建筑遗产保存现状极度不均衡，

除了未被挂牌保护的遗产外，即使是被列入保护名录的建筑遗产的保护现状问题也非常突出，主要表现在以下几个方面（表 4-8）：

（1）遗产隶属区域不同造成遗产评价分级标准不统一。由于中东铁路东西线附属地在行政划分上隶属于黑龙江、吉林、内蒙古三个省份，每个省份都有自己的遗产划定范围、价值评价标准和遗产保护规划，即使是在黑龙江省内，由于各附属地分别处于不同的市域，不同地市对遗产的保护级别划分也不统一。究其原因，不外乎是各地区对待遗产价值评价的价值构成、价值因子、价值评价标准不统一造成的遗产分级标准不统一。由于各地区对遗产管理条块的分割，导致分级保护缺少区域间的系统性和连贯性。遗产保护状态与所处地域对遗产的重视程度直接关联。

（2）保护挂牌门类多样、各自为政。各地域对遗产的保护级别差异过大，由于文物保护单位和历史建筑分别由不同的部门负责认定和管理，所以保护和挂牌门类多样，又可分为国家级文物保护单位和省级文物保护单位，以及省级和市级不同等级的保护建筑、历史建筑等。称谓和分类方式多种多样，不统一，造成保护级别混乱、不清晰。即使是同一地区，不同时间段划定的同一保护级别的牌匾也由于年代的不同，其称谓和版式也不尽相同。表 4-8 列出了 30 种不同级别、不同版式的保护牌匾，看上去非常混乱。虽然很多实体建筑遗产被纳入了各级保护范畴，但仍有很多有特色的建筑遗产没有被纳入保护名录或存在保护级别不准确等问题。作为典型的遗产廊道，各地域板块对遗产的保护缺少相互的衔接和配合，处于各自为政的状态。此外，对建筑群体、建筑聚落的保护和认定也只是强调了个别维度价值的突出，对于偏远地区，如西部线一些保存完整、异域情趣明显的建筑群落缺少关注和认定。对经历了沧桑岁月的平凡的建筑遗产也是漠然视之。

形式各异的保护标志牌匾 表 4-8

文保等级	全国重点文物保护单位
图片示意	
文保等级	省级重点文物保护单位
图片示意	
文保等级	地级市、县级市级重点文物保护单位
图片示意	

续表

文保等级	地级市、县级市重点文物保护单位
图片示意	
文保等级	其他类型保护建筑
图片示意	

（3）附属地城镇发展轨迹不同造成遗产保护状态不同。中东铁路沿线城镇，随着时间的推移呈现出了不同的发展态势，其人口规模、产业格局、土地性质、政治影响等方面在每一时间段内均呈现出动态的变化。铁路在城市发展和居民日常生活中的角色也在转换。对于曾经规模较大的附属地，由于经济发展快，附属地发展按照城市的发展轨迹运行，城市定位和城市功能对铁路的依附作用逐渐减退，城市发展对土地利用、城市功能分区有自身的要求。这些因素均会影响到遗产的保护状态。

改革开放以来，国家经济迅猛发展，导致建筑遗产保护工作与城镇的空间发展战略产生了冲突，很多情况下城市会以牺牲遗产为代价去拓展城市空间。如在哈齐高铁和哈牡客运专线等铁路基础设施项目的建设过程中，其线路基本采用了原中东铁路的走向，所以肇东站老站房、姜家站俄式房、姜家站仓库、安达站运转车间俄式小二楼、行李包房（表4-9）这五处历史建筑与客运专线占用范围相冲突，最后实施了历史建筑平移保护的解决方案。我们可以肯定文保工作者利用先进技术将这些历史建筑平移的方案尽可能地保护了这些建筑遗产的实体，但是这种迁移保护的方法并不是一种最佳的保护措施，因为迁移使它缺席了原来的场景，这种场景恰恰是其"生存"的土壤。遗产丧失了环境的历史"真实性"，破坏了遗产的真实历史信息，仅仅强调了遗产作为"纪念物"的存在价值，这种保护措施和国际保护趋势是相违背的。

安达火车站运转车间迁移 表 4-9

文保等级	安达站房平移前	安达站房迁移后
图片示意		

规模较大的城市人口数量多，对城市中各建筑类型的功能利用较充分，但在时代更迭和政治运动中受到的冲击也较大，所以这些城市中的建筑遗产被拆毁的较多，残留的遗产由于及时得到保护，保存状态要好于偏远地区。另外，很多大城市的历史建筑通过功能再生，逐渐有了适合自身的新的功能定位。有的建筑遗产由于新的使用功能和使用人群而获得了新的活力，形成了新的"场所"。有的偏僻站点，其城镇职能对原有中东铁路的依附性较强，随着中东铁路功能的弱化和铁路对沿线服务设施利用的降低，城镇本身又没有适应性的发展策略，造成自身经济衰退，人口流失，建筑遗产疏于管理，又缺少足够的功能去填充，所以其建筑自然损毁、废弃的较多，保护状态堪忧。西部线由于经济发展慢，原生态旧建筑废弃较多。整条线路的遗产，在保护的过程中由于对历史建筑的原有信息不重视及施工不当造成了建筑色彩过于艳丽、细节修复粗糙，在修复、修补的过程中用新型材料替代原始材料，导致遗产蕴含的历史原真性信息遭到破坏，如表 4-10 所示。

中东铁路改建与扩建的火车站舍[142] 表 4-10

类型	原貌	现状
一面坡站		
绥芬河站		
横道河子站		

(4) 建筑遗产的挂牌保护没有体现遗产价值的当代特征。之前对沿线建筑遗产的挂牌保护更多地停留在建筑遗产实体的文化价值（三大价值）的认定上，没有把保护建筑与现代社会经济发展的关系纳入到遗产价值的考核中来，较少体现建筑遗产价值的传承关系。遗产保护过多地呈现出博物馆式的保存，在遗产的价值传承中，延续遗产的生命与意义的保护方式没有得到足够的体现。漠视平凡建筑遗产的生活场景，虽然这种生活场景有时显得破败，但是很多时候是原汁原味的生活。在遗产保护过程中，忽略遗产使用者的利益需求，公众参与不足，虽然大量的此类遗产仍旧在现实社会中发挥着巨大的作用，但是遗产的保护工作只是由专门的保护机构来完成，公众对于遗产的评价与保护仍然没有有效地参与。中东铁路建筑遗产的保护工作，只有真正揭示遗产的价值内涵，带动社会的广泛参与，才能形成持续的保护动力。另外，作为一种社会性的保护活动，对遗产价值的正确阐释和必要的文化展示、文化教育、文化交流、文化遗产旅游活动也应成为保护过程中的一种持续性的程序。这些都是建立在对遗产当代价值的认定的基础上的。

第二节　遗产价值指标因子提取

本书对建筑遗产价值指标因子的选择是立足于建筑遗产特征，在中东铁路建筑遗产价值建构基础上的价值细化过程，其目的是为了更完整地描述遗产在每一维度上的价值内涵，更深入地挖掘遗产的价值特性，更全面地反映遗产的差异性信息。准确的价值指标因子提取能够形成全面的遗产价值评价指标体系，完整、全面的指标体系能够使评价的范围变宽，提高遗产价值评价的效度，使得单一因子的影响力度减弱，构建完善的评价模型，对提高遗产价值评价的效度影响较大。

一、遗产价值指标因子提取的原则

(1) 针对性的原则。本书对价值指标因子的提取是针对中东铁路建筑遗产的，它依托于对其他既有建筑遗产评价指标体系的研究和借鉴，在有些指标因子的选择上有共通之处，但是又有其自身的独特性。它的独特性是由中东铁路建筑遗产特征所影响的，同时也是由建构出来的价值体系决定的，它的指标因子选项有较强的针对性。其他遗产评价指标体系内的因子选项并不一定适合中东铁路建筑遗产。

例如用于评价中国古村落或是中国古代建筑遗产的重要价值因子"风水布局"和"庭院围合"等因子选项就并不适合作为中东铁路建筑遗产的评价指标因子，因为中东铁路建筑遗产是受西方建筑风格影响而建造的，受中国建筑建造思想影响较少，其典型的建筑布局并不是庭院式布局，遵循的是西方建筑的构图法则和审美情趣，没有类似天人合一、尊卑礼制、风水周易之说，所以，类似此项指标因子的选择没有针对性，反而是体现近代西方城市规划思想的城市肌理、广场空间特色等价值指标因子更具有针对性。

（2）特色差异的原则。价值指标因子的选择要着眼于建筑遗产的特征，一方面要体现中东铁路建筑遗产的共同特点，同时也要反映出不同遗产的个性差异，要能反映遗产之间的不同，只有差异的信息才能使评价作出判断，只有差异的信息才能使保护手段和保护策略有针对性，才能客观全面地反映出评价对象的多维价值属性。不同维度价值的指标因子特色构成也各有特点，比如"时间久远度"这一指标因子在其他评价体系指标因子构成中都是重要的构成要素，但是在中东铁路建筑遗产的指标因子构成中就显得不重要，因为中东铁路建筑遗产的建设年代差异不大，这一指标不能很好地体现遗产的信息差异。再如"行业开创性和工艺先进性"这一因子选项，同样因为中东铁路建筑遗产是强调实用性的工程遗产类型，建筑遗产本身服务于铁路工程项目，强调实用性和经济性，所以绝大多数遗产在此项因子上的得分是偏低的，虽然也有隧道、桥梁、厂房等设施体现了一定的技术开创性和先进性，但是涵盖面较窄，不能体现大部分遗产的价值因子特征。

为了保证评价的客观性，价值指标因子要尽可能量化可测，加强客观评价指标的设定，减少主观性指标的比重，从而确保其评价指标的客观性，无论定性指标还是定量指标，都要制定评分标准，进行量化处理，或者间接赋值量化，从而提高评价效度。

（3）价值隶属关系清晰的原则。价值指标因子分属于不同的价值维度，每一项指标因子都展现了遗产在一个价值维度上的特色，只有将所有价值指标因子综合起来，才能够全面反映中东铁路建筑遗产的价值。所以，明确指标因子之间的隶属关系是十分必要的，各项指标因子应该具有代表性，且相互之间关系明确。指标因子应当和其所隶属的价值维度有着严格的、符合逻辑的层级关系，在因子的分布上力求全面、多元。指标因子要确保相互独立又要相互联系，并且要有层次的递进深入关系。[143]

在指标因子提取的过程中，要避免语义含混不清，避免不易描述或晦涩难懂的词句，避免在评价过程中传递给评价主体错误的语义信息。

（4）真实性与完整性的原则。真实性与完整性是贯穿于中东铁路建筑遗产保护全过程的基本原则，建筑遗产只有具有真实性，才会有价值。同样，只有确定了价值指标因子的真实性，该维度价值的评价才能客观、有意义。完整性直接决定了价值评价的量值，在对遗产进行评价之前，就要确定评价客体的各个环节的真实性和完整性。

随着对中东铁路建筑遗产的商业化利用，遗产产业相应出现，带动了旅游活动的发展，也是遗产利用的重要模式。但是，在这种情况下，遗产的真实性问题凸显，遗产容易被以保护和开发的名义"整容"，成为被过度"包装"和"制造"的遗产，这样的遗产，其真实性已经丧失，保护的意义也下降了，也就失去了遗产利用的原本意义。如何在实现中东铁路建筑遗产的经济价值的同时保护好遗产的相关真实性要素，是保护、利用遗产过程中的难点。

中东铁路建筑遗产本身是一个由各种维度价值及价值指标因子构成的系统，价值指标因子应真实、完整地反映建筑遗产的综合信息。其完整性，包含着两个层面的意思：一是指价值指标因子能够全面、完整地反映某一价值维度的信息；另一层意思是指同一维度的指标因子之间应相互关联，层级清晰，处于等同的逻辑范畴之内，且关注此维度价值不同的侧面。

价值指标因子在反映建筑遗产自身的同时，也要充分地反映中东铁路沿线的整体环境、空间格局的保持与变化及建筑遗产的线性特征，任何局部的遗产都在其整体遗产构成中占一定的位置，区域之间的遗产应彼此关联，共同实现遗产的整体价值。

二、遗产价值指标因子提取的方法

本书根据价值指标因子提取原则，将价值指标因子进行了规范化处理，确定了遗产主体特征的三个方面：一是要反映中东铁路建筑遗产自身价值的特色；二是要反映遗产信息的完整性；三是注重遗产在线性遗产廊道中的角色和地位。在因子提取时，要考虑既有评价指标体系中的指标因子，同时结合中东铁路建筑遗产特征并综合专家意见。具体的因子确定过程如下：

（1）参考既有建筑遗产的价值评价指标体系，对评价体系层级、评价方法及评价流程等方面进行分析比较，进而确定自身评价指标体系相关程序的设定，预设价值指标因子。

（2）结合中东铁路建筑遗产特征，验证和筛选预设价值指标因子，强调指标因子选取上的针对性和独特性。

（3）对针对性不强的指标因子进行调整，增强地域性、文化多元性及线性整体保护方面因子的选取。

（4）形成预设价值指标因子集，参考专家的意见进行筛选，最终确定中东铁路建筑遗产价值指标因子体系。

三、遗产价值指标因子集的预设与筛选

1. 指标因子集预设

确定价值指标因子是中东铁路建筑遗产价值评价体系的深化环节，评价指标因子的选择恰当与否会直接影响到评价的效度。指标因子要经过预设、筛选、调查、分析处理，最后构成一个多层次的评价构架。评价指标因子集由历史价值评价指标集、艺术价值评价指标集、科技价值评价指标集、环境价值评价指标集、情感价值评价指标集和使用价值评价指标集等6个维度的子集构成。价值指标因子的数量扩大有利于提升评价的效度，但是过多的因子设定会降低评价效率，所以，根据相关研究，因子数量限制在了70项以内。

本书中建筑遗产价值指标因子集的预设是参考相关学者的研究成果而形成的，以大运河遗产廊道评价体系、朱光亚等的建筑遗产评价体系以及宋刚的近现代建筑遗产价值评估体系中的价值指标因子建构为基础，结合张艳玲的历史文化村镇评价体系和查群的历史建筑再利用性评估，还有梁雪春、黄晓燕等的历史地段评价体系研究，再与中东铁路建筑遗产特征相结合，预设了建筑遗产的6个价值评价指标子集（表4-11）。

中东铁路建筑遗产价值指标因子集的预设　　　　　　　　　　　　　　　表 4-11

综合价值层	多维价值层	价值指标因子层
中东铁路建筑遗产价值	历史价值(A)	建造年代(A1);社会经济发展的基本情况(A2);名人及影响历史的事件(A3);是否是具有意义的遗存历史实物(A4);代表所处时代的建筑风格与元素的演变(A5);建筑师及其相关人物(A6);建筑在地域历史发展中的地位(A7);投资建造的原因(A8);相关历史事件与人物(A9);历史信息保存的完整性和实证性(A10);历史信息保存的惟一性(A11);历史信息本身的重要性(A12);岁月痕迹的沧桑感(A13);建筑本体的真实性(A14);文物保护单位等级(A15);文物保护单位数量(A16);历史影响(历史空间序列、名人故居、文化空间的数量)(A17)
	艺术价值(B)	代表地域或者民族的建筑艺术(B1);反映不同历史时期的建筑艺术(B2);空间上的建筑艺术(B3);建筑造型上的艺术(B4);构件细部技艺及装饰艺术(B5);建筑艺术的代表性(B6);建筑外形完好程度(B7);艺术特征的完整性(B8);反映地域特色的程度(B9);对实现建筑设计的参考、借鉴价值(B10);城镇文化景观的艺术价值度(B11)
	科技价值(C)	建筑的完整性(C1);建筑整体布局的科学性与合理性(C2);建筑结构与装饰手法结合的合理性(C3);建筑材料使用的合理性(C4);施工工艺水平(C5);建筑功能布局的合理性(C6);建筑与周围环境布局协调的合理性(C7);是否具备研究的潜在优势(C8);是否沿袭、记录、保存着先进技术资料(C9);工艺材料的适宜性(C10);建筑技术的典型性(C11);该建筑技术对现实的参考借鉴价值(C12)
	情感价值(D)	典型人居活动场所(D1);纪念场所和宗教场所(D2);生活习俗的延续(D3);场所心理认同(D4);建筑遗产的活动人数(D5);建筑遗产的精神象征作用(D6);非物质文化等级(D7);非物质文化数量(D8);传统生活习惯的延续(D9);核心区原住民的居住人数的百分比(D10)
	环境价值(E)	建筑遗产环境的真实性(E1);建筑遗产环境的关联性(E2);与群体建筑环境的风貌协调性(E3);地标作用(E4);在旅游观光中的城市名片作用(E5);自然环境与工业遗产景观数量(E6);反映文化特色的程度(E7)
	使用价值(F)	建筑本体的安全性(F1);配套设施的完备性(F2);建筑内外的完好性与适用性(F3);地理位置的差异(F4);改造后的经济性(F5);建筑遗产当前用途的合理性(F6);群体空间格局的完整性(F7)

预设指标因子集指标因子共 65 项,因子数量较为庞大,为进一步筛选和调整留有余地,指标因子内涵之间存在着一定的重复和交叉,通过关键指标因子的专家筛选可以进一步精简和明确。

2. 关键指标因子筛选

基于价值指标体系的构建原则,课题组成立了由 8 位熟悉中东铁路建筑遗产的学者组成的专家组。充分考虑评价专家的专业领域构成、职称与年龄分布等客观条件,在总结相关研究的基础上,以调查问卷的形式,专家组进一步对预设的指标因子集进行筛选,最后确立了相应的 34 项价值指标因子。部分指标根据专家的讨论和建议进行了调整,使指标因子的外延和内涵更加准确。评价专家除了参与评价指标体系的建构之外,还参与价值指标因子的评分工作。

经过筛选后，历史价值评价指标 6 项，艺术价值评价指标 6 项，科技价值评价指标 3 项，情感价值评价指标 6 项，环境价值评价指标 6 项，使用价值评价指标 7 项，指标体系如表 4-12 所示。

筛选后的中东铁路建筑遗产价值评价指标体系[144]　　　　　表 4-12

综合价值层	多维价值层	价值指标因子层
中东铁路建筑遗产价值	历史价值（A）	相关历史事件与人物（A1）；历史信息保存的完整性（A2）；历史信息保存的惟一性（A3）；历史信息本身的重要性（A4）；岁月痕迹的沧桑感；（A5）；建筑本体的真实性（A6）
	艺术价值（B）	建筑艺术的代表性（B1）；建筑外形完好程度（B2）；艺术特征的完整性（B3）；反映地域个性的程度（B4）；对当代建筑设计的参考借鉴价值（B5）；城镇文化景观的艺术价值度（B6）
	科技价值（C）	工艺材料的适宜性（C1）；建筑技术的典型性（C2）；该建筑技术对现实的参考借鉴价值（C3）
	情感价值（D）	典型人居活动场所（D1）；纪念和宗教场所（D2）；生活习惯的延续性（D3）；场所心理认同（D4）；遗产的使用人群（D5）；遗产的精神象征作用（D6）
	环境价值（E）	遗产环境的真实性（E1）；遗产与自然环境的关联性（E2）；与群体建筑环境的风貌协调性（E3）；地标作用（E4）；城市名片作用（E5）；反映文化特色的程度（E6）
	使用价值（F）	建筑结构的安全性（F1）；配套设施的完备性（F2）；遗产的适用性（F3）；地理与区位（F4）；再生的经济性（F5）；遗产当前用途的合理性（F6）；群体空间格局的完整性（F7）

第三节　遗产价值指标因子释义

经过预设和筛选的价值指标因子是建立在中东铁路建筑遗产特征和遗产价值体系的基础上的，所以它具有较强的针对性。它的内容直接与中东铁路建筑遗产相关，分属于不同维度的价值，共同构成了 6 个维度的价值子集，这些价值因子相互关联，又彼此独立，共同构成了中东铁路建筑遗产价值评价指标体系，这一评价指标体系是中东铁路建筑遗产所独有的，能够较完整地反映遗产的价值内涵。对遗产价值指标体系的建构和理解是深入挖掘中东铁路建筑遗产的独特性，进而进行针对性评价的必要环节。

一、历史价值指标因子

（1）相关历史事件与人物。历史事件与名人对建筑遗产有着至关重要的关联意义。中东铁路建筑遗产见证了 20 世纪中国东北地区社会的政治、经济、文化的发展和变迁，反映了这一历史时期的生产、生活、思想、风俗和社会风尚，经历了各种历史事件，目睹了众多历史人物的活动，也见证了这一区域居民的日常生活，而且留住了对逝去的人物和事件的记忆。例如哈尔滨南岗区的颐园街 1 号住宅，毛主席、周恩来、朱德、刘少奇等中央领导人视察哈尔滨时均在此入住。再如中东铁路事件等，中东铁路沿线的碉堡等军事工程都成为了历史的见证。

众多的名人寓所也是近代中东铁路的宝贵遗产。这些建筑遗产参与构成了中国东北地区波澜壮阔的近代史的一部分（表4-13）。此外，著名建筑师的创作和实践，如建筑师尤·彼·日丹诺夫的作品（表4-14），建筑师彼得·谢尔盖耶维奇·斯维利道夫与约瑟夫·尤利耶维奇·列维金的作品也是遗产历史信息的重要组成部分（表4-15）。这类作品往往存在于较大的城市，艺术价值较高，造型精美，一般都已经挂牌保护。

与历史事件与人物相关的中东铁路建筑遗产　　　　　　　　　　　　　　　表4-13

名称	中东铁路普育学校	中东铁路药局药剂师住宅	中东铁路中央电话局	哈尔滨中东铁路公司宾馆
图片示意				
名称	铁道株式会社驻哈事务所	华俄道胜银行	莫斯科商场	颐园街1号
图片示意				

尤·彼·日丹诺夫作品　　　　　　　　　　　　　　　　　　　　　　　　　表4-14

名称	东北烈士纪念馆	日满俱乐部	秋林俱乐部	葡萄牙领事馆	日驻哈领事馆
图片示意					
名称	契斯恰科夫茶庄	兆麟小学	鞑靼清真寺	满铁驻哈事务处	圣索菲亚教堂
图片示意					

彼得·谢尔盖耶维奇·斯维利道夫与约瑟夫·尤利耶维奇·列维金作品　　　　表4-15

名称	彼得·谢尔盖耶维奇·斯维利道夫		约瑟夫·尤利耶维奇·列维金	
	中东铁路普育中学	哈尔滨霁虹桥（合作）	哈尔滨犹太中学	哈尔滨犹太新会堂
图片示意				

（2）历史信息保存的完整性。历史信息保存的完整性，不单是指建筑本身的完整程度，更是指中东铁路时代相关信息的完整程度。如齐齐哈尔昂昂溪区的罗西亚大街，以昂昂溪火车站为中心形成了历史街区，沿街布局着43栋典型的俄罗斯风格建筑，大多建造于1907年，在长约1451m的街区内合理、齐全地布局着如医院、邮局、教堂等公共建筑设施。[145] 这些俄式建筑作为"物"的保存并不是完整无缺的，但它们所见证的中东铁路历史与昂昂溪近代的沧桑信息是完整的。这时候，我们对昂昂溪区罗西亚大街的理解已经不单纯是建筑物及其组合，也不仅仅是历史街区，它反映的是"一段历史"。这段历史通过建筑载体定影成为一幅画面，向人们展示这个小镇曾经的繁荣与喧闹。

（3）历史信息保存的惟一性。中东铁路建筑遗产铭刻着特殊时期重要的历史事件，它所反映的很多历史信息具有惟一性、不可替代性。如海拉尔断桥遗址，原名伊敏桥，1933年开工，1935年竣工，桥为钢筋混凝土与钢梁结构，长200m，是海拉尔贯通伊敏河东西惟一的公路桥。1945年8月9日，苏联红军和蒙古人民革命军骑兵进攻海拉尔时，南路苏军准备通过伊敏桥与北路苏军汇合后完成对海拉尔的合围，日军觉察到苏军意图后将桥炸毁，打乱了原来的战斗布置，到8月13日才完成合围。海拉尔断桥事件后，东北成为巩固的根据地，为解放全中国做出了巨大的贡献，同时也成为了苏军合围日军这一历史事件的惟一"见证者"（表4-16）。

见证了战争的断桥 表4-16

图片示意				

再如穆棱市兴源镇的一个中东铁路车站叫做伊林站，当地人也称这个地方为伊林，在20世纪60年代还曾改名为伊林人民公社。"伊林"这两个字正是源于当时的俄罗斯工程师伊林斯基的名字，现在的王岗车站也曾称为"尤戈维奇"站，也是为了纪念中东铁路的工程师。类似的车站名、街道名、桥梁名都与铁路建设紧密相关。

（4）历史信息本身的重要性。"历史事件"与"人物"还不足以完全涵盖中东铁路建筑遗产的历史价值信息，遗产本身也在诉说着历史信息，如绥芬河铁路交涉分局总理委员的官邸"大白楼"，不仅是遗产艺术价值的典型代表，而且在中共六大红色国际通道的建设中也有一定的贡献。十月革命前后，中国共产党为加强与共产国际的联系，在绥芬河建立了秘密交通站，从那时起，绥芬河就成了哈尔滨到海参崴"红色国际交通线"上的重要枢纽。在"六大"前后，绥芬河交通站完成了"六大"代表私密出入境的任务。在20世纪20年代，李大钊、罗章龙、周恩来等都先后出入苏联，都曾在这个大白楼下榻。中东铁路对沿线及东北地区马列主义的传播、对工人运动的形成、对党组织的建立、对后来东北成为巩固的根据地都起到了积极作用（表 4-17）。[146]"大白楼"所在地绥芬河作为中东铁路东部线的终点，不但拥有极为丰富的实体建筑遗产，同样见证了一系列重要的历史事件。

中东铁路沿线马列主义传播　　　　　　　　　　　表 4-17

图片示意				

（5）岁月痕迹的沧桑感。遗产本身就有历久弥新的魅力，那是岁月留下的沧桑美感，建筑遗产上的一砖一瓦都刻满了历史的印记，但其上限是这种沧桑的颓势不致带来结构安全和质量问题。如中东铁路沿线大量存在的职工住宅，大多采用标准设计，是中东铁路沿线最常见的一种建筑类型，遗存数量较多，很多至今仍在使用中。散落在中东铁路沿线的职工住宅大多属于俄罗斯田园建筑风格，立面形式简洁，形态较为单一，多采用人形坡顶，清水砖筑线脚，四个转角或中部都用隅石装饰。窗洞是微拱形的，其形式为矩形窗；颜色上，以米黄色为基调，间以白色花饰，展现了传统的俄国建筑情调，也给人在寒冷地区带来了家的温暖与平静的感觉；材料以砖木和砖石为主，更有特色的就是木结构的木刻楞，这些材料的选择主要是基于就地取材，木材主要用于窗棂、檐口等部位以及室内的墙裙和木门。这些普通的职工住宅，经过风雨的洗礼，虽然平淡、普通，但有其独特的带有沧桑感的痕迹，让后人可以通过这些痕迹感受到历史的厚重和岁月的魅力（表 4-18）。

充满岁月魅力的中东铁路职工住宅　　　　　　　　表 4-18

名称	横道河子	兴安岭	哈尔滨	博克图
图片示意				

（6）建筑本体的真实性。准确判断中东铁路建筑遗产的真实性是遗产价值评价的前提，这里的真实性主要体现在以下几个方面：

结构方面：中东铁路建筑遗产结构的真实性受影响的主要原因是改建、修复与加固过程中现代技术的介入。如对原有建筑的小幅度补救不能一劳永逸地保证建筑不再破损或不再有安全隐患，但是使用现代的结构加固技术不可避免地造成了许多不可逆的真实性方面的影响。[147]

材料方面：新型材料被大量地使用在中东铁路建筑遗产的改造中，"新"与"旧"不可避免地会产生冲突，如新型的现代彩钢板、塑钢窗、铁艺门等材料的大量应用。另外，由于结构技术的更新，与之相匹配的原始材料或工艺已经无法获得，如木刻楞建筑中木、石等天然材料及做法均已不再被采用。

在对这些遗产的修复改造过程中，随着现代建筑材料的引入，由于色彩和材料运用不当，很多时候破坏了历史建筑的韵味，如表 4-19 所示。很多中东铁路建筑的色彩匹配在历史发展的各个阶段都是包容的、多样的，同一建筑在不同的年代重新粉刷时会出现不同的配色关系，体现了建筑不同的韵味，这种配色关系的调整是主动的，有艺术规律可循，不影响建筑的艺术价值，不能视为对真实性的破坏。

屋顶材料使用不当破坏建筑真实性　　　　　　　　　　表 4-19

名称	横道河子火车站	尚志火车站	一面坡火车站
图片示意			

工艺技术方面：由于建筑原材料的影响，在保护或者修缮建筑遗产之时，材料的变化会造成工艺技术的不匹配，传统的建筑技艺消失，机械化生产替代了手工雕琢，很多工艺随之被简化。与技艺一同消失的是遗产的真实性，这些都降低了中东铁路建筑遗产留存的质量和效果，直接影响到了遗产价值的评分。

二、科技价值指标因子

中东铁路建筑遗产在城市规划、建筑设计、建筑施工与管理等方面展示了特定历史时期的科学技术水平，在自然科学、工艺技术、工程技术和管理科学等方面均有所体现。例如在中东铁路东部线修建时，共建造各类桥梁 362 座、涵渠 333 座，跨度 20m 以上的大、中型桥梁就达到 67 座，共完成土石方量达 2000 多万立方米，反映了当时施工技艺的高效，尤其是在建筑细节的处理上，更加体现出了建筑设计的地域针对性。

1. 工艺材料的适宜性

工艺材料的适宜性是建立在对东北地区资源特色和材料特色结合运用的基础上的，中东铁路建筑以木材、砖、石等建筑材料为主，充分发挥各种材料的特点，在材料的选取上体现了地域的适宜性。这些建筑材料本身就产生于这片土地，与适宜的工艺结合，体现着建造工艺材料的适宜性与地域适应性相结合的特点。[148]

（1）木材。中东铁路建筑遗产中木材的应用十分广泛，传统的木刻楞帐篷顶式建筑，不仅采用木结构支撑，其内部的房屋非承重隔墙也采用木结构。民用建筑的屋顶桁架也采用了传统的木形制。用作装饰材料时，如木地板、木质墙裙、楼梯的扶手、雨篷、吊顶、窗楣装饰、檐口线脚等，有着美观和坚固耐用的特点。木材的废料木屑结合石灰也被用作墙体的填充、保温材料。由于木材容易雕刻，很多砖石建筑上的门窗洞口、梁头柱式也采用木雕的形式。使用木雕象征文化符号，增加了建筑的艺术表达（表 4-20）。

木材的应用 表 4-20

名称	屋面	墙体	木质门窗	雨篷	墙面装饰
图片示意					

名称	楼梯扶手	室内墙裙	结构屋架	地板	吊顶
图片示意					

（2）砖材。中东铁路建筑一般采用就地取材的黏土砖，这种材料被广泛地应用在建筑的基础及墙体上。在外墙使用时可以突出砖的质感，但是大多刷上了涂料。精美的砌筑可带来不同的墙面装饰效果，重复与变化的砌筑效果可产生韵律上的变化。由于砖的砌块较小，使用起来比较灵活，通过砌筑可以形成不同的形状，比如弧形、折线等。中东铁路建筑所特有的精美线脚的组合提升了建筑的艺术性，一些建筑的门窗洞口上还有精美的砖雕，体现了工匠的高超技艺（图 4-21）。

砖材砌筑纹理、样式实例 表 4-21

名称	一顺一丁式	三顺一丁式	十字缝式
图片示意			

名称	转角砌筑	弧线砌筑	折线砌筑	直线砌筑
图片示意				

（3）石材。东北出产天然石材，作为承重砌块，经常被用在中东铁路建筑的基础上。石结构的建筑给人以稳重的感觉。石材本身的质地是自然的，所以很多建筑将石材裸露在表面，有些石材本身带有一些色彩，有些则未经打磨，具有凸凹不平的质感，它们的组合形成了一种自然的、有机的墙体肌理，成为了一种有着地域特点的建筑立面，被生动地称为"虎皮墙"。博克图兵营与扎兰屯中东铁路博物馆等是以石材为主导建筑材料的经典之作（表 4-22）。砖、石墙体在中东铁路建筑中也经常会被混合使用。

石材建筑实例　　　　　　　　　　　　　　　　　　　表 4-22

名称	博克图兵营旧址	扎兰屯中东铁路博物馆	乌川中东铁路附属用房	满洲里房产段
图片示意				

（4）金属。中东铁路建筑中金属的应用主要是屋顶的金属板，由于当时的工艺不够完备，金属板的耐腐蚀性较弱，所以往往刷上耐腐蚀的涂料。另外，由于新艺术运动的盛行，很多金属被制作成形态优美的铁艺装饰，用于建筑的外阳台、女儿墙等部位。建筑室内的构件采用金属更为普遍，如楼梯栏杆等，体现了金属建材在中东铁路附属地的广泛使用（表 4-23）。此外，在厂房建筑和桥梁建筑中也大量应用了金属材料（表 4-24）。

中东铁路历史建筑钢铁结构形式　　　　　　　　　　　　表 4-23

名称	围墙	铁轨	栏杆	屋顶	女儿墙
图片示意					

中东铁路历史建筑钢铁结构形式　　　　　　　　　　　　表 4-24

金属框架结构	优点:满足对跨度、高度有高要求的工业厂房 缺点:造价较高、后期维护费用大 典型实例:中东铁路总工厂铸造车间	
金属桁架结构	优点:满足对跨度有高要求的桥梁建筑 缺点:造价较高、施工较困难、需求量较小 典型实例:松花江第一铁路大桥	

（5）玻璃。玻璃作为建筑材料在 19 世纪初已经大规模地被使用，在中东铁路建筑中，作为具有采光功能的材料，主要使用在建筑的外窗、天窗、采光雨篷等处。玻璃制品经过打磨，通过光的漫反射、折射等作用，可以产生不同的效果。在教堂中经常使用彩色玻璃，增加了教堂的神秘感。但同时由于玻璃有易碎、刚度不强的特点，在历史变迁的动荡中，很多都不可避免地遭到了损坏，遗留下来的仅仅是当时的很小一部分（表 4-25）。

（6）混凝土。混凝土也被认定为一种特殊的石材，天然混凝土的使用可以追溯到古罗马时期，现代混凝土在世界范围内的广泛应用是 1890 年以后在法国和美国出现的，这种新材料的出现使得一些建筑类型的结构有了新的解决方案。所以混凝土在中东铁路中的应用在时间上属于比较早的，应用也比较广泛，除了建筑物、构筑物上的应用外，混凝土在桥梁、隧道、防卫工事中应用较多（表 4-26）。

玻璃用途实例　　　　　　　　　　　　　　　　　　　　　表 4-25

名称	门窗	门窗	雨篷	雨篷
图片示意				

混凝土应用实例　　　　　　　　　　　　　　　　　　　　表 4-26

名称	工事	隧道	碉堡	水塔	桥梁
图片示意					

2. 建筑技术的典型性

中东铁路建筑在细部处理上采用了许多针对北方恶劣气候的适宜性手法，对于减少围护结构热损失、提高室内热舒适度、有效节能起到了很好的作用。建筑技术具有鲜明的实用性和典型性。

（1）阳光房、门斗。阳光房是中东铁路住宅建筑特有的一种功能空间，也是这一时期独创的改善室内小气候的精妙手法。在冬天，可以充分地利用太阳能提高室内的温度；在夏天，通过阳光房可以隔绝室外空气，从而减缓室内温度的上升。冬季还可以将它作为花房，增加一抹亮色。阳光房一般为木构架，玻璃窗的面积占据一大半以上。由于阳光房大多用于民用建筑，其立面装饰比较质朴，花纹一般就是木质自身和木板之间拼接产生的纹理，再使用玻璃窗格进行划分（表 4-27）。

不同种类阳光房实例　　　　　　　　　　　　　　　　　表 4-27

名称	阳光房
图片示意	

中东铁路建筑会在出入口设置不止一个门斗，其主要作用是防风、保暖。门斗也是建筑与外界的界定空间，在门斗踏步位置的设计上也体现出了地域

性，例如将建筑踏步设置在门斗内，可降低结冰的危险，也可减少室内外热量的交换，保证室内温度（表4-28）。[149]

门斗特性及实例 表4-28

	单坡式	双坡式	有室内踏步
起始时间	中东铁路早期	中东铁路早期	
保存现状			
建造材料	木质	木质	无室内踏步
规格尺寸	长2.3m、宽2.0m等	长2.2m、宽1.8m，长1.5m、宽1.2m等	
使用面积	4.60m²	3.96m²	
使用功能	食物存储	室内外过渡空间	
生态意义	在建造技术上，充分考虑环境因素以及使用功能，既可以存储食物，又可以缓冲室内外冷空气，在严寒地区被广泛应用，至今，仍被大量保存和使用		

（2）门窗。外门窗会严重影响寒冷地区室内热环境和节能效果。中东铁路建筑的窗洞一般开成竖向窄长的小窗，而窗洞平面被设计成内宽外窄的梯形截面，这样的洞口内大外小，可以使室内更大范围地接收到阳光，同时又尽量控制窗洞口不会过多地散发热量，保温效果非常突出（表4-29）。

中东铁路建筑窗尺寸及实例 表4-29

	公共建筑	居住建筑
起始年代	中东铁路早期	中东铁路晚期
常见的高、长尺寸	高(m)：1.9：1.95：2.0：2.1	高(m)：1.65：1.7：1.85：1.9
	长(m)：1.0：1.1：1.2：1.15	长(m)：0.81：0.9：1.15：0.95：1.1
常见的高、长比	约1.8：1.85：1.9：2.0：2.1	约1.9：2.0：2.1：2.2
常见窗墙面积比	约1：3、1：4、1：5	约1：4、1：5、2：5、2：7
生态特性	狭长的窗户洞口可以抵抗寒冷空气的进入，而室内喇叭形状有利于光线、日照的增加；门窗洞口与墙体面积比符合节能标准	
现存实例照片		

（3）墙体。中东铁路建筑的墙体大多采用厚重的黏土砖墙，这种做法最大程度地保存了火墙所辐射出的热量，维持了稳定的室内温度。超厚尺度的外部墙体也给中间填充保温吸湿材料提供了空间，所以多数中东铁路建筑的室内环境都能达到冬暖夏凉的效果。从材料上看，多采用砖、石、木等天然

材料，或是将多种建筑材料混合使用，以提高墙体的保温性能（表4-30）。将多种材料组合在一起，充分发挥各种材料的抗拉、弯、压、剪等力学性能及保温、防冻等物理特性（表4-31）也是中东铁路建筑技术的独特之处。

单一墙体特性及实例　　　　　　　　　　　　　　　　　　表4-30

	砖材	木材	石材
起始年代	中东铁路早期	红松：中东铁路早期 锯末：中东铁路晚期	中东铁路早期
常见的厚度	280mm/560mm/ 700mm/840mm	红松：150～300mm 锯末：250～400mm	800～1200mm 1200～1500mm
导热系数 K	0.81W/(m·k)	红松：0.11W/(m·k) 锯末：0.0752W/(m·k)	0.81W/(m·k)
主要应用地区	博克图、横道河子等	满洲里、扎兰屯、一面坡、亚布力、博克图等	满洲里、博克图、代马沟、山市、穆棱等
生态特性	延长热量传播时间，保证室内温度，冬暖夏凉；砌筑形式"一顺一丁"，牢固、避免寒冷开裂；转角抹角处理，稳定、保温	红松：保温性能卓越、不易变形、密闭性强、防止冷风侵袭 锯末：保温性能卓越、透气性好、稳定性强、防止雨雪侵袭墙体	延长热量传播时间；可就地取材，加工技术成熟；耐久性、抗冻性优良，但保温性较差，浪费材料
现存实例照片			

复合墙体特性及实例　　　　　　　　　　　　　　　　　　表4-31

	砖夹锯末墙体	砖墙+板夹锯末复合墙体	砖石复合墙体
起始年代	中东铁路早期	红松：中东铁路早期 锯末：中东铁路晚期	1901～1903年
使用材料	砖材、锯末	砖材、板夹锯末	砖、石
材料特性	砖材：自重大，抗压性能好，承担承重和围护角色 锯末：自重轻，保温性能好，承担保温角色	锯末：0.0752W/(m·k) 红松：保温性能卓越、不易变形、密闭性强、防止冷风侵袭	砖材：自重大，抗压性能好，承担承重和围护角色 石材：散热性能优良，比热容大，起围护结构作用
主要应用地区	博克图、横道河子等	满洲里、扎兰屯、一面坡、亚布力、青云等	满洲里居多
生态特性	复合墙体：砖和锯末之间夹毛毡，防潮较好，保温性能优；但两种材料缺乏连接，墙体稳定性较差，易坍塌，现存较少	复合墙体：保温性能优，导热系数约为0.167～0.171，是同等厚度砖墙的5倍，造价经济、成本较低；但二者的膨胀吸收系数不同，外侧砖墙部分易坍塌，保存情况较差	砖材：批量生产，砌筑简单，施工速度快，保温性能优良 石材：耐久性、耐冻性好，膨胀收缩率低，天然的色彩和质感

续表

	砖夹锯末墙体	砖墙＋板夹锯末复合墙体	砖石复合墙体
现存实例	横道河子某住宅	一面坡某住宅	满洲里某铁路职工宿舍
现状照片			

3. 建筑技术对当代的参考借鉴价值

中东铁路建筑遗产在建造技术上对当代建筑的建造具有重要的参考、借鉴意义，其蕴含的对地域性材料和地域性气候的针对性设计理念对当代建筑设计有着直接的影响和启发。此外，对传统材料的运用，对材料的经济性的重视，对地域独特性的重视，都值得我们思考与借鉴。

（1）防风避寒的平面布局。中东铁路建筑遗产中包含着特定的建筑结构、建筑材料、建筑思想和理念、建造技术和工艺等，特别是在保温、节能方面尤为突出。在宏观上，通过建筑物的整体布局去改善微气候，如横道河子职工住宅区，就是通过规整、连续的北向建筑布局，形成了竖向的屏障来阻挡寒风，将住宅院落内的庭院、公共设施、广场等置于南向的背风区域。哈尔滨花园街、繁荣街等也运用了这种平面布局理念，通过街道交叉口转换建筑的朝向，更好地营造了住区内部的微气候。

（2）聚拢收缩的单体形构。中东铁路建筑单体平面因功能的不同而呈现出不同的组合方式，但大多为方正规则的矩形平面形态，形体凸凹较少，长宽比为 3∶2～2∶1，单体朝向以坐北朝南为主，尤其是住宅建筑，日照要求较高的卧室、起居室、儿童房等特殊房间均朝南布置，可在冬季获得足够的阳光（表 4-32）。

防风御寒的建筑平面[150]　　　　　　　　　　　　　　　　表 4-32

名称	独户住宅建筑平面	联户住宅建筑平面
图片示意		

中东铁路建筑一般造型简洁、规整，大多避免复杂的轮廓线以降低热损耗，体形系数不高，强调建筑的节能性。目前我国建筑节能规范中对建筑的体形系数有着严格的规定：在寒冷地区，公共建筑不应超过 0.4，中高层及高层的居住建筑需要控制在 0.3 以内，而多层居住建筑则不宜超过 0.35，低层

建筑不宜超过 0.45。对中东铁路部分建筑遗产进行实地测量，所得数据，详见表 4-33。

中东铁路历史建筑体型系数统计情况　　　　　　　　表 4-33

	建筑用途	屋顶形式	长(m)	宽(m)	高(m)	体形系数	现状照片
横道河子上方街 4 号	普通职工住宅	坡屋顶	16.7	11.8	4.2	0.402	
昂昂溪俄式住宅 92 号	普通职工住宅	坡屋顶	24.1	8.7	4.5	0.393	
呼伦贝尔市中东铁路博物馆	沙俄森警旧址	坡屋顶	84.9	27	4.8	0.341	
扎兰屯沙俄子弟小学旧址	学校	坡屋顶	70.1	36.2	4.8	0.331	
富拉尔基火车站	火车站	坡屋顶	45.7	22.1	4.8	0.375	

由表 4-33 可知，中东铁路建筑遗产中，普通职工住宅的体形系数均控制在 0.45 以下，公共建筑单体的体形系数均控制在 0.4 以下。与我国寒冷地区的体形系数要求标准基本吻合，可见中东铁路建筑虽然建造年代久远，但是已经充分考虑了寒地的气候条件及不利的影响因素，建筑单体形态的寒地适应性在 100 年后的今天看来也是满足生态要求的，具有着珍贵的地域建筑特色经验。

（3）简易实用的建造技术。中东铁路住宅多采用传统的火墙技术，即在墙体内预留烟道，由烟道、火墙组成基本的供热环境，看似简易朴实的做法却能给居民营造出温暖的室内环境。邻近火炉的火墙表面作特殊处理，内有热气管道设施，火墙贯穿建筑不同的楼层，使室内的空间温度保持恒定。火墙是竖向的热源，而水平的散热则由火道来完成。城市中常见火道的使用，它与床面的结合形成了改良版的火炕，而这些火道在建筑的出口即烟囱也往往会成为中东铁路建筑物的一种标志性构件，同时也是火墙技术的代表性景观构件。[151] 在众多的职工住宅区中，随处可以看到连片的房子，鳞次栉比的烟囱，或大或小、或高或矮，别有一番景致（表 4-34）。在较大城镇或城市中的大型公共建筑中，如一面坡的铁路俱乐部、哈尔滨市原铁路官邸等，散热器已经取代了火墙技术而被应用。

横道河子百年历史街区集中住宅砖砌烟囱 表 4-34

名称	横道河子中东铁路职工住宅
图片示意	

中东铁路住宅建筑大都采用坡屋顶，这样的设计，从结构的角度看有助于分解雪荷载和雨荷载对墙体的压力，改善建筑的受力分布，能够有组织地排水，降低屋顶被侵蚀的可能性，同时也可以保证诸如门一类的木构件不被雨水侵蚀，方便使用者在雨天出入建筑，提高建筑的使用寿命，还可以起到保温的作用。此外，在屋顶的下部设置了一个通平吊顶，这样的吊顶与坡屋顶形成了一个剖面为三角形的保温层，内部设置保温材料，俗称"闷顶"，具有非常良好的保温效果。在雨搭、坡屋顶等处也会使用铁皮或者瓦材进行包裹，在保护建筑的同时也提升了建筑的美观程度，丰富了建筑的体量（表4-35）。为了避免闷顶屋架因为闷热、潮湿等原因而腐烂以致影响建筑的使用寿命，会在坡屋面顶部设置气窗，这种窗户是常年保持打开的，为建筑的内部换气。按照气窗在建筑中的不同位置及形态，分为老虎天窗、凸起式天窗、山墙气窗（表4-36）。

屋架与闷顶[138] 表 4-35

图片示意	

中东铁路建筑典型的气窗形式 表 4-36

名称	老虎天窗	凸起式天窗	山墙气窗
图片示意			

三、艺术价值指标因子

1. 建筑艺术的代表性

中东铁路建筑遗产因其特有的建筑风格、空间和色彩、平立面构图、材料的肌理和质感、结构形式、建造工艺以及细部构造和图案等保留的美学特质而具有代表性，如"新艺术运动"建筑风格与其他的建筑风格相互杂糅形成了具有东北地域特点的建筑风格。这些建筑荟萃了中西方多种文化的精华并最终形成了自身的特色。[152] 再如折中主义风格，将欧洲各个民族、各个时期的建筑样式都拿来重新组合，用到折中主义风格之中。另外，装饰主义风格也被融入其中，形成了集各种风格为一体的混合体，将当时最时髦的建筑风格元素都拿来，组成了一个全新的建筑样式，最后形成了一种多元的建筑风格。

还有体现俄罗斯田园风格的木建筑，原汁原味，别有一番异国情调。如博克图有许多外包木板，实为木刻楞的住宅，虽然几乎全无保护标志，但这里却是中东铁路沿线保留下来的较完整的木刻楞集中地之一，外包木板的木刻楞房内部并不是常见的填充石灰和锯末的板夹泥房，而是原木制作的木刻楞（表4-37）。这种对材料和工艺的独特处理具有典型的代表性。

博克图别列金大院外包木板的木刻楞　　　　　　　　　　　　　表4-37

名称	博克图别列金大院
图片示意	

2. 建筑信息的完好度

建筑物的屋顶、墙体、门窗、装饰等细部原貌保存越完整，则其反映的信息就越完整，体现的艺术价值也越高，在对遗产进行保护与修缮时也就相对简单。遗产的保存现状与其艺术价值评分有直接的关联，中东铁路建筑遗产的建筑构件以及围护结构非常考究，如建筑屋檐下及门窗边的木质花饰丰富多样，是遗产外部形态重要的装饰，如果原有的这些构件破损，那么遗产相应的艺术价值也会降低。中东铁路建筑遗产的破损类型多样，木构建筑和砖构建筑的破损又不相同，对建筑物进行完好程度的评价本身就是一项浩大的课题，而且完好程度评价的一个目的就是建筑物的修复。修复也是保护的一项重要内容，通过对这一指标因子的评价，可以直观地反映建筑遗产的保存状态，从而确定相关的保护策略，是一般修缮，还是原状修复，或是现状修复（表4-38）。

遗产信息完整度调查表　　　　　　　　　　　　　　　　　　表4-38

调查对象	建筑外部			建筑内部		
调查内容	建筑材料		立面形式	结构体系	装饰陈设	机械设备
	木构筑	砖构筑				
调查特征要素	柱、梁架、檐口及檐下、窗框、木雕、楼梯栏杆扶手	墙体、面层涂饰、装饰构件	屋顶、门窗、檐口、山花及檐下装饰构图、门斗、雨搭等	承重墙、柱、屋架、过梁	墙纸、窗框、五金、地板、装饰材料的纹理、色彩	灯光照明、采暖、通风、给水排水

续表

调查对象	建筑外部	建筑内部
修复类别	原样保留/按原样修复/按原样恢复/按原样改建	
修复策略	一般修缮/原状修复/现状修复	
修复依据	建议： (1) 优先选择合理的修复方式； (2) 识别、保存历史建筑原本的建筑材料和特征； (3) 已经发生损坏的建筑材料要及时地修补； (4) 在保证建筑的原真性的前提下，将损坏十分严重的建筑构件进行更新、替换； (5) 严格按照加固规范，保证建筑遗产的安全及延长寿命； (6) 结构上要保证完整性； (7) 确保建筑外观修复后具有整体协调性	不建议： (1) 不建议对历史建筑材料与构件进行大批量替换、更新 (2) 不建议运用与历史建筑不协调的材料对其进行修复

3. 艺术特征的完整性

中东铁路建筑遗产艺术特征的完整性，一方面指遗产的艺术特征作为"物"，其本身的完好程度；另一方面是指其所见证的艺术特征信息的完整程度。中东铁路不同类型、不同风格的建筑均非常注意细部处理，如屋顶、山墙、线脚、檐口、装饰、铁艺等构件和做法体现了复杂的建筑施工技艺，是体现建筑原真性的重要部分。艺术特征的完整性主要体现于建筑的细部装饰，存在于建筑的各个角落，这些细部处理既有一定的构造功能，又在构图中起到更重要的作用（表4-39）。

中东铁路建筑的线脚、装饰　　　　　　　　　　　表 4-39

名称	转角砌筑	弧线砌筑	折线砌筑	直线砌筑
图片示意				
名称	门窗洞口装饰实例			
图片信息				
名称	檐下装饰符号实例			
图片信息				
名称	屋顶端头装饰实例			
图片信息				

这些建筑的细节对评判一种风格的独特程度非常重要，在风格或文化背景跨度很大的建筑中都有这些装饰要素存在，其构成规律既有一些共性又反映了各自的艺术价值。[153] 这些装饰符号和装饰特征在整个中东铁路建筑遗产中又是统一的，并形成了自身独特的语言符号，甚至有些手法和符号仅存在于中东铁路沿线的附属地内，在俄罗斯本土也没有出现。

4. 反映地域个性的程度

中东铁路建筑的地域特色主要体现在建筑材料选取和针对寒冷地区气候特点而进行的设计优化上，选取地域性的砖、石、木等建筑材料，可以降低建筑成本，使这些建筑更加具有亲和力，使之具有强烈的东北地域个性，辨识度强，能较好地反映出东北地域建筑遗产的特色，具有鲜明的艺术特点

（表 4-40）。地域特色内容还包括遗产独特的艺术处理及区别于其他遗产的个性化艺术成就，例如体现技术与艺术融合的建筑符号的运用等。独特的建筑风格拥有其独特的建筑符号语言，中东铁路建筑遗产受新艺术运动的影响，椭圆形和曲线的形式大量运用并成为当时流行的装饰（表 4-41）。

体现地域个性的建筑遗产　　　　　　　　　　　　　　　　表 4-40

木构建筑				
名称	一面坡木屋	安达木屋	横道河子木屋	富拉尔基木屋
图片示意				

砖构建筑				
名称	绥芬河	亚布力	穆棱	马桥河
图片示意				

石构建筑				
名称	博克图兵营旧址	扎兰屯中东铁路博物馆	中东铁路职工住宅	博克图某建筑
图片示意				

钢结构屋顶		
名称	绥芬河站候车室	滨洲线上仅存的昂昂溪木天桥
图片示意		

独特的中东铁路建筑符号语言　　　　　　　　　　　　　　表 4-41

模块	扎兰屯机车库	横道河子住宅	尚志火车站	契斯恰阔夫茶庄旧址
○+△				

续表

模块	绥芬河火车站	公司街独立住宅	哈尔滨摄影社	红军街住宅
○+Ⅱ				
	原日满文化协会	中东铁路公司宾馆旧址	哈尔滨龙门大厦	哈尔滨华俄工业技术学校
○				
	华俄道胜银行哈尔滨分行	德惠东正教堂	东北烈士纪念馆	俄侨事务所
○+□				

名称	新艺术运动语言			
图片示意				

5. 对当代建筑设计的参考借鉴价值

中东铁路时期的建筑设计文化，体现的更多的是国际化、东方化和新俄罗斯风格，这对当代东北地区建筑风格的设计具有很大的借鉴作用，所以在指标评价中应予以重视。大量的中东铁路建筑并没有随着社会的变迁和其原始使用功能的衰退而消亡，其扎实、坚固的建造质量，别具一格的建筑艺术风格，具有前瞻性的城市布局，在社会发展的各个时期都发挥着作用。在宏观层面上，很多城镇的用地布局、路网结构、街区肌理都延续了最初的构思和影响，并形成了铁路沿线城镇特有的城市风貌。以哈尔滨市为例，城市的分区、路网和城市广场很多都是历史的延续。城市重要标志性建筑的设计仍旧在延续新艺术运动风格和俄罗斯风格的设计语言和文脉特征。城市的主导建筑风格依旧受新艺术运动风格和多元化的折中主义风格影响，各种折中主义的建筑符号在城市建设中大量出现，从城市的既有建筑节能改造中可以看出这一趋势（表4-42）。而新艺术运动风格的影响集中体现在城市新建标志性建筑及重要景观节点的设计上（表4-43）。

哈尔滨既有建筑节能改造 表4-42

名称	经纬街改造	医大四院改造	经纬街改造	安发街改造
图片示意				

文　脉　影　响 表4-43

名称	哈尔滨西客站	哈尔滨火车站改造	太阳岛风景区大门	哈尔滨音乐广场
图片示意				
名称	地铁车站入口	街头景观小品	人行过街天桥	防洪纪念塔
图片示意				

四、使用价值指标因子

1. 建筑结构的安全性

建筑物都有一定的使用年限，中东铁路建筑遗产的寿命普遍达到了80～110年左右，随着时间的推移，很多建筑物结构破损，围护结构老化，设施陈旧，导致无法使用。很多物质性老化的建筑物并不是由于建筑实体本身的破损，大多是由于产权关系变更或职能废退造成建筑物本身缺乏必要的维护而导致的。物质性老化容易发生在木结构建筑之上，由于木材本身的材料特性，使得它的耐久性、耐火性都存在问题，再加上年久失修，缺少必要的防护和处理，使得很多看上去精美绝伦的木建筑大量消失或已经完全消失。历史上毁于火灾和自然消亡的木结构建筑数量是巨大的。还有一种情况是遗产本身由于各种原因而没有纳入保护名录，所以使用人群对其价值认识不足，在使用中随意加建、改建，缺少保护意识，形成人为破坏，形成安全隐患。评价遗产的建筑结构是否安全关系到遗产能否被正常使用。

2. 配套设施的完备性

分布在城镇的中东铁路建筑遗产在配套设施的完善程度上较好，供电、供水、供热，包括其他一些市政管线均已融入城市统筹管理。但是散落在铁路沿线的很多街区和建筑缺乏使用和维护，配套的基础设施匮乏。配套设施的完备性反映了使用者对设施需要的程度，对配套设施的完备性进行评价，可以唤起公众对仍然生活在建筑遗产内的居民生活的关注。完备的遗产配套设施建设，一方面能够促进遗产的功能再生，另一方面能够改善遗产使用者的使用状况，是一种对遗产使用者的尊重，亦是对遗产活态利用的技术支撑，从另一个角度传承了遗产的使用价值。

3. 遗产的适用性

对中东铁路建筑遗产适用性的评价体现了对建筑遗产真实性的尊重和对使用者的人文关怀，体现了关于遗产保护的价值观，重视遗产的再生，重视遗产的使用。遗产适用性的评价，通过统计、调查遗产的不同层面的现状，一方面可反映遗产存在的各类问题，同时也可为进一步的遗产管理和修复提供翔实的参考。在遗产适用性评价过程中需要投入大量的调查资源（表4-44、表4-45），而且不同类型的遗产评价表格的分项构成也需进行相应的调整。

中东铁路历史建筑适用性调查表　　　　　　　　　　　　　表 4-44

调研对象		状况描述	照片及说明
周边环境	对外部空间环境的影响	作用大小，积极或消极	
	与周边环境的关系	与周围环境是否统一和谐，是否进行破坏式建造	
建筑外部	总体状况	基本情况，整体协调性	
	立面形式	屋顶、门窗、檐口、山花及装饰、门斗、雨篷等特征要素的工艺是否保留，立面是否有破坏情况	
	建筑材料	水渍、泛潮、泛霜等发生情况，裂缝、腐蚀程度(轻、中、重)，污损、材料覆盖、机械损伤等情况	
建筑内部	结构体系	承重墙、柱、屋架加固情况，是否改变原有结构，是否保留原本工艺	
	装饰陈设	窗格、灯具、木地板、壁纸、装饰的图案及色彩是否代表当时的风格及技术水平	
	器械设备	通风、节能、采暖、给水排水、采光状况是否符合规范要求，协调性和建筑是否一致	
使用情况	使用功能	主要功能/跟原有功能是否一致/附加功能是否合理	
	管理情况	很好/较好/一般/较差/很差	

遗产室内情况　　　　　　　　　　　表 4-45

4. 地理与区位的差异

建筑遗产所处的区位与其使用价值的关联影响非常大，由于原附属地城镇职能的拓展，再加上一百年来社会的发展，各城镇原有的规划格局和用地范围已经发生很大的变化，遗产的原有区位和现状区位也产生了很大的差异，在城市中的地位和角色也发生了转变。城市土地价值随区位的变化而引起了建筑遗产使用价值的变化，城市商业区和中心区的特殊地理位置促进了遗产的商业价值的提升，对遗产使用功能的再度开发能够提升遗产的经济价值。遗产区位的变化造成的遗产使用性质及使用人群的变化均会影响遗产的保护模式和保护方法。遗产的地理位置差异还反映在宏观层面上，城镇发展过程中，遗产与所处城镇及周边城镇及区域产业布局的关系发生变化，使得遗产在数量、区位、城市功能上也在不断地发生变化，会导致建筑单体机能的下降，加速建筑的衰败。特殊情况如昂昂溪站，中东铁路昂昂溪枢纽站迁到齐齐哈尔站后，昂昂溪开始迅速衰落，然而昂昂溪站的原中东铁路时期建筑不但被大部分保留了下来，而且状况相对较好，因为城市和铁路管理部门有条件设置在职人员或监管人员进行管理，在经济方面，维护和保养资金相对宽裕一些，再加上思想上相对重视，所以出现了让人欣慰的保护情况。[154] 但是这种人为的保护如果没有旅游产业和文化产业及时跟进，建筑遗产的功能得不到应有的利用，原住民持续搬离，小镇会越发萧条，单靠职能部门的维护，其生命力不可能长久，衰败也是迟早的事。

还有一种情况就是有些地方经济飞速发展，对中东铁路建筑产生影响，如大庆站，原名萨尔图站，1903年7月站房建成时仅仅是个五等站（面积仅24.96m²），发现石油之后，大庆地区的综合面貌。[155] 车站在短暂的时间内由五等站提升为一等站。虽然此时在经济上有足够的实力保护中东铁路时期的老建筑，但是由于当时整个社会对建筑遗产还没有达到一定的重视程度，在迅速发展的时期，一些历史建筑已经消失殆尽。

5.遗产再生的经济性

大量的中东铁路建筑遗产一直以各种功能、各种身份服务于社会，并不断完善。根据建筑类型的不同和建筑材料、结构的差别，这些遗产形成了一定的建筑空间利用模式，每一种利用模式均有自身的特点以及适应能力。这种适应能力来自于社会的变革，同时也是建筑遗产本身的一种包容属性，即它能够去适应人文、社会、经济等方面的变革需求。

遗产为满足使用者需求而进行的功能调整是有条件的，即再生的经济性，对再生的经济性的评价目的是使遗产耐用耐久、实用多用。如多数站房建筑，在不改变原有室内空间的同时，增设了新的采暖设施，在柱网的外围护结构上增加了钢材进行加固，延长了建筑本身的使用寿命，在不改变原有建筑布局及构造的同时，增加了一些更适合现在人使用的功能。在符合当代社会经济发展的前提条件下，在保证中东铁路建筑遗产历史信息保留完整的基础之上，对建筑及其使用空间、群体环境进行合理的改造和维护是必要的。在综合考虑再生经济性的前提下采取多种措施，对原有空间细节或环境进行必要的再生利用，使其使用价值最大限度地保存和再现，体现对遗产使用价值的传承。如表4-46所示，横道河子镇在进行历史街区改造的实践中，把原有中东铁路住宅区域功能置换为"油画村"，吸引了大批艺术创作者建立工作室，文化产业的植入使中东铁路建筑遗产的利用充满了生机，摆脱了以往破败的形象，形成了独具韵味的艺术创作基地，也带动了横道河子镇旅游产业和文化产业的发展。

横道河子建筑遗产再生案例　　　　　　　　　　　　　　　　表 4-46

图片示意				

部分遗产改造案例片面追求经济性，在遗产改造过程中违背了遗产保护的前提，大量建筑遗产被以保护的名义改造甚至是破坏，城市的现代化并不意味着与遗产保护冲突，城市化的脚步更不能建立在践踏历史文脉的基础之

上。中东铁路气象观测站以保护立面的名义变相开发。哈尔滨革新街的有轨电车机车库,虽然对其主体建筑采取了保护利用的措施,但是经过改造后,建筑立面已经面目全非,破坏了建筑遗产的原真性(表4-47)。

对遗产的建设性破坏 表4-47

名称	中东铁路气象观测站保护前	中东铁路气象观测站"保护后"
图片示意		
名称	哈尔滨有轨电车机车库利用前	哈尔滨有轨电车机车库"利用后"
图片示意		

6. 遗产当前用途的合理性

中东铁路建筑遗产年代久远,其原有功能经常随着城市的发展而调整。将这些遗产用途进行合理的延续、调整或置换,有利于对中东铁路建筑遗产的保护,还可提升其使用价值,如铁路站房多数还在使用,成为了相对偏远地区与城市联系的重要纽带,哈尔滨圣索菲亚教堂、横道河子的圣母进堂教堂、哈尔滨联发街1号、扎兰屯沙俄护路队兵营均被改为博物馆,成为了展示、传播中东铁路文化的载体,在保护遗产历史特征的前提下,为民居、教堂、工厂等各类已经废弃的建筑在新时期下找到了新的功能,提升了建筑的利用率,不再让建筑失去使用价值而成为空壳,同时满足了现代城市发展需求,从而让建筑本身的利用达到合理、均衡,传承了遗产的当代价值。

对遗产的保护、更新甚至开发旅游是对遗产有效利用的趋势,国外有德国的鲁尔区,国内有798艺术区等范例。例如哈尔滨以滨洲铁路为主要内容建设的铁路博物馆公园,使遗产在新的时代展现出了新的价值传承(表4-48)。

对遗产的有效利用 表4-48

名称	哈尔滨中东铁路博物馆公园			
图片示意				

续表

名称	扎兰屯六国饭店——中东铁路历史研究会		哈尔滨联发街1号——中东铁路展览馆	
图片示意				
名称	哈尔滨中东铁路职工住宅——波特曼西餐厅		中东铁路锻造车间——市民休闲广场空间	
图片示意				

五、环境价值指标因子

1. 遗产环境的真实性

现存的大多数中东铁路建筑遗产都不再处于最初的空间环境中，但是建筑遗产环境仍是遗产真实性和遗产特征不可或缺的部分，很多中东铁路沿线城镇的建设延续了建设之初的规划设计构想，最初的规划设计对城镇的发展、分区的影响至今仍然存在。遗产环境也被保留利用并融入现代城市生活的各种城市广场、站前广场与街巷空间之中，成为了城市空间系统的重要组成部分（表4-49）。然而，很多遗产已经缺失了它所存在的环境而孤立地存在，如圣索菲亚教堂就曾经处于群楼包围之中，圣伊维尔教堂至今也没有露出真容，对遗产环境真实性的评价深刻地影响着建筑遗产价值评价的量值。

融入现代城市生活的各种广场[156] 表 4-49

名称	一面坡火车站前广场	哈尔滨香坊火车站站前广场		绥阳站站前广场
图片示意				
	哈尔滨城市肌理的延续			
名称	李范五花园广场	博物馆广场	下夹树街广场	教化广场
图片示意				

名称	哈尔滨市城市肌理(1949)	哈尔滨城市空间结构示意图(1949)
图片示意		
名称	扎兰屯文化广场(原中东铁路扎兰屯站前广场)	
图片示意		

例如中东铁路附属地城镇的道路景观系统在建设之初就独具特色，城市道路红线预留较宽，满足了城镇建设远期的使用需求，按照西方的绿化布局手法，街道两侧种植大量的行道树，与街心公园绿化系统、景观河道绿化系统共同构成了城市绿化的整体风貌（表4-50）。这些绿化系统直到今天仍然在城市中发挥着作用。

中东铁路城镇建设之初的街道绿化系统[157]　　　　　　　　表 4-50

名称	哈尔滨街道绿化
图片示意	

中东铁路职工住宅建筑注重邻里之间的交往空间，避免体现出过多的等级差异，将每一户宅前的道路与街区的主干相连，不论是组团式布局、围合式布局还是行列式布局，均能够形成独立的小环境空间，符合俄罗斯民族的生活方式，使得院落更加温馨，也有居家的趣味性（表4-51）。在住区设计中，注意沿街立面的完整性，对建筑与街道的视觉关系及街道节点的空间进行重点考虑。

中东铁路的群体建筑空间尺度有着显著的地域性特征。每一处群体建筑空间的营造，都与该区域的自然环境、人口密度、交通设施以及使用者的需求等密切相连，在满足基本功能的同时，也体现出了人性化的设计理念。选择中东铁路全线中具有代表性的四个街区进行实地测量，估算出街区所围合成的高宽比，用人的视域范围来进行分析，可更清晰地了解人在街道上对不同空间界定的感受，体验遗产环境的原真性。这四条街区分别是横道河子百年街区、昂昂溪罗西亚大街、哈尔滨车站街（现红军街）以及哈尔滨的西大直街街区（表4-52）。

中东铁路职工住宅中的邻里交往空间　　　　　　　　　　　表4-51

名称	横道河子	哈尔滨	哈尔滨	博克图
图片示意				

名称	组团式布局(哈尔滨)	围合式布局(扎兰屯)	行列式布局(横道河子)
图片示意			

典型街区的尺度[158]　　　　　　　　　　　表4-52

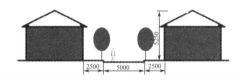

(a) 横道河子俄罗斯百年老街区尺度　　长 826m　宽 4~6.4m　$S=(H-h)/D=0.32$

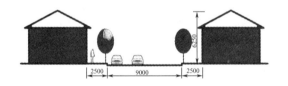

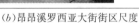

(b) 昂昂溪罗西亚大街街区尺度　　长 1451m　宽 18m　$S=(H-h)/D=0.29$

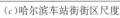

(c) 哈尔滨车站街街区尺度　　长 1266m　宽 35m　$S=(H-h)/D=0.21$

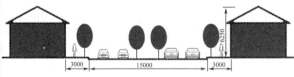

(d) 哈尔滨西大直接街区尺度　　长 4570m　宽 25~38m　$S=(H-h)/D=0.18$

2. 遗产与自然环境的关联性

中东铁路建筑的群体与单体在选址之初及营建过程中都非常重视可持续发展的人居环境建设。群体建筑的选址遵循"因地制宜"、"合理分区"与"可持续发展"的群体选址环境观，形成了人与自然、人与人、人与社会相和谐的生态环境。以镇为例，该镇位于群山谷地，山水相绕，四季分明，自然风光良好，在规划之初便提出了"回归自然、回归传统和整体规划的原则"，所以横道河子的历史街区充分利用富有变化的地貌地势，依山就势地规划造就了其独特的城市风貌，小河和铁路线就势穿越小镇，铁路线将小镇分为普通居住区和铁路职工工作生活区，整个小镇有机地融入自然环境中，具有良好的居住生活条件，形成了铁路小镇的特色空间结构（图4-8、图4-9）。

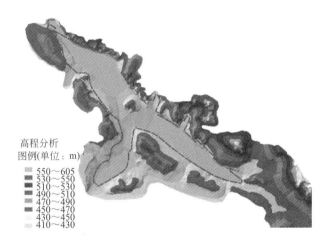

图4-8　横道河子镇地势图

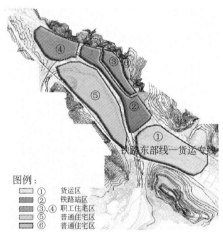

图4-9　横道河子镇用地布局图[159]

3. 与群体建筑环境的风貌协调性

遗产与周围群体建筑环境风貌协调统一，能对遗产产生积极的影响，提升其环境价值；相反，则会削弱其环境价值。若单个建筑遗产与周边整体环境及建筑群形成统一的整体，其环境价值评分应略高。

例如昂昂溪历史街区曾经有300多座建筑，包括民宅和公建，随着时代的变迁，大量建筑遭到毁坏和废弃，时至今日，存有125座，其中111座在2013年被国务院列为全国重点文物保护单位，称为中东铁路建筑群（昂昂溪文物建筑）。[160] 火车站到东正教堂形成了街区的中轴线，沿中轴线向两侧布局铁路职工住宅，形成了方格网状的街道体系，并组成了15个建筑组团（表4-53）。内有105栋住宅建筑，大多数已经遭到一定程度的破坏，存在拆除和随意搭建现象。目前有5个组团保持得相对完好，组团内部空间完整性较强，即便忽略道路系统的存在，其内部组织结构仍然完整，单体建筑与周边环境风貌融为一体。

昂昂溪中东铁路建筑群组团原有情况[161]　　　　　　　表 4-53

	1 号组团	2 号组团	3 号组团	4 号组团	5 号组团
基地面积(m^2)	23718	30962	25118	25950	27340
文物建筑（栋）	11	10	14	7	11
文物建筑面积(m^2)	1516	1908	2913	5670	1790
原有古榆树（颗）	28	30	21	45	28
绿化率(%)	25%	26%	21%	32%	23%

再如位于哈尔滨市的花园街历史街区，由于地处市区，相比其他历史街区，保护良好，保持了相当程度的历史信息原真性。街区空间为组团式布局，单体建筑沿街布置，街区组团内部设置公共空间，沿街的建筑都有精心设计，形成了良好的街道立面。街区内部的公共空间较宽敞，在道路的十字路口转弯处的住宅均斜向布置，主要立面呈 45°面向十字路口。建筑间距较大，可保证每户的私密性和良好的采光，每户都能直接连通城市道路，而且能形成有归属感的独立的院落空间（表 4-54）。

哈尔滨花园街院落布局示意图　　　　　　　表 4-54

名称	主立面正对十字路口示意	周边式布局示意	独立院落示意
图片示意	海城街/联发街/繁荣街/公司街（哈尔滨市花园街历史街区）	海城街/联发街/繁荣街/公司街	院落 职工住宅 / 院落 高级住宅 / 职工住宅 院落

4. 地标作用

中东铁路建筑遗产的地标性作用可以使其成为区域、城市的标签，具有重要的导向识别作用，其特有的建筑形态、空间肌理秩序及异域风情能够产生独特的标识作用。地标不仅可以是设计精美、体量巨大的独栋建筑物，也可以是景观独特的历史街区和别致的场景节点。

例如在中东铁路沿线附属地形成的大量异域风情浓郁的"俄式街区"，由于时代的变迁，很多历史街区已经融入了城市的发展，使得曾经的历史街区边界较为模糊。此外，街区的结构系统和景观节点依然清晰可见，仍具有较高的可识别价值。不同的历史街区都有其独特的区位、传统、经济资源及使用人群等，所以，在特定的时空背景下，形成了风格各异的街区形态，通过空间要素尺度、关系位置来表达。砖石结构和木刻楞的职工住宅，俄式的屋顶，东正教堂及其广场，排水明沟，榆树，低矮的木质栅栏，良好的绿化系统，鲜明的建筑色彩，再加上充满沧桑的岁月痕迹都能起到典型的地标效果（图 4-10）。

通过对中东铁路东西线包括黑蒙两省（区）的横道河子镇、昂昂溪区及一面坡镇在内的 3 个乡镇及 12 个历史街区进行实地考察及测量，观测街区所处地理环境、建筑物构件尺度关系、街道空间组合关系、城市肌理特征等特征要素，提取了中东铁路俄式住区的空间要素特征，为地标式街区空间要素评价提供了依据。

图 4-10　中东铁路横道河子、一面坡、昂昂溪历史街区[162]

（1）建筑语言的诱导性。不同于周边传统东北地方街区的特点，由于俄罗斯民族进行建筑语言差异化设计，使得中东铁路附属地历史街区的空间要素具有了独特的审美特征，也就是俄罗斯风格的要素语言。这一类空间要素在中东铁路历史街区内处处可见，工艺精美、充满异域风情的装饰线脚，形态万千的坡屋顶及屋顶上高高低低的各类烟囱和通风口，偶尔出现的俄罗斯木屋，鲜艳明快的建筑色彩以及原木的栅栏都增加了历史街区的标识作用，便于人们的认知和记忆，如表 4-55 所示。

俄式建筑语言要素　　　　　　　　　　表 4-55

名称	线脚	色彩	钟楼	错落的屋顶
图片示意				
名称	装饰的符号	木屋	独特的山花线脚	阳光房
图片示意				

（2）空间关系的诱导性。建筑与街区都是空间的载体，街区空间也是由多个空间相互组合形成的。在中东铁路历史街区内，空间的组合有一定的规律，主要有两种形式的表达：行列布局的历史街区内，与主街相交的次级街道的交口形成主要活动空间，并在道路的近端设置一些次要活动空间；院落布局的历史街区内，主要活动空间分布在主次街道的交口，其余次要的活动空间平均分布。这样的空间组合有着关系诱导性特征。这种典型的空间组合形成了独特的场所感，有独特的标志性且有规律可循，如图4-11所示。

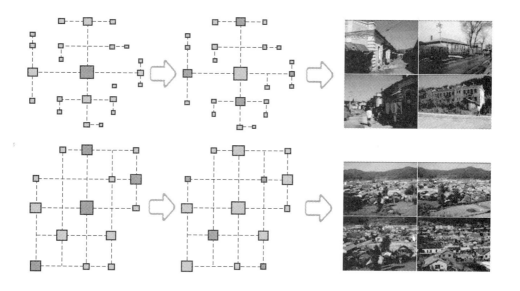

图4-11　中东铁路历史街区空间要素特色关系图

（3）位置诱导性。从错综复杂的建筑布局关系中总结规律，也是探究中东铁路建筑遗产地标作用的方法。俄式院落住宅与所处街区呈现出三种典型关系：一种是相离，院落设置高出街区，四面远离街区而形成视觉中心焦点，此类建筑周围自然环境较好，建筑要素与自然景观要素共同形成中心视觉要素，有很好的地标效果；第二种是相邻，院落与道路很近却仍存在一定的缓冲空间；第三种是相交，院落紧邻道路，成排院落形成整体街道景观。这种整体性的街道景观与本土的建筑布局有明显的差异，并成为了体现特色的定式符号，这种建筑群体效果和所形成的场所感也达到了很好的地标效果。

5. 城市名片作用

城市名片能够充分地反映城市的文化内涵和历史文脉，代表了城市的品牌形象，体现了城市的特色。中东铁路建筑遗产是否能够担当起城市名片的角色，成为该地区旅游事业和城市宣传的助推器，大量地出现在各类媒体中，或者是影视文学作品里，代表这个城市，并成为城市里的一道风景线，为此指标因子的考量内容。中东铁路建筑，在体量、形式以及建筑风格等方面均具有显著的标志性特色，在人们的城市意象中起到了重要的景观节点作用，可带给人们最直观的形象感受。建筑遗产与城市形象建立了紧密的关联，而且这种关联不是惟一的，一座城市可以同时拥有多个建筑遗产名片，它们彼此和谐地存在。同时，这些标志性的建筑遗产在旅游观光中也扮演了重要的角色（表4-56），人们通过中东铁路建筑了解和认识了一座城市。中东铁路建筑遗产作为城市名片，彰显了丰厚的文化底蕴。遗产作为城市名片的差异化特质，形成了独特的城市文化，有助于提升城市的美誉度和知名度，反映了遗产当代价值的传承。"浓缩城市精华，彰显城市魅力"，对这一指标的考核是衡量中东铁路建筑遗产当代价值的重要参考。

遗产的城市名片作用　　　　　　　　　　　表 4-56

名称	横道河子圣母进堂教堂	横道河子火车站	绥芬河大白楼	绥芬河人头楼
图片示意				
名称	昂昂溪铁路俱乐部	昂昂溪火车站	博克图百年段长室	扎兰屯吊桥公园
图片示意				
名称	富拉尔基火车站	呼伦贝尔铁路博物馆	博克图石木住宅	安达火车站
图片示意				
名称	满洲里机车库	阿城糖厂旧址	兴安岭木屋	香坊火车站
图片示意				
名称	一面坡红房子住宅	九江泡火车站	海林派出所	扎赉诺尔木刻楞
图片示意				

六、情感价值指标因子

人们不会忘记中东铁路修建过程所承载的近现代中国饱受欺凌的历史，它鞭策、激励人们奋发图强，不再任人宰割。随着时代的变迁，中东铁路建筑遗产和与其相互影响的环境所具有的遗产特征同使用人群相互依存，充满了岁月的积淀，并伴随着丰富的情节内容，具有较强的叙事性和可读性，它的美学特质与时间紧密关联，在沧桑的建筑外观下传递着不同时代的痕迹。这种沧桑已经成为当地使用人群社会生活的一部分。遗产所处的物态环境与人群对物态环境产生的主观情感依附产生了共融，充满了浓厚的人文情怀。

1. 典型人居活动场所

（1）政治活动场所。中东铁路沿线城镇有许多领事馆及军事、办公建筑（表4-57）。以哈尔滨为例，当时有30多个国家设立了领事机构，这些政治活动场所见证了当年这些地区的开放、发展及一系列政治活动。这些政治活动不仅仅体现了殖民和屈辱的历史，也经历了如中东铁路开工、东北当局收回中东铁路附属地行政权等一系列重要政治事件。

中东铁路办公建筑　　表4-57

名称	原俄驻绥领事馆	绥芬河苏俄领事馆	日本驻绥芬河领事馆	博克图百年段长室
图片示意				
名称	满洲里前苏联商务处	满洲里铁路房产段	绥芬河某军事用房	横道机务段运转室
图片示意				

（2）教育活动场所。中东铁路的建设对教育方面的影响也很大，为了解决铁路员工子女上学问题，兴办了若干中小学校和技工学校，哈尔滨工业大学的前身就是中东铁路管理局为培养工程技术人员创办的哈尔滨中俄工业学校。此外，哈三中、哈尔滨西大直街男子、女子商务学堂、哈尔滨花园街教会学校、绥芬河苏俄学校、扎兰屯沙俄子弟小学、免渡河铁路学校、满洲里技工学校等都是当时创办的学校（表4-58）。

和中东铁路建设密切关系的学校　　表4-58

名称	哈尔滨中俄工业学校	哈尔滨花园街教会学校	哈尔滨西大直街男子、女子商务学堂	哈尔滨龙江街学校
图片示意				

续表

名称	绥芬河苏俄学校	扎兰屯沙俄子弟小学	免渡河铁路学校	满洲里技工学校
图片示意				

（3）城市生活场所。中东铁路的建设也给城市布局和城市生活带来了深刻的影响。中东铁路附属地沿线城镇通常均经过较细致的城市规划，在城市用地布局和规模控制上有统筹的设计，设计思想超前，许多城市用地的设置，时至今日，仍然在城市中起到重要的作用。以哈尔滨市城市绿地公园为例，目前哈市兆麟公园、太阳岛公园、斯大林公园、儿童公园、哈尔滨游乐园等几大城市公园的建设均与中东铁路的建设有直接的相关性。

兆麟公园原是晚清时期的元聚烧锅材料厂，1906年，中东铁路局接管后，把此处改建为公园（市公园），1946年，为纪念抗日英雄李兆麟，将公园更名为兆麟公园（表4-59）。

哈尔滨兆麟公园内的景观建筑小品　　　　表 4-59

太阳岛公园所在地原本是道里区靠近江北岸的一块沙滩岛，中东铁路修建后，俄国人喜欢到岛上野餐、唱歌跳舞、划船游泳，很快就热闹了起来。1916年起，俄国人在岛上进行了绿化建设，经营公园达10年之久，1932年被大水冲毁后，迁至现太阳岛江堤北端，原为俄国人经营的"极乐村"，后名为"青年之家"的地方，最终形成了太阳岛公园的雏形。斯大林公园的形成与中东铁路的修建关系更为密切，当时中东铁路修建所需大量物资如钢轨、枕木，主要依靠水路在今天的道里区九站和以东的若干码头间运输，为了解决远来物资的转运与存储问题，最佳方案就是在码头附近建一个火车站，由于地段地势低洼，便在江边修筑了堤坝，既可以防洪，又可以作路基，松花江站应运而生。中东铁路全线通车后，码头货运也相应减少，日伪时期，把此处辟为江畔公园（表4-60），新中国成立后更名为斯大林公园。

哈尔滨斯大林公园内俄罗斯风格建筑小品　　　　表 4-60

名称	江上俱乐部	江畔餐厅	江上俱乐部	公园餐厅
图片示意				

儿童公园同样和中东铁路有渊源。1925年儿童公园用地为中东铁路苗圃，1945年铁路局接管后改称铁路公园，1956年新中国第一条儿童铁路通车，改名为儿童公园。中东铁路通车后，俄侨大量涌入，死亡人数也大量增加，于是在此处修建了新的墓地，并修建了圣母安息教堂。中苏关系破裂后，墓地荒芜，后辟为文化公园，近年改为哈尔滨游乐园（表4-61）。

哈尔滨游乐园及扎兰屯水上公园、浴场　　　　　　　　　表 4-61

名称	圣母安息教堂	钟楼	扎兰屯水上公园	扎兰屯阳光浴场
图片示意				

扎兰屯的吊桥公园也是中东铁路沿线的代表性公园，建于1905年，命名为吊桥的公园已超过百年，全世界现仅存两座，一个在俄罗斯的伊尔库斯克，另一个在扎兰屯，十分典型。

2. 纪念和宗教场所

东正教是沙俄文化的重要组成部分，它随着中东铁路的修建而在中国传播。1899年由茹拉夫斯基主持建造的第一座东正教堂——圣·尼古拉教堂（"文革"中拆毁）出现在哈尔滨市，宣告着俄国东正教正式传入我国东北，自此开始，中东铁路全线共建设了40余座东正教堂，分布在20余处铁路附属地内，鼎盛时期，仅哈尔滨市就有22座东正教堂，教徒达10万之多（图4-12）。[163]

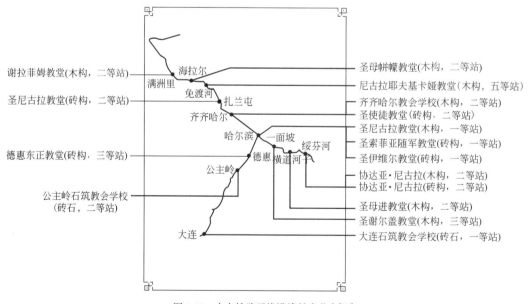

图 4-12　中东铁路干线沿线教堂分布[164]

东正教进入中国东北后，深刻地影响了地域文化与人们的生活习惯，形式各异的东正教堂交相辉映，形成了城镇丰富的天际线，教堂建筑及其所形成的广场区域成为了整个居民区的重要仪式活动场所，不但成为了地域的地标，同时也深刻地影响了居民的出行模式（表4-62）。建筑、场景和人的行为紧密地联系在一起，它不仅给东北带来了一种建筑形式、艺术风格，而且带来了诸多西方的建筑类型，比如教会的医院、福利院、学校等。如此众多的建筑类型同样改变了居民的生活状态和行为习惯。

中东铁路附属地教堂　　　　　表4-62

名称	横道河子圣母进堂教堂	绥芬河协达业尼古拉教堂	免渡河教堂	满洲里谢拉菲姆教堂
图片示意				
名称	德惠站教堂	德惠站天主教堂	绥芬河教堂	扎兰屯教堂
图片示意				

从另一个观察视角看，也正是由于东正教等外来宗教的影响日益加大，使得饱受列强侵略的中国人深感民族文化的衰弱，并把原因归结于外来文化的传播，把物态的教堂看作是外来文化的载体，认为教堂破坏了国运风水，要用本土的道教、佛教和儒教的建筑镇住它，保住风水，改变国运。所以，在1924年前后，中东铁路沿线相继兴建了大量的寺庙、道观和文庙，如哈尔滨就出现了极乐寺、文庙、松北区的慈云庵（后改名为地藏寺）等宗教寺庙，以此来抗衡外来宗教的影响。

3. 生活习俗的延续性

铁路工业文明与移民文化的交织深刻地影响着一百年来东北社会的变革。中东铁路附属地本土的风土人情、文化习俗和铁路外来建设者所带来的异域文化，随着时间的推移，已经深扎东北，彼此之间相互影响，形成了独特的民俗文化。例如东北地区参与者众多的冬泳运动，源于东正教的洗礼节，俄罗斯人至今还保持着这种运动习惯，中国人起初观望，后来尝试，最后兴起，直到现在，东北地区热爱冬泳的人群也很壮大。到了夏季，中东铁路附属地沿线的中国人也喜欢去江河水边打猎、游泳、野餐、划船。多数中国商人为了将商品卖给俄国人从而获得更大的利润，都会学上一些简单的俄语，甚至如今边境的城市如绥芬河等都有商人会说俄语，而一些俄语的词汇也演变成了哈尔滨当地的方言，比如"大列巴"面包、"得莫利"炖鱼、"里道斯"红肠、"为德罗"水桶、"布拉吉"裙子等外来语汇大量出现在东北方言中。周末带上全家人，带着面包、啤酒、香肠去野餐、日光浴的习惯也深深地影响了这一地域的中国人。吃西餐、喝啤酒、西式婚纱照也成为了日常生活中很普遍的事。罗西尼大街、果戈里大街、秋林百货、马迭尔宾馆、露西亚西餐厅等外来语的建筑、街道、商铺名称也频繁地出现在附属地的居民生活中。哈尔滨的街道名称中有大量是源于中东铁路修建时的工种和驻扎部队的名称，如工兵街、骑兵街、炮队街、铁路街、三十六棚等。

俄式生活习惯在住宅的空间布局上有所体现，在住宅中，一般会在地下半层设置储物空间，通常储存蔬菜和酒，也有一些专门用作酒窖，很多俄国人有自酿酒的习惯，而如今哈尔滨市也以这种啤酒文化为基础打造了啤酒节。

俄国人使用冰室延长食材的保质期，还可以将瓜果饮品冰镇，冰室通常设置在厨房的地下室。通过对建筑图纸的分析可知，俄国人的高等级住宅生活设施完备，体现出了建筑师为营造良好的生活品质而对建筑空间细节设计的考虑（表4-63）。这种生活习惯决定的建筑布局方式，也是中东铁路建筑特有的原真性体现（表4-64）。

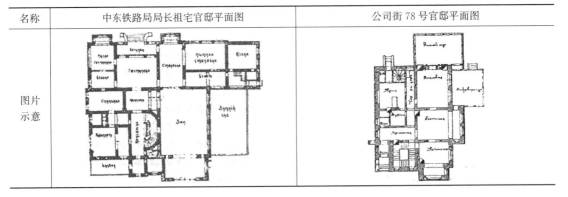

中东铁路历史建筑部分地下室、冰窖　　　　　　　　　　　　表 4-63

名称	扎兰屯某酒窖入口	酒窖、冰室	庙台子冰窖内部
图片示意			

中东铁路高级住宅实例[138]　　　　　　　　　　　　表 4-64

名称	中东铁路局局长祖宅官邸平面图	公司街78号官邸平面图
图片示意		

4. 场所心理的认同

场所主要指能唤起人们集体记忆的空间，包括登录（文物保护名录）中以及未被登录的城市、建筑、景观遗产等；狭义的场所指国家、民族层面的纪念性建筑。[165] 中东铁路建筑遗产中有很多蕴含着集体记忆的历史场所。这些场所，很容易勾起人们的记忆，满足心理层面的需求，进而得到认同感

（图 4-13）。

图 4-13　场所空间的不同分类情况

如哈尔滨的秋林公司、马迭尔宾馆、索菲亚教堂等已经成为几乎所有哈尔滨人的场所心理认同，再如绥芬河东正教堂，又称喇嘛台（表 4-65），历经百年，它不仅可以满足宗教功能上的需求，还能够满足旅游观光者的心理需求，更主要是提供了传播建筑文化的场所，既包含着教堂本身的物质形态，又有着特殊时期的历史故事，两者与场所的文化认同感，紧密关联，缺一不可。多数当地的居民以及游客对这一教堂有着很深的情感，这种情感已经超越了教堂原本的宗教属性，成为城市生活的一部分。

绥芬河东正教建筑场所空间　　　　　　　　　　　　表 4-65

名称	教堂外部	教堂内部	教堂内部
图片示意			

5. 遗产的使用人群

情感价值不能失去与人的联系。一些建筑遗产虽然体量不大，外观效果平平，但是由于独特的使用人群，多数遗产还保持着原真性的生活场景，这些遗产与平凡的原真生活场景共同形成了独特的遗产韵味，这其实更能体现中东铁路建筑遗产的当代价值意义。

通过实地观察横道河子镇历史街区人流量的变化，对居民和游客分别进行出行统计并分析，形成了横道河子镇历史街区居民和游客行为地图（表 4-66），使得我们可以对历史街区的使用状况有较为全面的了解。

6. 遗产的精神象征作用

遗产的情感价值不同于使用价值或者艺术价值，它强调某些特定建筑对于使用者的特殊意义，即心理地位，众多看似平凡朴实的建筑遗产，在一定的使用人群心中却具有非同一般的意义。它们可以成为当今社会中人们的情感归宿，并具有某种特定的或普遍意义的精神象征作用，增强文化的认同感及归属感，促进情感价值的延续及保护，满足人们的情感需求或精神寄托等客观存在的价值。它象征了特定时期人们对建筑艺术的追求和对特殊象征符号的认可,为情感的保留和延续提供了可以依托的物态形式。遗产的精神象征作用不具备普遍意义的认同,而是和使用人群密切关联。

横道河子镇历史街区居民和游客行为地图[166]　　　　　表 4-66

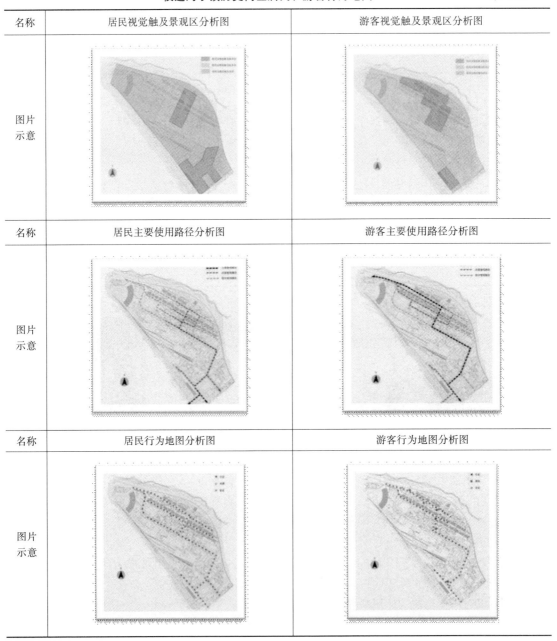

第四节　遗产价值指标因子评分标准

完善统一的评分标准是客观公正评价的保证,标准是以客观的打分和分析为主要依据,并且对每一个具体的指标评分进行详尽的解释,使用定性与定量相结合的方法表达对建筑遗产的感受。评价对象价值的大小与其所得的分数成正比例关系。评分标准清楚、明确、简洁、无歧义，尽可能地降低受评价对象和主观因素的影响。中东铁路建筑遗产价值指标因子的评价分为定性评价和定量评价。对遗产的定性评价由评价体系制定者根据评价客体的背景和相关资料直接作出，定性结果强调客观性，并以此为依据形成专家的评价问卷。评价以定量评价为基础，以定性评价为辅助。定量评价又分为主观量化评价和客观量化评价。主观量化评价是对评价主体进行问卷访谈，根据他们对建筑遗产的了解及熟悉程度展开评价。虽然受访者本身存在着很多不确定因素，甚至会对评价结果产生影响，但理性和受教育水平以及生活阅历等又使主观判断相对科学与严谨，能够反映客观事物的本质。对于评价主体样本的合格程度，可以通过 SPSS 软件进行统计和校验。客观量化评价是一种评价结果不受评价主体的主观因素影响的评价方法，是在行业技术性质量规范的制约下，以分级的方式对事物等级作出判断，不需要人为干预，通过统计和测量就可以进行评分。主观量化评价与客观量化评价各有利弊。在中东铁路建筑遗产的价值评价中取两种方法的优点，相互弥补，从而使评价结果更加完善。

由于中东铁路建筑遗产功能、类型构成复杂，价值多维，导致了评价指标体系的多元差异（图 4-14），在评价之前需要根据评价客体进行调整，形成适用于自身特征的评分标准。中东铁路建筑遗产价值评价体系评分标准（表 4-67），作为模板具有代表性及示范性，评价的指标体系内容的调整要进行严谨、明确的说明。

中东铁路建筑遗产价值指标体系涉及 6 个维度价值的 29 项指标，价值评价的评分采用了三个级别的评分标准。

两级评分标准的评判通常无歧义，条件较差的也可以有一定的基础分，保证了评分差距不至于过大。

三级评分标准采用"好、中、差"式三种评价进行判断，客观性和识别性强。

四级评分标准则更加精确，对标准进行了细化，得分更加客观。

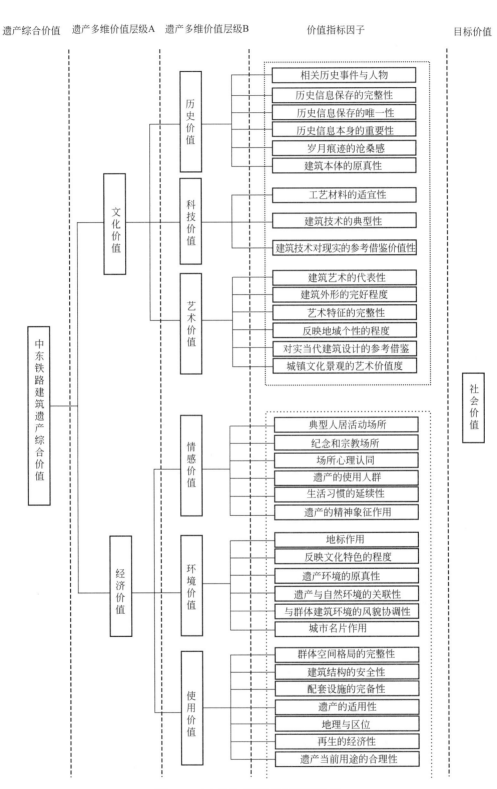

图 4-14 中东铁路建筑遗产价值指标体系

中东铁路建筑遗产价值评价标准

表 4-67

多维价值	评价指标因子	评价标准	备注
一、文化价值			
历史价值	相关历史事件与人物	一级 10~5 分：与典型历史事件与人物相关 二级 5~0 分：与典型历史事件与人物相关性一般	客观
历史价值	历史信息保存的完整性	一级 10~7 分：遗产所体现的重要历史信息非常完整 二级 7~3 分：遗产所体现的一般历史信息有些残缺 三级 3~0 分：遗产所体现的历史信息破损严重	—
历史价值	历史信息保存的惟一性	一级 10~5 分：建筑遗产是历史信息的惟一载体 二级 5~0 分：建筑遗产是历史信息的载体之一	—
历史价值	历史信息本身的重要性	一级 10~7 分：国家级文物保护单位或者省级文物保护单位 二级 7~3 分：地市级文物保护单位 三级 3~0 分：县级文物保护单位	客观
历史价值	岁月痕迹的沧桑感	一级 10~5 分：自然痕迹较多，展现历史的沉淀与厚重 二级 5~0 分：自然痕迹较少	—
历史价值	建筑本体的真实性	一级 10~7 分：遗产环境保护较好，遗产基本保持了原貌 二级 7~3 分：遗产环境保护一般，遗产通过修复可以保证原貌 三级 3~0 分：遗产环境发生大的改变或破坏，很难追叙原貌	—
科学价值	工艺材料的适宜性	一级 10~8 分：严格按照传统建筑技术工艺，使用当时的技术和材料，与周边环境保持一致，有良好的历史风貌 二级 8~5 分：采用了类似当时的建筑技术，原材料损坏，但是使用类似的建筑材料，风貌协调 三级 5~2 分：采用简化传统做法的现行普通工艺，建筑材料被新材料替换，但基本能保证风貌协调 四级 2~0 分：采用现行的施工工艺，建筑材料的使用对建造成了破坏，风貌殆尽	客观
科学价值	建筑技术的典型性	一级 10~7 分：遗产具有 5 处以上典型的建筑技术（包括建筑结构、建筑构造、保温采暖、材料工艺、地域适应性等），属于非常突出者 二级 7~3 分：建筑遗产具 3~5 处典型的建筑技术（包括建筑结构、建筑构造、保温采暖、材料工艺、地域适应性等） 三级 3~0 分：建筑遗产具 1 处以上的独创的建筑技术（包括建筑结构、建筑构造、保温采暖、材料工艺、地域适应性等）	—
科学价值	该建筑技术对现实的参考借鉴价值	一级 10~7 分：该建筑技术对现实建筑设计、建造、施工有非常大的参考借鉴价值 二级 7~3 分：该建筑技术对现实建筑设计、建造、施工的参考借鉴价值一般 三级 3~0 分：该建筑技术对现实建筑设计、建造、施工参考借鉴价值较弱	—
艺术价值	建筑艺术的代表性	一级 10~7 分：建筑遗产的建筑风格、空间形态、丰富流畅的线条、独特的建筑形式语言、完善的建筑细部处理等典型艺术特征，直接地、深刻地反映并印证了中东铁路建筑遗产的艺术特征，具有较强的代表性 二级 7~3 分：建筑遗产在一定程度上，从侧面间接地反映了中东铁路的艺术特征，具有一定的代表性 三级 3~0 分：建筑遗产，对中东铁路艺术特征影响较弱	—

续表

多维价值	评价指标因子	评价标准	备注
艺术价值	建筑外形完好程度	一级 10～7 分：建筑遗产现状保存完整；重要构件均无破损，质量较好 二级 7～3 分：建筑遗产现状保存一般；构件不同程度上有较细微的破损，质量尚佳 三级 3～0 分：建筑遗产现状保存差；重要构件破损严重，质量较差	—
	艺术特征的完整性	一级 10～7 分：建筑遗产具有完整的独特的装饰图案和建筑风格语言，反映了独特的艺术特征 二级 7～3 分：建筑遗产具有特色的装饰图案，反映一定的艺术特征 三级 3～0 分：建筑遗产不具有特色装饰图案，反映的艺术特征较弱	—
	反映地域个性的程度	一级 10～7 分：采用地域的建筑材料，建筑形式特征明显，辨识度极强 二级 7～3 分：具有一定的地域特色，具有一定的辨识度 三级 3～0 分：地域个性不显著	—
	城镇文化景观的艺术价值度	一级 10～8 分：文化景观与自然融为一体且有特殊的空间格局的 二级 8～5 分：前者其中之一较为突出的 三级 5～2 分：二者均属一般的 四级 2～0 分：城镇文化景观欠佳或不具备特色空间格局的	—
	对当代建筑设计的参考借鉴价值	一级 10～7 分：工艺、艺术、设计对现实建筑设计有非常大的参考借鉴价值 二级 7～3 分：工艺、艺术、设计对现实建筑设计参考借鉴价值一般 三级 3～0 分：对现实建筑设计参考借鉴价值较小	—

二、经济价值

多维价值	评价指标因子	评价标准	备注
情感价值	典型人居活动场所	一级 10～5 分：重要人居活动及以上 二级 5～0 分：一般人居活动及以上	客观
	纪念和宗教场所	一级 10～5 分：典型的纪念场所和宗教场所 二级 5～0 分：一般的纪念场所和宗教场所	客观
	生活习俗的延续	一级 10～8 分：较好地保了生活环境和生活习惯的原真性 二级 8～5 分：保存生活环境和生活习惯的原真性一般 三级 5～2 分：和原有生活环境和生活习惯有关联 四级 2～0 分：完全是全新的使用功能，和原真性生活环境和生活习惯无关	客观
	场所心理认同	一级 10～7 分：人们的情感及认知对建筑遗产所表达的意义认同程度非常高 二级 7～3 分：人们的情感及认知对建筑遗产所表达的意义认同程度较高 三级 3～0 分：人们的情感及认知对建筑遗产所表达的意义认同程度较低	—
	遗产的使用人群	一级 10～8 分：核心区原住民的居住人数的百分比为 80% 以上 二级 8～5 分：核心区原住民的居住人数的百分比为 60%～79% 三级 5～2 分：核心区原住民的居住人数的百分比为 40%～59% 四级 2～0 分：核心区原住民的居住人数的百分比为 39% 以下	客观
	遗产的精神象征作用	一级 10～5 分：具有较强的象征作用，具有一定的地方代表性，受众群体范围较广 二级 5～0 分：精神象征作用不明显，受众群体范围较窄	—
环境价值	遗产环境的真实性	一级 10～7 分：建筑遗产环境保存较好，原貌依旧的 二级 7～3 分：建筑遗产环境保存一般，原貌基本可辨的 三级 3～0 分：建筑遗产环境被破坏，原貌已经无法修复	—

续表

多维价值	评价指标因子	评 价 标 准	备注
环境价值	遗产与自然环境的关联性	一级 10～7 分：与建筑遗产紧密相关的、具有重要信息价值的建筑遗产环境、相关古树、构筑物、水体、铁路景观等保存完好 二级 7～3 分：与建筑遗产紧密相关的、具有重要信息价值的建筑遗产环境、相关古树、构筑物、水体、铁路景观等受到一定程度的扰动 三级 3～0 分：与建筑遗产紧密相关的、具有重要信息价值的建筑遗产环境、相关古树、构筑物、水体、铁路景观等受到严重破坏	客观
	与群体建筑环境的风貌协调性	一级 10～7 分：周围建筑形式风貌与该建筑遗产协调一致 二级 7～3 分：周围建筑形式风貌与该建筑遗产协调性一般 三级 3～0 分：周围建筑形式风貌与该建筑遗产协调性很差	—
	地标作用	一级 10～5 分：建筑遗产有独特的特色，被人们熟知，能够成为所在区域的象征和代表 二级 5～0 分：建筑遗产特色不明显，不能够成为所在区域的象征和代表	—
	反映文化特色的程度	一级 10～8 分：充分体现了中东铁路建筑遗产的文化特色 二级 8～5 分：较好地体现了中东铁路建筑遗产的文化特色 三级 5～2 分：能够体现中东铁路建筑遗产的文化特色 四级 2～0 分：体现中东铁路建筑遗产文化特色不明显	—
	城市名片作用	一级 10～7 分：建筑遗产在体现所在城市名片中极具影响力 二级 7～3 分：建筑遗产在体现所在城市名片中影响力一般 三级 3～0 分：建筑遗产在体现所在城市名片中没有影响力	—
使用价值	建筑结构的安全性	按照《古建筑木结构维修与加固技术规范》制定了本办法，具体认定和评分如下： 一级 10～8 分：遗产承重结构无破损或原有破损点已得到正确处理 二级 8～5 分：遗产承重结构有部分损坏经过修缮后仍需要进一步处理，但不影响建筑遗产整体的安全与使用 三级 5～2 分：遗产承重结构中重要部位损坏一定程度影响了使用与安全，但不会立即出现危险状况，但是仍需尽早处理 四级 2～0 分：遗产承重结构大面积或整理需要立即修缮，否则会随时出现危险状况	客观
	配套设施的完备性	一级 10～7 分：建筑遗产配套设施非常完善 二级 7～3 分：建筑遗产配套设施比较完善 三级 3～0 分：建筑遗产配套设施不完善	客观
	遗产的适用性	一级 10～7 分：建筑遗产内外装修非常完好，适用性强 二级 7～3 分：建筑遗产内外装修比较完好，适用性一般 三级 3～0 分：建筑遗产内外均破损，适用性不好	客观
	地理与区位	一级 10～8 分：位于主要的遗产轴线或景观轴上，是建筑遗产群和景观重要的组成部分，对整个环境有一定的统筹作用 二级 8～5 分：位于次要的线性建筑遗产轴线或景观轴上，作为建筑遗产群和景观的一般组成部分，位置相对较好 三级 5～2 分：位置一般但位于视线廊道内 四级 2～0 分：地段与位置较差	客观
	群体空间格局的完整性	一级 10～8 分：拥有 80% 以上保存完好的建筑遗产群体空间 二级 8～5 分：拥有 60%～79% 保存完好的建筑遗产群体空间 三级 5～2 分：拥有 40%～59% 保存完好的建筑遗产群体空间 四级 2～0 分：拥有 39% 保存完好的建筑遗产群体空间	客观

续表

多维价值	评价指标因子	评价标准	备注
使用价值	再生的经济性	一级 10~5 分:建筑遗产反映出较强的"耐久耐用、实用多用"的特性 二级 5~0 分:再生经济适用性一般	—
	遗产当前用途的合理性	一级 10~7 分:遗产使用合理,能够反映建筑遗产特征,对建筑遗产价值有传承作用 二级 7~3 分:常规使用 三级 3~0 分:现今用途对建筑遗产的保护产生不利	—

第五节 本章小结

中东铁路建筑遗产的价值指标因子涵盖了时空的交叠,对遗产的价值评价不应局限在有限的遗产价值维度内,更重要的是根据时代需求完善遗产的价值维度,展现其自身独特的价值特征,全面地反映其价值内涵,中东铁路建筑遗产具有自成体系的价值系统,展现出了文化多元性和融合性,这样的融合使遗产价值指标要素之间产生了关联,形成了整体性的遗产价值。即使遗产某种维度的价值并不出众,但将其融入整个价值系统后便能彰显出其存在的意义。遗产价值系统的复杂构成必然表现出局部价值指标因子微观的多样性,多样性的价值指标因子又构成了各维度的价值子集。以上价值子集和价值指标因子在建构的过程中又会受到中东铁路建筑遗产特殊性的影响和制约,体现出中东铁路建筑遗产价值指标体系的独特性,是在中东铁路建筑遗产价值建构基础上的价值细化过程,其目的是为了更全面地描述遗产在每一维度上的价值内涵,更深入地挖掘遗产的价值特性。准确的价值指标因子提取能够形成全面的遗产价值评价指标体系,构建完善的评价模型,指标因子的选取既可以体现中东铁路建筑遗产的共性,又能判断出不同遗产的个性特征,反映遗产之间的差异,把握遗产之间差异的信息才能使价值评价作出准确的判断,才能使保护手段和保护设计更有针对性,才能更加客观地反映遗产的综合价值。价值指标因子在考虑建筑遗产本身的同时,还反映了中东铁路沿线环境、空间格局和建筑遗产的线性文化景观,体现了遗产在文化景观、自然与社会环境方面的特色。任何局部的遗产都在其整体遗产廊道中占有一定的位置,区域之间遗产彼此相互关联,共同构建了中东铁路建筑遗产的整体性效果。

建构价值指标体系是中东铁路建筑遗产价值评价体系的深化环节,评价指标因子选择的广度和精确度会直接影响到评价的效度。评价指标因子经过预设、筛选、调查、分析处理,最后构成一个多层次的评价构架。它的内容直接与中东铁路建筑遗产相关,分属于不同维度的价值,共同构成了 6 个维度的价值子集,这些价值指标因子相互关联,又相互独立。对价值指标体系的建构和理解是深入挖掘中东铁路建筑遗产的独特性,进而有针对性地进行保护的基础。中东铁路建筑遗产价值评价体系涉及 6 个维度 29 项指标,通过对每一项指标的释义和说明形成一个客观统一的评分标准。这些标准制定的目的是为了反映遗产价值的量化差异,制定衡量标准,是进一步实施遗产价值评价的保障。

第五章　中东铁路建筑遗产价值评价实证

本书对中东铁路建筑遗产的价值认知与评价是遗产保护与管理的核心。通过建构中东铁路建筑遗产六个维度的价值体系，厘清了各维度价值之间的相互关联及各维度价值的指标因子构成，通过制定指标因子的评分标准，形成了完整的评价指标体系。将雷达图法和熵值法结合，确定了评价的范式模型，通过实际的案例去检验评价模型的效度，并作出遗产价值分类和重要性排序，这一评价过程中涉及对遗产价值的比较、判断、选择，有助于评价主体作出遗产价值评价决策，进而去甄别、厘清、判断、选择、实践评价目标。通过对遗产价值评价的实证研究，也使中东铁路建筑遗产的保护与其他社会领域有了更多的关联与互动。

第一节　中东铁路建筑遗产价值评价的目标与原则

对中东铁路建筑遗产价值评价目标的确定决定了遗产价值评价中的一系列问题，遗产评价的目标不同，其所对应的评价标准和评价视角也会不同，评价目标的变化同样会影响到专家对遗产价值指标因子的打分，各价值维度分值的变化必然会影响到综合价值量值的变化，因此，对中东铁路建筑遗产的价值评价首先应该确定评价的目标。同样，评价原则的确定也保证了中东铁路建筑遗产价值评价的顺利进行和评价结果的客观准确。

一、评价目标

中东铁路建筑遗产价值评价的目标是：在中东铁路建筑遗产整体保护的前提下，在完整保护遗产的文化价值的基础上，充分发挥遗产的当代价值（经济价值），有针对性地对遗产进行价值特色的分类，关注平凡遗产的价值独特性，在遗产价值评价和遗产保护之间建立紧密的关联，从而确定最恰当的遗产保护与利用方式。

（1）对遗产特征的定性描述。基于对中东铁路建筑遗产整体保护的前提，对遗产的保护状况和遗产信息进行定性的描述，旨在真实地反映遗产的面貌。定性描述是目前遗产评价最为有效的途径，也是一切定量评价的基础。

（2）对遗产价值的定量描述。充分理解遗产各维度价值及价值指标因子的构成，并运用各种方法综合对其进行定量描述，形成遗产的分维价值模型图，得出遗产的各维度价值量值。运用雷达图法和熵值法结合得出遗产的综合价值。定量评价结果更容易被用来改变人们对建筑遗产的态度。合理的定量评价是综合评价和专项评价相结合、主观评价和客观评价相结合、定性评价和定量评价相结合的价值评价体系。

（3）对遗产的价值排序。根据遗产多维价值评价模型中的各维度价值量值进行遗产的价值排序，再根据价值排序的结果确定遗产特色类型，进而对遗产的价值进行比较、判断、选择，进而和遗产保护措施相关联。

（4）确定遗产的价值类型。对比不同遗产的分维价值模型图，把具有相似雷达图形状的遗产归类。根据遗产各维度价值量值和遗产价值的标准值对比判断遗产所处的状态，关注平凡遗产的价值特征，根据价值类型确定保护模式。

（5）和遗产保护措施相关联。针对遗产的不同特色，确定遗产的保护设计和保护措施。最大程度地发觉遗产的价值特色并加以利用，体现遗产的当代价值传承。

（6）检验评价模型的效度。通过实际案例的实证研究和相关软件的运用，校验遗产多维价值评价范式模型的适用性，发现问题，及时修正模型并改进研究方法。

二、评价原则

1. 整体性原则

对中东铁路建筑遗产的评价要考虑遗产内部各维度价值的整体与协调，也要考虑遗产与所处环境的整体性。建筑单体的空间形态、社会背景、人群活动与社会发展有机地联系在一起，形成了有机的整体遗产，不仅是指建筑遗产作为不可移动的"文物"本身的完好程度，也是指建筑遗产作为历史发展的见证，所表现出来的时代信息的完整程度。

（1）遗产本身的整体性。对遗产物质形态的调查与记录的要点包括基本信息（名称、位置、GPS坐标、时期、类型、范围等）、当前状况（主体描述、现场访谈、保存现状、周边环境状况）与图示（照片、测绘、草图）等若干方面。根据建筑遗产与其他建构物在形态特征上的不同点，分别制作出现场田野调查记录表。收集与中东铁路建筑遗产历时性相关的资料、文献、地方志、年鉴、出版物、相关网站、新闻报道等，从中整理出相关的历史发展轴线、社会背景、技术信息等，收集相关资料信息及图纸，试图整理出遗产的"初始形态"。资料收集本身也是遗产定性评价的重要内容。

现实生活中具备"初始形态"的中东铁路建筑遗产已经为数不多，然而"初始形态"可以成为我们判断遗产完整性的参照标准，即：如果遗产的主要构成要素都完整，则遗产可视为完整。例如中东铁路机车库这种类型的建筑遗产，如果主要的构成单元保存完整，少数的附属用房即使破损或消失，只要机车库组群建筑和整体没有受到明显影响，即认为它是完整的建筑群。对于中东铁路的办公、教堂等类型的单体建筑遗产，在不影响建筑的安全性和稳定性的前提下，即使装饰构件有一定的缺陷，也可以认为遗产是完整的。所以，建筑的"初始形态"能够帮助我们知道缺损了什么以及缺损的部分和整体的关系（表5-1）。[167] 理想状态下的"初始形态"是不存在的，中东铁路建筑的发展本身就处于不断的变革当中，本身就包含着对"初始形态"的

"破坏"。再加上岁月的沧桑,更使遗产本身面临着诸多问题。这一过程直接影响到遗产价值指标因子的评分,分值反映的其实是一种对比关系,可反映出遗产此价值维度在整体遗产环境下的地位。

遗产的损毁状况调查   表 5-1

名称	一面坡俄式木屋门斗	破 损 情 况
图片示意		(a)屋面更换 (b)木纤维断裂 (c)腐烂 (d)抹灰 (e)大面积的水渍 (f)明显的破损 (g)显著的灰白色 (h)人为的裂缝 (i)明显的磨损 (j)不合理的维修 (k)水平方向的长裂缝
名称	一面坡机务段办公室局部	破 损 情 况
图片示意		(a)铁皮屋面腐烂 (b)墙面污渍 (c)抹灰大面积脱落 (d)严重风化 (e)孔洞 (f)泛潮严重 (g)植物生长 (h)人为改建门窗口

(2) 遗产表现信息的整体性。中东铁路建筑遗产保存的完整性一般和它所表现的信息完整性是呈正比的。但是如果遗产保存不完整,其所携带的建筑信息未必不完整。遗产的不完整会给信息的完整传递带来一定的损失,但要看这种影响和损失能否见证信息以及信息的重要程度。通常,缺损的信息是可以通过建筑遗产其他构件获得或者通过推测得到的,这样也可以认为建筑遗产的信息是基本完整的。此外,即使信息的重要性偏弱,也不会对信息的完整性有太大的影响。因此,对中东铁路建筑遗产基础信息的收集、整理和分类是价值评价研究的基础工作,也是专家调查问卷形成的重要内容。

有时,特定背景下建筑遗产损坏、折旧的同时又产生了新的信息,损坏代表着建筑经历的沧桑与变迁,建筑材料的局限性,其本身也是一种遗产信息。探求产生这种变化的原因,由此还可以获取关于遗产价值的更多的信息。

2. 真实性原则

真实性是指中东铁路建筑遗产在各个历史年代中的面貌,也包括历史上各个时期积极信息的叠加物,而不仅仅是刚建成时的真实。同时,维护和评价遗产所处的真实环境也是真实性的重要内容。真实性原则贯穿了中东铁路建筑遗产价值评价、改造保护的全过程。它指导的遗产评价与保护既要为当地使用者提供舒适完备的生活环境，又要能保存遗产的环境风貌与人文精神，让真实的生活氛围循序渐进地流传下去。[168] 确定中东铁路建筑遗产的真实性是保证遗产具有价值的前提。

（1）真实性的含义。真实性概念并不是遗产保护领域的专有概念，在其他领域同样使用。这个词体现了多义的概念，在英语中，它是 original、real 和 trustworthy 等解释的结合，在汉语中，它重点体现在"原"与"真"上。"原"即代表着保护建筑原本的样子，未经改变的样子，特别是在建筑结构方面；而"真"代表要遵照建筑遗产自然的岁月痕迹，不能强硬地修缮而放弃真实的变化。真实性不单单体现在实体建筑空间、材料、结构、形象等方面，同样体现在时间上，岁月的流逝，甚至包括建筑遗产周围的环境、经历过的事件与人物都是真实性的体现。[169] 这里的真实性强调了建筑遗产兴建时所用的材料、形式和位置等是否延续，然而使用功能这一项对其他遗产适用的条件对中东铁路建筑遗产来说并不适用，因为从对其遗产特征的分析来看，中东铁路建筑遗产在其产生的百余年里，它的使用功能在不断地完善、不断地变更、不断地拓展，其坚固可靠的物质载体和精良的建造工艺，使得建筑物质实体的使用寿命和功能布局均能够在经过适当修整后满足不同年代社会的物质需求。多数中东铁路建筑遗产的使用功能都处于活态的变动中，一百余年里它们以各种功能形式被人们使用，为人们服务。遗产被人们所熟知的功能也许并非它的初始功能，例如黑龙江省博物馆的最初功能是莫斯科商场，一面坡医院的最初功能是一面坡疗养院，而且这些遗产功能的变化很多不是由产权变更引起的，而是遗产的管理者——中东铁路管理局有意安排和调整的，是一种主动性的功能变化。

再如原中东铁路横道河子车务稽查段，始建于 1903 年，砖木结构单层建筑。中东铁路时期，管理局内设了车务处，下辖满洲里、哈尔滨、大连 3 个车务总段和 12 个车务稽查段，专门负责管理和组织铁路运输工作。满铁时期，横道河子车务稽查段改为列车检查所，后来则先后改为牡丹江车辆段横道河子轴温检查站、横道河子列检所，现在已经是车务食堂了（表 5-2）。

中东铁路建筑功能的转换　　　　　　　　　　　　　表 5-2

名称	齐齐哈尔 34 号保护建筑	一面坡医院	一面坡乘务员公寓
图片示意			
名称	横道河子车务稽查段		
图片示意			

续表

名称	老海林火车站		
图片示意			

又如站房建筑的功能置换，海林火车站因人口、运输量以及经济的发展，已经无法满足火车站功能上的需求，因此，将其功能分别置换成了铁路办公楼、铁路公安派出所。这些功能性的置换并不是对建筑遗产进行破坏，而是将建筑本身的使用价值继续发挥，它们的功能都和铁路运输密切关联着（表5-2）。

国内部分学者在谈遗产保护时会使用"原真性"一词，这种翻译强调建筑物原来的状态；而其余部分学者则认为"真实性"一词强调了原文词义中的真实状态，"原真性"只强调了建筑物的原初状态，忽略了历史沿革的影响。

"原真性"这个词是排斥变化的。中东铁路建筑遗产价值评价，从整体性角度来说，是容纳变化的，容纳变化产生的新的信息而形成的新价值。然而，通过分析中东铁路建筑遗产的历史沿革及遗产特征，发现其遗产特征主要还是以中东铁路时期原初创造的物质构成、材料、工艺和形式存在的，伪满日占时期及新中国成立、"文化大革命"等国内历史变革对中东铁路建筑遗产原初状态的影响痕迹较少，通常以简易性的私建、乱建为主。这些日后附加的影响和变化通常是消极的、破坏性的，不足以影响遗产的原初，在中东铁路建筑遗产价值评价中可视为影响度低而不予考虑，因此，针对中东铁路建筑遗产的探讨更加倾向于遗产的"原真性"。

（2）真实性的判定过程。对中东铁路建筑遗产真实性的判断以文献和现场勘探为主，广泛地搜索相关资料是十分必要的。保证信息来源的真实性，选择被广泛承认的权威性文献资料，对中东铁路建筑遗产进行勘察，概括其特点，与中东铁路时期其他附属地内相似的案例进行对比，将相同或相近的特点归纳为的共同特征。[170] 真实性判定中存在依赖个人经验和主观性两种方式，文献资料的选取也有赖于判定者的知识范围和所掌握信息的广度，也就包含了个人主观成分，所以对遗产真实性的判定是相对可靠的，也是无法回避的客观事实。

以一面坡中东铁路松花江支线司令部旧址为例，它曾经是中东铁路护路队总司令部下设的三个支线司令部之一，被当地居民称为"西大楼"。建筑层数为2层，体量仅次于哈尔滨的阿穆尔军区司令部，相应的建筑装饰等级也较高，体现了其作为中东铁路护路队营房的特殊地位。1935年，日本在此驻军，此后一直被东北民主联军和解放军某部所使用，直到1988年，军营废弃，

(a) 西大楼西侧立面　　　　　　(b) 西大楼北侧立面　　　　　　(c) 西大楼南侧

图 5-1　一面坡西大楼

作为铅笔厂的租用车间。[171]

整栋建筑为中轴对称，建筑主立面分为三段，中部略高起，为仿古典主义建筑风格，上部使用折线形山花。主入口设在中部，采用壁柱和拱形门形成强烈的空间导向，建筑体量凹凸错落，富于变化（图 5-2），带有翼楼。水平线脚划分明显。建筑主体多处设有浮雕装饰。立面窗形设计，比例匀称，注重细节处理，形成了有层次的造型。在色彩方面，采用了传统的红色屋面配以米黄色的墙面，零星点缀白色的装饰构件，体现了古典主义建筑的风格特点，装饰构件的细节不同，但却有极强的整体感，同时又具有折中主义建筑的特点。

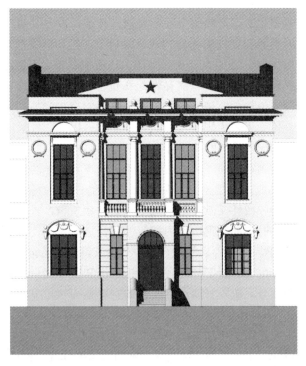

图 5-2
西大楼主体部分复原效果图

本书通过对"西大楼"的建筑真实性的调查（表 5-3）、对建筑细部的测绘，总结出了建筑物的真实性问题（表 5-4），便于对其进行准确的价值评价及适宜的技术修复。

"西大楼"真实性调查表 表 5-3

部位	屋顶			
	屋面	屋架	烟囱	老虎窗
照片				
说明	使用彩钢板作为屋面覆盖材料,原本为铁皮	承重结构受损,急需进行安全评估	新增加的烟囱改变了建筑原有的立面	将百叶窗扇替换为普通材质
部位	檐口			
	线脚	檐下构件	排水沟、落水管	
照片				—
说明	脱落,受损严重,露出砖块	由于气候影响,加之年久失修,装饰构件断裂	落水管被破坏,导致雨水散排,墙面受损严重	
部位	外墙			
	墙基	墙体结构	外墙墙面	装饰构件
照片				
说明	抹灰层由于湿潮掉落,砖块碱化	东墙有明显改建的痕迹	墙面受潮严重,抹灰脱落	墙面装饰遭到破坏
部位	内墙			
	内墙结构	内墙墙面	火墙	墙裙
照片				
说明	部分洞口被封死	墙面受污,发霉,受潮严重	火墙被打通,原建时砖块不见	墙裙残缺不全,油漆磨损严重

续表

部位	顶棚			
	抹灰	板条	石膏	露明线路
照片				
说明	顶棚木质结构霉变受损	抹灰脱落,糟朽变形	石膏装饰材料遭到破坏	电线埋设破坏屋顶
部位	地面			
	瓷砖地面	木质地面	水磨石地面	
照片				—
说明	瓷砖磨损严重,部分被破坏	原本的木地板被拆除	原有的地面铺砖被破坏	
部位	门窗			
	窗户	门	洞口	不当维护
照片				
说明	窗扇损毁严重,玻璃破损	木门破损严重,金属构件生锈	窗洞被改作门洞,简易雨篷	不合理的维护带来更大的破坏
部位	楼梯			
	踏步	立柱	扶手	栏杆
照片				
说明	石质踏步年久失修,损坏严重	铁艺立柱被破坏,艺术价值下降	木质扶手遭到磨损破坏	铁艺栏杆变形

"西大楼"单体建筑真实性问题统计表　　　　　　　　　表5-4

部位	主要问题
屋顶	屋顶覆盖材料改为彩钢板;局部结构需要进行安全测试;加建烟囱破坏建筑立面
檐口	檐口位置部分抹灰脱落,受损严重,露出砖块,装饰构件由于气候影响,加之年久失修而断裂,落水管被破坏,导致雨水散排,墙面受损严重
墙体	外墙原为黄色砖墙,受损严重,露出砖块,内墙损毁严重,墙面抹灰层及装饰大面积污损、脱落、霉变;墙裙脱落
顶棚	建筑顶棚多处漏水;顶棚木质结构霉变受损,石膏装饰材料遭到破坏,电线埋设破坏屋顶
地面	室内地面瓷砖磨损严重,部分被破坏,原本的木地板瓷砖等被拆除
门窗	窗扇损毁严重,玻璃破损,木门磨损严重,金属构件生锈
楼梯	石质踏步年久失修,损坏严重;铁艺立柱被破坏和腐蚀,艺术价值下降,木质扶手严重磨损破坏

3.发展性原则

中东铁路建筑遗产的价值评价不仅要落在遗产的文化价值层面,更要关注遗产的当代价值信息。对遗产当代价值的利用和传承,能使遗产的保护有的放矢,使遗产充满活力。遗产价值的传承与保护已经不仅是遗产物质层面的保护问题,其与所处地区的经济发展、基础设施建设、使用者的权益、物业的管理、城镇规划、土地利用等问题已经紧密地融合在一起。对遗产的合理保护将会激活整条铁路遗产线路的生命力,使遗产不再是荒凉、没落的标签,沿线的居民也将不再为曾经的异族侵略而自卑,而是充满自尊、自豪,并自信、自觉、主动地保护和传承这种建筑文化。把保护与合理利用相结合,遗产价值保护与经济、社会发展相结合,立足于遗产的特征,发展"中东铁路特色文化旅游",让人们在畅游历史、品味历史的同时,传承中东铁路建筑遗产价值。培育富有东北地域特色和中东铁路多元韵味的文化产业,在保护和传承建筑遗产价值的同时实现当地经济的发展。

4.开放性原则

中东铁路建筑遗产价值评价的价值指标体系是开放的,具有一定的弹性,由于中东铁路建筑遗产的构成类型是多样化的,不同类型的遗产存在着特征上的微观差异。如果上升到更宏观层面的遗产评价,就会涉及微观单体层面未曾涉及的指标因子,因此,价值评价的指标体系应该是可调整的,在评价方法、评价标准、评价深度上都应留有余地,随着遗产类型的变化,不断充实、调整评价指标因子,掌握评价标准以适应不同的评价需求。基于熵值法和雷达图法在遗产价值指标量值计算时的特点,即先有评价量值,后有权重确定,权重值与评价打分的离散度差异变化紧密关联,遗产的评价适宜成组进行,以组为单位计算综合值排序,如果和其他组融合在一起比较,需要把指标重新合成一组,重新确定指标差异,重新确定权重和综合价值。所以,这种价值评价是开放的,它不仅仅是对一组评价客体的评价,只要在统一的评价标准下进行,即使在遗产范围、遗产数量发生改变时,各指标因子的评价分值也是可以继续使用的,不同的是需要重新确定权重。

第二节　中东铁路建筑遗产价值评价主体

中东铁路建筑遗产价值评价体系是主观与客观结合的评价体系，不同维度价值的多维指标的特点决定了不同维度的价值适于不同的评价主体。遗产的文化价值的评价（历史价值、艺术价值、科技价值）适宜采用对遗产价值指标因子能够进行客观评价的专业人员；而遗产的经济价值（使用价值、环境价值、情感价值）的评价，参与者可以是专业人员，更主要的还是遗产的受众人群，"情感利益"的相关者，即遗产"使用者"的评价。

一、专家作为评价主体

中东铁路建筑遗产价值评价指标体系的指标因子，由评价专家根据指标因子之间的关系，依据自身的专业知识和经验来筛选确定，考虑各指标间的整体性和相互关联，根据各指标因子提供的初始信息量确定评分标准。

评价指标体系的专家评价主体，依据自身不同的知识背景、擅长领域和价值倾向，对中东铁路建筑遗产的价值评价会各有侧重。为了客观全面地对遗产进行价值评价，评价主体专家包括中东铁路历史建筑爱好者、城市历史建筑保护者及中东铁路历史专家等，专业构成上涵盖了建筑学、城市规划、景观学、社会科学与管理学、建筑历史等专业，同时注意了专家组成员的性别、年龄、生活地域等多方面的构成均衡度，力争做到主观评价的全面与客观。

评价专家合理的评价建立在评价专家对中东铁路建筑遗产多维价值充分了解的基础上。对中东铁路建筑遗产的特征、现状、相关历史人物和事件，都要求评价专家在相应领域内精确把握。为了使中东铁路建筑遗产价值评价结果更加客观、准确，本次专家组构成是从事相关研究 5 年以上的专业人士，对中东铁路建筑遗产有着不同侧面的了解和热爱。中东铁路建筑遗产价值评价不仅仅是建筑实体本身的多维价值，其中还涉及建筑遗产所能产生和创造的社会经济等相关价值，因此，要求专家组成员具有较全面的技术能力并且能够客观地判断各维度遗产的价值量级。专家评价主体在中东铁路建筑遗产评价的全过程中主要参与三个阶段：第一个阶段是评价指标体系的筛选和形成阶段；第二个阶段是遗产的多维价值评价阶段；第三个阶段是检验问卷的再测信度时的重新调研阶段。

二、"情感利益"相关者评价主体

"使用者"在中东铁路建筑遗产价值评价中的参与是公众参与的重要环节，"使用者"作为遗产的直接相关人员，对遗产的使用价值和情感价值有着客观的发言权，同时"使用者"也是遗产保护的直接受益者。然而，使用者的构成又是多元的，不同使用者之间的需求差异较大，对遗产价值的评价就会出现差异，对不同属性的使用者使用遗产时的行为特征及需求差异的研究也是进一步完善中东铁路建筑遗产价值评价公众参与的基础。对使用者评价主体的导入也体现了中东铁路建筑遗产多维价值评价模型的特点。

"使用者"对遗产的需求是多元的，包括物质性需求和情感性需求，涵盖了安全感与领域感、审美及使用舒适等方面[172]，所以多样性需求的满足与否是公众参与的重要依据。不同使用者的兴趣爱好、需求、价值观、态度不同，得到的评价结果也会不同。因此，应该充分考虑评价中不同使用者之间的分歧与冲突，力求评价的平衡与完整。[173] 不同使用者对建筑遗产价值的评价，会主动选择有利于自身需求或是满足自己偏爱的评价信息，也存在同一遗产信息内容满足不同使用者需求的情况。只有全面导入"使用者"的信息反馈，才能体现建筑遗产价值评价中公众参与的客观性。

当地居民是中东铁路建筑遗产价值保护与传承的参与者和受益者，想做好遗产价值评价每个环节的工作，就要发挥居民作为"使用者"的积极作用，强化居民对遗产价值的认知、传承与保护的自觉性。在遗产的价值评价、规划设计或者遗产改造中，当地居民的参与，有助于评价量化的客观，有利于评价结果的可操作，有利于当地居民改变对传统中东铁路建筑遗产的破、旧、陋的看法，而把遗产看作是一种资源，一种有用的、不可再生的、能够创造效益的资源。这样就会把对遗产的珍惜和保护上升到一种自觉的程度。

旅游者是另外一种对中东铁路建筑遗产而言的"情感利益"的相关者，即"使用者"，游客和居民在环境态度、生活方式、行为习惯以及对遗产的需求、情感等方面有较大的差异。[174] "使用者"对遗产价值的认识会存在局限性，更多考虑的是符合自身利益的局部需求。通过对横道河子历史街区"使用者"的调研分析可以得到相应的启示（表 5-5、表 5-6）。

对横道河子当地居民的访谈内容[175]　　　　　表 5-5

访谈范畴	涉及因素	积极情感	消极情感	典型体验描述
交通空间	方便程度	20	0	道路有铺装，卫生且方便
	人文关怀	10	10	遮阳防雨设施不足且存在质量问题
共享空间	娱乐休闲	7	13	考虑与本地民宅的关系
	座椅设置	12	5	考虑东北地冬季寒冷的特点
辅助空间	公厕	0	24	增加公厕的数量
	生活相关设施	16	8	生活设施和活动场所设置不完备
街区环境	软质景观	6	17	绿化不应过多，由于近山，易引蛇下山
	硬质景观	23	3	硬质铺装宜多设置
	屋顶颜色	5	10	屋顶颜色被改变，应保证原真性
	院内绿化	12	9	易招蚊虫与蛇

对横道河子旅游者的访谈内容　　　　　表 5-6

访谈范畴	涉及因素	积极情感	消极情感	典型体验描述
服务空间	游客中心	1	23	缺乏游客中心及必要的讲解
	宾馆酒店	2	16	住宿标准和数量偏低,不能留住游客
	商业超市	0	18	商业超市规模不足,数量较少
辅助空间	公厕	0	26	公厕设置较少,且不完全开发
	停车场	3	5	目前停车场设置距离较远,不够方便
	休息室	2	3	休息座位和房室设置不完备,有需要的旅客不能得到应有的人文关怀
	展览空间	4	12	情感体验不足,应配有必要的宣传
街区环境	建筑修缮	12	16	没有修旧如旧,导致失去其历史建筑的氛围

使用语义差异法（SD）评定使用者主观感受同遗产使用环境的关联，划分"使用者"对评价指标的单项满意度层级，对横道河子镇历史街区的评价问卷进行量化转换。对于评价因素，非常满意为 2 分，满意为 1 分，一般为 0 分，不满意为 -1 分，很不满意为 -2 分，对受采访的 230 位当地居民与 219 位游客的样本问卷进行数据整理，提取其中与历史街区相关的 17 个因素（表 5-7），在此基础上形成评价数据差值 SD 曲线（图 5-3）。

居民与游客评价因素平均值与差值统计表　　　　　表 5-7

评价因素	居民	游客	差值
公共设施的适用性	-0.39	0.47	0.86
公厕使用的便利性	-1.63	-1.61	0.02
停车场使用的便利性	0.57	-1.56	2.13
生活配套设施的方便性	0.99	-0.88	1.87
街区的人文关怀	0.85	-0.55	1.40
街区管理与维护	1.15	0.75	0.40
餐饮住宿的配套建设	1.18	-1.74	2.82
吃住玩行的交通距离	1.19	-1.21	2.40
历史文化展示	0.08	-1.59	1.67
景观特色的丰富性	1.24	-1.52	2.76
街区方位感与文物标识	1.36	-0.13	1.49
街区空间与尺度	1.09	0.62	0.47
共享空间	-0.69	-0.85	1.54
街区空间的交通联系	1.12	-0.39	1.51
建筑外形	1.01	-1.3	2.31
街区文化氛围	1.32	0.01	1.33
街区的整体效果	1.29	-0.95	2.24

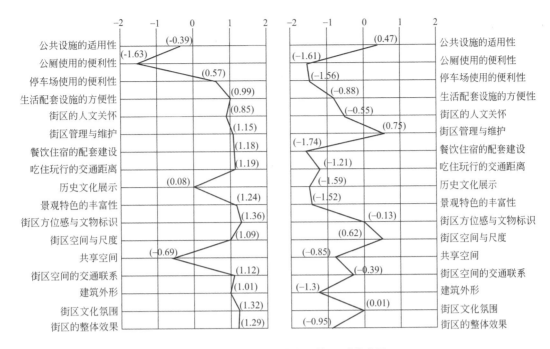

图 5-3 居民与游客评价数据差值 SD 曲线分析

通过以上数据可以看出,关于中东铁路建筑遗产的当代价值,问卷人群对问卷内容的评价呈现出明显的多元化特征,很多指标评分离散度较高,这种评价认知可以从"满足需求论"中获得解释,即使用者对建筑遗产信息的评价会选择自己偏爱或需求的内容。"使用者"的构成是多元的,所以在遗产的价值评价中重视不同类型"使用者"的实际需求与认识分歧,以调研人群的广度和数量去弥补这种认知差异,通过相关的软件对评价数据进行效度和信度的检验,都是确保评价结果准确、客观的有效手段。[176]

第三节 中东铁路建筑遗产价值评价客体

作为中东铁路沿线的重要"铁路附属地",黑龙江省海林市横道河子镇历史建筑保存相对完好,所以中东铁路建筑遗产价值评价实证研究选取横道河子镇作为研究区域。镇内的"俄罗斯百年老街"蕴含着丰富的建筑遗产景观及独特的人文风貌,被评为国家级历史文化名镇,分别于 2000 年、2003 年与 2008 年进行过历史街区保护规划及旅游规划,于 2005 年进行了城市总体规划的修编,2010 年开始进行整体环境的规划改造,至今改造施工已基本结束(图 5-4)。

一、评价客体基本情况调查

横道河子中东铁路建筑遗产是目前保存原真性较强的中东铁路珍稀群体建筑,它真实地记录了 19 世纪初中国铁路的管理及运营,是重要的建筑遗产，具备较强的历史品读性。第三次文物普查数据统计显示，该镇拥有 104 座中东铁路建筑遗产，有俄罗斯建筑风格、折中主义建筑风格等，形态各异，是俄国侵华的罪证，也是近现代重要历史建筑的代表，更是历史留给当代人的宝贵文化遗产。其中有 94 栋为海林市保护建筑，5 处为市级文物保护单位[177]，如图 5-5 所示。

图 5-4 改造完成后的横道河子历史街区

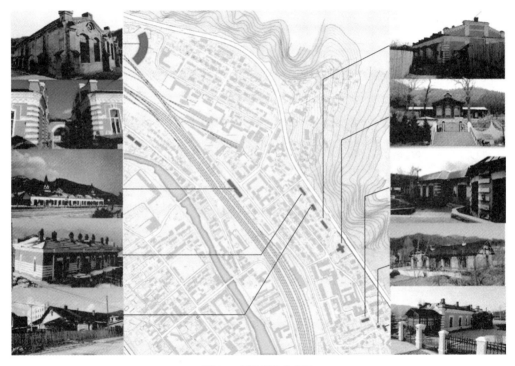

图 5-5 评价客体分布图

（1）圣母进堂教堂。"圣母进堂教堂"建于 1902 年，位于横道河子镇东山脚较高的台地之上，全木质结构，规模仅次于哈尔滨的"圣尼古拉大教堂"（已拆毁）。2006 年，国务院将横道河子俄式建筑群定为全国重点文物保护单位，称为"中东铁路建筑群"，圣母进堂教堂称为"中东铁路建筑群——圣母进堂教堂"。[178]

（2）横道河子机车库。横道河子机车库建于 1903 年，是当时规模较大的典型的俄式扇形机车库。从平面上看，机车库呈扇形平面，主立面檐口折线的造型与檐下齿状线脚成为主形象。2006 年，成为"中东铁路建筑群——横道河子机车库"。

（3）横道河子火车站。1901 年开站的横道河子二等站是中东铁路东部线上的一个重要车站，是全线九个二等站中的一个，在中东铁路时期一直驻有军事机关。车站建筑的典型特征是两个哥特式尖塔高高耸起，使建筑高低错落。

（4）横道河子7号住宅。典型的中东铁路俄式木屋，位于横道河子镇北301国道西侧的铁路住宅的包围之中，木质结构，榫卯连接，有精美的雕刻工艺。

（5）横道卫生所（油画村）。建于20世纪20年代，原为横道河子卫生所，砖木结构，清水砖砌结合木质人字屋顶设计，位于"俄罗斯老街"内的中国横道河子油画村。

（6）俄式木屋。建于1904年，为中东铁路高级职工住宅。横道河子俄式建筑群在2006年被国务院列为全国重点文物保护单位，称为"中东铁路建筑群"，俄式木屋称为"中东铁路建筑群——俄式木屋"。

（7）满山岗7-2号住宅。建于1903年，地势较高，靠山而建，地段环境保护较好，在文物保护控制地带，建筑为单层。住宅内部空间为单一联排式的模式划分，墙体清水砖砌，红砖外粉饰黄色涂料，古典主义装饰较少，线脚主要集中在檐口位置，在檐口部位用砖砌落影装饰。

（8）欣新路34号局宅。中东铁路职工住宅。墙体清水砖砌，红砖外粉饰黄色涂料；古典主义装饰较少，只有少量装饰线脚；平面、立面对称，屋顶组合有一定变化，采用组合门窗样式，铁艺的窗扇构件；杂货棚的加建，对建筑原真性有一定的破坏，窗框更换，墙体简单粉刷。

（9）欣新路12号局宅。中东铁路职工住宅。墙体清水砖砌，红砖外粉饰黄色涂料，结合白色宽线脚；古典主义装饰较少，只有少量装饰线脚；外观平实，形体简洁。

（10）佛山路72号住宅。建于1904年，该建筑为典型的中东铁路时期双户型职工住宅，高举架、人字形屋顶、黄色清水墙面、白色砖砌仿石转角、毛石基础，外观庄重，内部造型简洁匀称。

二、专家评价指标数据分析

专家评价方法仍然是中东铁路建筑遗产价值评价中除情感价值以外其他五个维度价值主要采用的方法，由从事中东铁路建筑遗产相关研究的各行业人员构成。情感价值和使用人群关系更为密切，专家评价不能完全涵盖这一价值的评价内容，因此，在情感价值维度的评价中引入了"使用者"进行公众参与评价。

1. 评分过程

本书采取匿名的评价方式，八位评价专家之间相互不交流，通过专业知识和实践经验独立作出判断。这有利于提高评价的质量，提升评价结果的可信度。评分过程的改进可以避免专家们在白纸上随意阐述评价内容，导致评价时间长、过程复杂，容易使评价者对评价内容产生厌倦心理而不能准确、客观地做出评价，影响评价结果的准确性。同时需要向评价者提供评价对象较为完善的相关背景资料的调查问卷（附录1～附录10），才能使评价专家更好地了解评价客体的相关内容，减少调查次数，增强对遗产的定性描述，也是对建筑遗产保护的深度理解和重视。

本书将中东铁路建筑遗产价值指标因子评价标准（表4-67）及10栋遗产的基本情况（附录1~附录10）发放给评价专家分别进行打分，加权平均得到了横道河子火车站、机车库、圣母进堂教堂、油画村卫生所、7号住宅、俄式木屋、满山岗7-2号住宅、欣新路34号住宅、佛山路72号住宅等建筑遗产的指标因子评价分值（表5-8）。

2.再测信度检验

评分一致性的检验采用再测信度来衡量专家评分的稳定性。以同一个调查问卷测试同一批专家，先后进行两次以上，包含两次的结果对比[179]，也称为稳定性信度。比较两次专家回答的结果，若两次结果一致性高，则认为再测信度高，说明专家受到干扰较少，客观数据评分的可信度较高。为了避免评价专家们产生"记忆效应"，即对评价表产生一定的印象，或对再次调查产生抵触情绪，本次问卷调查时间间隔为17天。

由于时间、人力、物力所限，此次中东铁路建筑遗产价值调查表专家评分的信度检验，只从横道河子火车站、机车库、圣母进堂教堂、油画村卫生所、7号住宅、俄式木屋、满山岗7-2号住宅、欣新路34号住宅、佛山路72号住宅等10栋建筑遗产中抽取一栋进行。相隔17天后，专家们对横道河子圣母进堂教堂建筑遗产各项价值指标进行了二次评价（表5-9），表中分别表述了两次调查中专家们对圣母进堂教堂遗产各项价值指标的评价情况。

本书以横道河子圣母进堂教堂为例，首先对调查问卷的专家评价指标评价进行定量化表达，分析专家对同一建筑遗产先后两次价值指标评价的对比情况，通过差异数据分析出相关系数，以此来判断专家评价的再测信度值。

相关系数值如果在-1~1之间，值越大，表示数据之间的相关性越强，也就是信度较高。当值在0.4~0.75之间时，说明调查数据的信度一般；当相关系数的值低于0.4时，则信度较差。[180]

步骤如下：

（1）17天后同一批专家对同一遗产各维度价值再次进行评分。

（2）对两次的各8份调查问卷数据进行整理和分析。

（3）使用SPSS软件进行数据分析进而进行相关校验。

（4）根据最终分析结果判断建筑遗产价值评价调查表的再测信度。

（5）对比两次评价的数据，可以获得专家先后两次的评价误差，求得其相关系数。其相关系数值接近0.99，说明先后两次的数据相关性较高，问卷较为一致，以此为依据，其他9栋建筑没有进行问卷再测信度的检验。

三、公众参与评价指标数据分析

中东铁路建筑遗产价值评价中的情感价值评价的评价主体为遗产的"使用者"，因为情感价值不仅仅与遗产的文化价值相关，更重要的是和使用人群相关，在此维度的价值评价中，专家的评价不能替代"使用者"的评价。使用人群同遗产之间有着更为紧密的关联，他们的评价意见虽然容易从各自利益的角度出发，但是却真实地反映了遗产不同层面存在的问题。

中东铁路建筑遗产价值评价得分

表 5-8

	历史价值					科技价值			艺术价值						环境价值						使用价值						
	历史事、人	历信息完整	历信息唯一重要	岁月痕迹	原真性	工艺材料	技术典型	参考借鉴价值	艺术代表	外形完好程度	艺术完整性	地域特色	设计参考价值	城镇文化景观	遗产环境原真	自然环境关联	群体环境协调	城市名片	地标作用	体现文化特色	结构安全性	设施完备性	遗产适用性	地理与区位	再生经济性	用途合理性	群体空间完整
横道河子教堂	5	8	8	7	4	6	7	6	8	9	7	9	7	6	7	5	5	8	5	7	7	4	7	5	4	7	8
横道河子机车库	6	6	6	8	6	7	9	8	5	7	8	6	4	5	4	4	4	7	8	5	6	3	6	4	4	6	6
横道火车站	5	4	4	7	5	6	7	5	6	7	4	8	5	8	4	5	6	6	5	8	6	7	8	6	9	9	6
横道7号住宅	4	5	5	4	7	5	4	6	7	6	4	7	6	6	8	7	9	7	9	8	6	7	7	4	5	5	4
横道卫生所	5	6	6	4	4	3	6	4	4	8	3	6	8	4	5	6	5	8	3	5	7	4	4	4	5	7	6
横道俄式木屋	9	8	7	7	9	5	4	6	7	3	6	4	7	5	7	6	7	6	6	4	4	5	7	7	3	6	6
满山岗7-2号	4	5	3	4	5	4	2	6	5	2	5	3	5	3	3	5	4	5	4	3	6	5	6	4	5	4	5
欣新路34号	4	3	4	2	3	4	5	4	3	2	5	5	2	5	4	3	4	3	5	3	7	6	6	3	7	5	6
欣新路12号	3	4	2	4	5	3	4	5	4	3	5	2	4	4	5	4	2	2	3	3	6	4	7	5	6	6	6
佛山路72号	5	4	3	6	5	2	4	4	2	3	4	4	4	5	4	5	3	3	2	5	5	5	6	5	6	7	7

横道河子建筑遗产价值评分调查表两次评价结果 表 5-9

建筑遗产价值专家评分调查表

评价指标		一级	二级	三级	四级
历史价值	相关历史事件与人物	4/8	4/8	—	—
		5/8	3/8	—	—
	历史信息保存的完整性	6/8	1/8	1/8	—
		6/8	1/8	1/8	—
	历史信息保存的惟一性	6/8	2/8	—	—
		6/8	2/8	—	—
	历史信息本身的重要性	7/8	1/8	0/8	—
		7/8	1/8	0/8	—
	岁月痕迹的沧桑感	3/8	5/8	—	—
		3/8	5/8	—	—
	建筑本体的原真性	2/8	3/8	3/8	—
		2/8	3/8	3/8	—
科学价值	工艺材料的适宜性	2/8	3/8	2/8	1/8
		2/8	4/8	1/8	1/8
	建筑技术的典型性	5/8	3/8	0/8	—
		5/8	3/8	0/8	—
	建筑技术对现实的参考借鉴价值	5/8	2/8	1/8	—
		6/8	1/8	1/8	—
艺术价值	建筑艺术的代表性	5/8	2/8	1/8	—
		4/8	3/8	1/8	—

建筑遗产客观价值评分调查表

评价指标		一级	二级	三级	四级
艺术价值	建筑外形的完好程度	7/8	1/8	0/8	—
		7/8	1/8	0/8	—
	艺术特征的完整性	5/8	1/8	2/8	—
		5/8	1/8	2/8	—
	反映个性特色的程度	7/8	1/8	0/8	—
		7/8	1/8	0/8	—
	城镇文化景观的艺术价值度	7/8	1/8	0/8	0/8
		7/8	1/8	0/8	0/8
	对实现建筑设计的参考借鉴价值	4/8	3/8	1/8	—
		4/8	3/8	1/8	—

续表

建筑遗产客观价值评分调查表

评价指标		一级	二级	三级	四级
环境价值	遗产环境的真实性	3/8	4/8	1/8	—
		3/8	5/8	0/8	—
	遗产与自然环境的关联性	4/8	1/8	3/8	—
		4/8	1/8	3/8	—
	与群体建筑环境的风貌协调性	4/8	2/8	2/8	—
		4/8	2/8	2/8	—
	地标作用	5/8	3/8	—	—
		5/8	3/8	—	—
	自然环境与工业遗产景观	2/8	3/8	2/8	1/8
		2/8	3/8	2/8	1/8
	城市名片作用	4/8	4/8	0/8	—
		5/8	3/8	0/8	—
使用价值	建筑结构的安全性	2/8	3/8	1/8	2/8
		2/8	3/8	1/8	2/8
	配套设施的完备性	1/8	3/8	4/8	—
		1/8	3/8	4/8	—
	建筑的适用性	3/8	4/8	1/8	—
		3/8	4/8	1/8	—
	地理与区位	2/8	3/8	2/8	1/8
		2/8	3/8	2/8	1/8
	群体空间格局的完整性	0/8	3/8	3/8	1/8
		0/8	3/8	3/8	1/8
	再生的经济性	5/8	3/8	—	—
		4/8	4/8	—	—
	建筑遗产当前用途的合理性	3/8	5/8	0/8	—
		2/8	6/8	0/8	—

1. 采访与访谈

调查以中东铁路建筑遗产的两类主要使用者——当地居民与游客为采访对象，采访使用者在遗产区域内的情感体验描述，这种描述包括与生活环境建立起来的情感联系、生活习俗及对建筑遗产的精神认同等。掌握中东铁路建筑遗产的使用情况，提取相关人群的情感体验信息，了解使用者的行为习惯，探求"情感利益"相关者在建筑遗产的纪念、宗教、精神象征等方面的意象性情感信息。

（1）对当地居民的访谈调查。通过与30位当地居民的现场访谈（表5-10），明确了居民日常生活中的基本情感需求。就10栋建筑遗产的现状来看，当地居民对建筑遗产所涵盖的情感体验要素基本满意。

当地居民深度访谈调查　　　　　　　　　　　　　　　　　表 5-10

体验范畴	政治情感	宗教情感	纪念情感	怀旧情感	精神象征
圣母进堂教堂	0	18	2	0	10
横道河子机车库	0	0	13	12	5
横道河子火车站	5	0	11	8	6
横道河子 7 号住宅	0	0	13	17	0
横道卫生所(油画村)	20	0	3	4	3
俄式木屋	0	0	23	7	0
满山岗 7-2 号住宅	1	0	8	21	1
欣新路 34 号住宅	0	0	13	17	0
欣新路 12 号住宅	0	0	13	15	2
佛山路 72 号住宅	1	0	11	18	1

（2）对游客的访谈调查。通过对来横道河子旅游的 30 位游客进行访谈（表 5-11），深入了解游客在参观游览过程中的情感体验。游客与居民对建筑遗产所涵盖的情感体验要素的评价存在明显差异。

游客深度访谈调查　　　　　　　　　　　　　　　　　表 5-11

体验范畴	政治情感	宗教情感	纪念情感	怀旧情感	精神象征
圣母进堂教堂	0	13	2	0	15
横道河子机车库	3	0	11	12	3
横道河子火车站	11	0	5	6	8
横道河子 7 号住宅	0	0	13	16	1
横道卫生所(油画村)	16	0	2	6	6
俄式木屋	0	0	6	24	0
满山岗 7-2 号住宅	0	0	16	14	3
欣新路 34 号住宅	1	0	15	12	2
欣新路 12 号住宅	1	0	16	10	3
佛山路 72 号住宅	0	0	16	13	1

2. 问卷调查

公众参与的中东铁路建筑遗产情感价值调查，针对居民与游客发放调查问卷各 230 份，分别回收有效问卷 230 份与 219 份，回收率达 70% 以上。问卷调查数据分析如下（图 5-6）：

（1）"使用者"人口统计特征。分析如下：受访者男女比例较为平衡，居民组年龄集中于 26~60 岁，游客一般集中在两个年龄段，分别是 17~25 岁和 46 岁以上；居民有一半以上为初中及以下学历，学历层次较低，而游客大

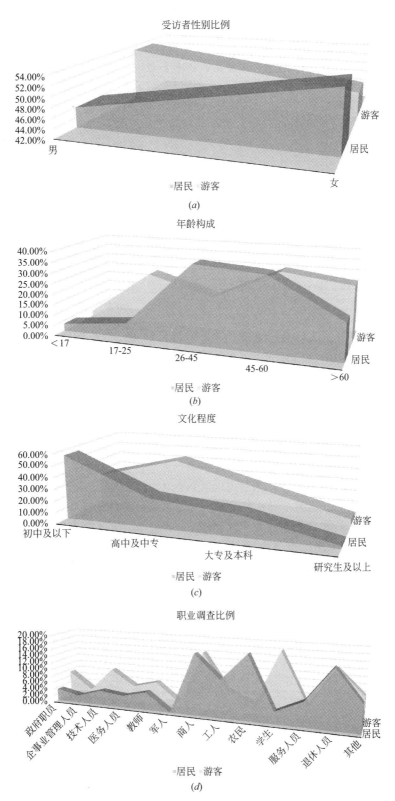

图 5-6 受访者性别比例、年龄构成、文化程度、职业调查比例

多数是高中以上学历，其中不乏本科以上学历；居民的职业比较广泛，大多为商人、农民以及退休人员，而游客多是学生、商人和退休人员（表5-12）。

样本人口统计变量频率表（N（居民）=230，N（游客）=219） 表5-12

变量		居民	游客	变量		居民	游客
性别	男	46%	53%	职业	政府职员	3.5%	7.3%
	女	54%	47%		企事业管理人员	2.2%	2.3%
年龄	<17	3.5%	2.7%		技术人员	4.3%	9.1%
	17~25	7%	24.7%		医务人员	3.5%	4.6%
	26~45	37.3%	15.5%		教师	5.2%	6.4%
	46~60	34.8%	30.6%		军人	0%	0.9%
	>60	17.4%	26.5%		商人	17.4%	16.4%
文化水平	初中及以下	55.6%	25.6%		工人	10.8%	5.9%
	高中及中专	24.8%	44.3%		农民	18.3%	2.7%
	大专及本科	18.3%	24.7%		学生	3.5%	18.3%
	研究生及以上	2.3%	5.4%		服务人员	7%	3.7%
					退休人员	16.5%	14.6%
					其他	7.8%	7.8%

通过SPSS软件进行交叉分析和Pearson卡方检验，Phi and Cramer's V值（变量关系强度指标）小于0.01且sig值高于0.8，所以，自变量，包括性别、年龄、学历和职业与评价结果有显著的相关性；如果Phi and Cramer's V值在0.01与0.05之间且sig值高于0.8，则自变量与选项的选取有一定的相关性；如果Phi and Cramer's V值在0.05和0.5之间且sig值高于0.8，则认为自变量与选项的选取有相关性；如果sig值低于0.8，则自变量与选项的选取没有相关性。[181] 总结如下：

1) 性别：性别与评价数据不呈明显相关性。
2) 年龄：年龄组成结构与评价数据具有显著的相关性。
3) 文化水平：受教育程度与评价数据有一定相关性，其中研究生及以上学历的评分明显偏低。
4) 职业：职业构成与评价数据差异也存在显著的相关性，企业管理者、商人、教师等职业群体评分明显偏低。

（2）情感价值指标评价数据统计，见表5-13、表5-14。

居民组——情感价值评价 表5-13

居民组——情感价值评价指标因子	横道河子教堂	横道机车库	横道火车站	横道7号住宅	卫生所（油画村）	横道俄式木屋	住宅1	住宅2	住宅3	住宅4
典型人居活动场所	7	1	6	2	9	2	1	0	0	1
纪念场所和宗教场所	8	1	5	2	8	5	3	6	3	5
生活习惯的延续性	8	2	9	3	9	8	8	9	6	7
遗产的使用人群	5	1	1	5	7	7	6	8	6	7
遗产的精神象征作用	7	2	7	5	9	8	7	9	9	8

游客组——情感价值评价　　　　　　　　　　　　表 5-14

游客组——情感价值评价指标因子	横道河子教堂	横道机车库	横道火车站	横道7号住宅	卫生所（油画村）	横道俄式木屋	住宅1	住宅2	住宅3	住宅4
典型人居活动场所	9	3	4	4	10	1	2	1	3	2
纪念场所和宗教场所	10	3	3	4	6	3	3	5	2	4
生活习惯的延续性	6	4	7	5	7	6	4	6	6	3
遗产的使用人群	5	1	1	7	6	5	3	5	7	4
遗产的精神象征作用	9	4	5	7	8	5	8	6	8	5

（3）情感价值评价数据比较。本书通过 SPSS 将两组原始数据转换成正态分布，进行描述性统计分析，得到两组数据的均值，再进行平均数和标准误差计算，分别得到居民和游客的两组评价数据，继而根据两组被调查者的数据得到标准差。以单因素方差来分析两个独立的变量，即使用方差的单因素分析方法来分析居民和游客之间显著差异。对每一个因素进行独立的变量方差分析，分析居民与游客对中东铁路建筑遗产情感价值的 6 项指标评价结果的显著差异。

转换后数据符合正态分布的数值小于 2，即表示很满意；而数据平均在 2.6～3.5，表示满意程度一般，若果高于 3.6，则表明该满意程度较差。以居民和游客两组数据的均值显示看，出现了两组有明显不同的情况：居民各项评价均值都处于较低水平，多数数据处在中高满意程度；反观游客组，则截然相反，数据均值高，表明处于低满意程度。这种结果体现的是情感因素 6 项指标上居民和游客之间显著的差异，一类人群对同一项情感价值有显著的一致偏好。

表中因子标准差如果大于 1，证明评价结果离散程度较大，说明居民与游客对中东铁路建筑遗产情感价值的评价具有典型的差异。同理，其指标因子标准差小于 1，就表示评价结果之间离散程度较小，则说明居民与游客对中东铁路建筑遗产该项评价指标的情感需求一致。如表 5-15 所示，重要政治活动场所、纪念场所和宗教场所等个别单项指标因子标准差小于 1，说明这部分价值指标因子评价结果的离散程度较小，对该建筑遗产的情感价值需求部分是一致的，但大多数还是有相当大的差异。

居民与游客数据指标均值、标准差及标准误（N（居民）=230，N（游客）=219）　　表 5-15

情感价值评价指标	使用者	样本数	均值	标准差	标准误
典型人居活动场所	居民	230	2.475	0.671	0.030
	游客	219	2.458	0.671	0.030
纪念场所和宗教场所	居民	230	2.109	0.597	0.035
	游客	219	2.759	0.556	0.029
生活习惯的延续性	居民	230	3.336	1.357	0.022
	游客	219	4.416	1.357	0.026

续表

情感价值评价指标	使用者	样本数	均值	标准差	标准误
场所心理认同	居民	230	2.408	1.817	0.032
	游客	219	4.902	1.817	0.036
建筑遗产的使用人群	居民	230	2.984	1.880	0.035
	游客	219	4.909	1.880	0.038
建筑遗产的精神象征作用	居民	230	3.331	1.656	0.034
	游客	219	4.894	1.656	0.038

第四节 中东铁路建筑遗产价值评价过程

根据第二章的遗产价值评价模型、第三章的中东铁路建筑遗产价值体系建构及第四章的中东铁路建筑遗产价值指标体系建构，我们可以得知中东铁路建筑遗产价值是多维的、多层次的，建筑遗产价值评价的结果不单单是量化数值，更是建筑遗产的价值特征及维度价值的排序，是按照遗产价值雷达图对遗产进行的分类，是与遗产分类相对应的针对性遗产保护。

一、评价指标评分处理

由于评价数据分析必须要采用标准化的量值，因此，在对中东铁路遗产价值评价原始数据进行分析之前，必须要进行原始数据标准化处理，也就是将基础数据进行指数化。数据的标准化途径有很多种，包括常用的"最小最大标准化"、"Z得分标准化"等。基本数据的标准化都是由两部分组成的：数据同趋化处理和无量纲化处理。数据同趋化处理主要是为了解决不同类型数据的性质差异，减少由于性质不同及直接加总而形成的误差，应该首先考虑反向指标数据在本质上的变化，从而使评价模型的各项指标作用趋同，相加以获得正确结果。无量纲化处理主要是为了解决评价数据的可比性问题。基本数据标准化处理后，原始数据转化为评价数据的无量纲指标，各项指标均在量值相同的级别，则进行进一步的评价分析。[182]

首先对通过专家打分法得到的数据进行标准化处理，由于指标分值均为正向指标且无负数出现，因此，此次标准化只采用无量纲化处理。

指标无量纲化处理，即在矩阵 $X=(x'_{ij})_{m\times n}$ 中，对于正向指标：

$$y_{ij}=\frac{x'_{ij}-\min x'_{ij}}{\max x'_{ij}-\min x'_{ij}} \tag{5-1}$$

矩阵 $Y=(y_{ij})m\times n$，称为极差变换标准化矩阵。

经公式计算得到无量纲化处理后的中东铁路建筑遗产历史价值评分正向指标数值（表5-16）。其他遗产价值指标因子标准化见附录11~附录13。

历史价值指标因子评分标准化   表 5-16

标准化	历史事人	历信完整	历信惟一	历本重要	岁月痕迹	原真性
横道河子教堂	0.333333	1	1	0.833333	0.5	0.166667
横道河子机车库	0.5	0.6	0.666667	1	0.666667	0.5
横道火车站	0.333333	0.2	0.5	0.833333	0.333333	0.333333
横道 7 号住宅	0.166667	0.4	0.333333	0.333333	0.833333	0.666667
横道卫生所(油画村)	0.333333	0.6	0.333333	0.333333	0.166667	0.166667
横道俄式木屋	1	1	0.833333	0.833333	1	1
满山岗 7-2 号住宅	0.166667	0.4	0.166667	0.333333	0	0.333333
欣新路 34 号局宅	0.166667	0	0.166667	0.333333	0.166667	0
欣新路 12 号局宅	0	0.2	0.666667	0	0.333333	0.333333
佛山路 72 号住宅	0.333333	0.2	0	0.166667	0.666667	0.333333

二、熵值法权重计算

采用熵值法计算评价客体六大价值中每个指标因子所占的权重（表 5-17），利用郭显光《熵值法及其在综合评价中的应用》中的熵值法权重计算公式得到如下推导：

评价客体六大价值指标因子权重   表 5-17

历史价值子	指标 1	指标 2	指标 3	指标 4	指标 5	指标 6
因子权重	0.169085	0.186846	0.13971	0.125786	0.210562	0.16801
艺术价值子	指标 1	指标 2	指标 3	指标 4	指标 5	指标 6
因子权重	0.161903	0.200742	0.157611	0.17609	0.138976	0.164678
科技价值子	指标 1		指标 3		指标 5	
因子权重	0.344533		0.331067		0.3244	
环境价值子	指标 1	指标 2	指标 3	指标 4	指标 5	指标 6
因子权重	0.201698	0.127786	0.185193	0.155541	0.18364	0.146142
情感价值子	指标 1	指标 2	指标 3	指标 4	指标 5	
因子权重	0.222083	0.147922	0.150421	0.133287	0.176281	
使用价值子	指标 1	指标 2	指标 3	指标 4	指标 5	指标 6	指标 7
因子权重	0.10814	0.16890	0.09807	0.16887	0.18142	0.15569	0.11889

第 i 个遗产在第 j 项指标中占的比重：

$$y'_{ij} = \frac{y_{ij}}{\sum_{i=1}^{n} y_{ij}} \qquad (5-2)$$

计算信息熵与冗余度：

$$e_j = -k \sum_{i=1}^{n} y'_{ij} \ln y'_{ij} \tag{5-3}$$

$$d_j = 1 - e_j$$

计算指标权重：

$$w_j = \frac{d_j}{\sum_{j=1}^{n} d_j}, (j=1,2,\cdots,n) \tag{5-4}$$

将价值指标因子权重以雷达图夹角度数的形式引入遗产多维价值评价的计算模型中，并通过雷达图计算模型得出各维度价值的量值（表5-18）。

遗产价值维度综合量值　　　　　　　　　　　　　　　　表 5-18

	历史价值	科技价值	艺术价值	情感价值	环境价值	使用价值
横道河子教堂	126.81	126.62	192.76	149.71	123.82	110.49
横道河子机车库	126.99	202.51	115.12	108.18	103.47	76.76
横道火车站	80.98	115.41	136.46	97.27	102.52	180.69
横道 7 号住宅	88.96	80.39	126.9	123.38	194.44	94.17
横道卫生所	62.75	63.49	84.61	173.23	97.83	90.22
横道俄式木屋	204.51	80.39	126.34	113.89	123.84	95.98
满山岗 7-2 号住宅	50.2	58.17	51.36	75.14	53.84	76.49
欣新路 34 号局宅	35.74	59.63	37.54	55.39	42.25	105.22
欣新路 12 号局宅	55.11	35.55	48.08	82.06	38.78	100.65
佛山路 72 号住宅	60.63	46.45	44.38	70.63	43.59	108.9

再重复上文熵值法权重值的算法，以各遗产的遗产价值维度量值为基础数据，计算出遗产价值的权重（表5-19）。

遗产价值维度权重　　　　　　　　　　　　　　　　　　表 5-19

	历史价值	科技价值	艺术价值	情感价值	环境价值	使用价值
权重	0.11579	0.19398	0.08642	0.15499	0.17134	0.15915

三、利用评价模型综合求值

利用评价模型综合求值是基于上文所做工作而来的，以横道河子圣母进堂教堂为例。

（1）对横道河子教堂进行基础调研，通过专家打分法得到其指标因子评价量值（表5-20），并进行统一量纲处理。

横道河子教堂指标因子打分 表5-20

历史价值					
历史事、人	历信完整	历信惟一	历本重要	岁月痕迹	原真性
5	8	8	7	5	4

科技价值		
工艺材料适宜性	技术典型	参考借鉴价值
6	7	6

艺术价值					
艺术代表	外形完好程度	艺术完整性	地域特色	设计参考价值	城镇文化景观
8	9	7	9	7	6

情感价值					
人居活动场所	纪念宗教	遗产活动人数	民俗活动延续	遗产精神象征	场所心理认同
6	9	7	5	5	7

环境价值					
遗产环境原真	自然环境关联	环境风貌协调	城市名片	地标作用	体现文化特色
7	5	5	8	5	7

使用价值						
结构安全	设施完备性	再生经济性	地理与区位	遗产适用性	用途合理性	群体空间完整
7	4	7	5	4	7	8

（2）通过熵值法计算各指标因子权重值，并将权重值引入雷达图法计算横道河子教堂的各维度价值量值（表5-21）。

横道河子教堂指标因子权重值 表5-21

历史价值					
历史事、人	历信完整	历信惟一	历本重要	岁月痕迹	原真性
0.181424	0.173543	0.161226	0.157904	0.161226	0.164678

科技价值		
工艺材料适宜	技术典型	参考借鉴价值
0.344533	0.331067	0.3244

艺术价值					
艺术代表	外形完好程度	艺术完整性	地域特色	设计参考价值	城镇文化景观
0.161903	0.200742	0.157611	0.17609	0.138976	0.164678

情感价值					
政治活动场所	纪念宗教	遗产活动人数	民俗活动延续	遗产精神象征	场所心理认同
0.222083	0.147922	0.150421	0.133287	0.176281	0.170006

环境价值					
遗产环境真实	自然环境关联	群体环境协调	城市名片	地标作用	体现文化特色
0.201698	0.127786	0.185193	0.155541	0.18364	0.146142

续表

使用价值						
结构安全	设施完备性	再生经济性	地理与区位	遗产适用性	用途合理性	群体空间完整
0.108146	0.168901	0.098073	0.168876	0.181421	0.155691	0.118892

（3）将遗产价值各维度量值通过评价计算模型计算出来，并以此为基础数据计算各价值权重值（图5-7、表5-22）。

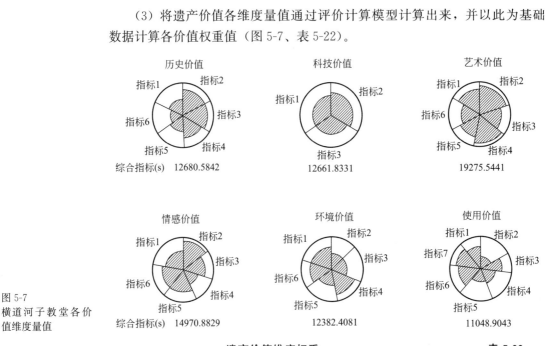

图5-7 横道河子教堂各价值维度量值

遗产价值维度权重 表5-22

	历史价值	科技价值	艺术价值	情感价值	环境价值	使用价值
权重	0.11579	0.19398	0.08642	0.15499	0.17134	0.15915

（4）将各价值维度权重值引入综合价值计算模型中，得到横道河子教堂的遗产综合值（扇形面积）（图5-8）。

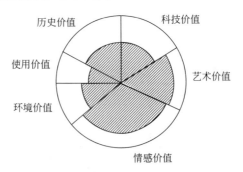

图5-8 横道河子教堂综合价值

（5）其他遗产综合价值的雷达图计算均采用同样的方法进行（图5-9）。
（6）根据10个遗产客体的综合价值进行排序（表5-23）。

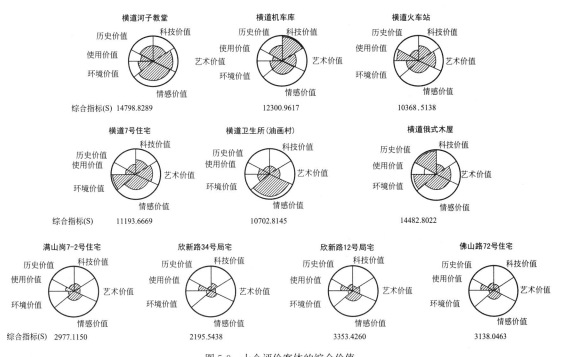

图 5-9　十个评价客体的综合价值

遗产综合价值排序　　　　　　　　　　　　　　　　　表 5-23

名称	综合价值	排序	名称	综合价值	排序
横道河子教堂	14798.83	1	横道火车站	10368.51	6
横道俄式木屋	14482.8	2	欣新路 12 号局宅	3353.426	7
横道河子机车库	12300.96	3	佛山路 72 号住宅	3138.046	8
横道 7 号住宅	11193.67	4	满山岗 7-2 号住宅	2977.115	9
横道卫生所	10702.81	5	欣新路 34 号局宅	2195.544	10

此计算模型能更加直观地对遗产价值进行评价计算，建立了相同数据尺度下的统一的建筑遗产指标体系，通过熵原理的算法确定评价时的指标权重，简化了数据归一处理过程，同时尽可能地降低了可能出现的信息丢失的风险，避免了专家确定权重的主观性。通过改进雷达图法，增加指标权重与雷达图扇形区域角度对应的方法处理的比重，采用四边形区域替代原始方法的三角形区域，解决了指标相对排列顺序改变会影响评价结果的问题。利用此评价模型进行建筑遗产价值评价具有较好的直观性，有助于更好地解决遗产价值评价中的多维性。[183]

（7）模型效度检验。从评价结果的综合值排序来看，模型是符合表面效度的，直观体现了不同类型遗产的价值特征，在分值和排序上区分了公共建筑、精品住宅建筑、普通住宅建筑的差异。从遗产综合价值排序来看，大致符合大多数人群的直接判断结果。

再次采用另外一种方法对评价结果进行效度检验，在保持专家评价分值的前提下，引入因子分析法。首先，确认待分析的变量是否适合作因子分析。我们以评价得分作为变量进行分析，将上文中历史价值评价所得数据输入 SPSS 软件中，通过降维，因子分析处理，从图 5-10、图 5-11 中可以看出 KMO 为 0.706，大于 0.6，接近于 1，且 sig 为 0.049，小于 0.5，拒绝原假设相关系数矩阵为单位阵说明变量存在相关关系，公因子方差中因子的变量相同度较高，即适合作因子分析。

公因子方差

	初始	提取
历史事件	1.000	0.778
历史完整	1.000	0.795
历史惟一	1.000	0.774
历史重要	1.000	0.738
岁月痕迹	1.000	0.847
原真性	1.000	0.893

提取方法：主成分分析。

图 5-10 公因子方差图

KMO和Bartlett的检验

取样足够度的Kaiser-Meyer-Olkin度量		0.706
Bartlett的球形度检验	近似卡方	25.097
	df	15
	Sig.	0.049

图 5-11 KMO 与 Bartlett 检验图

本书采用 KMO 来检验统计量就是比较变量之间存在的简单相关系数与偏相关系数的指标，而相关系数是指两变量间相关程度的指标。若 KMO 统计量在 0 和 1 之间取值，在所有变量之间的简单相关系数平方和远大于偏相关系数平方和时，KMO 值则接近于 1，KMO 值越接近于 1，意味着变量之间的相关性就越强，原有变量就越适合用于因子分析；而当所有变量之间的简单相关系数平方和接近于 0 时，则 KMO 值就越接近于 0，意味着变量之间的相关性变弱，则原有变量越不适合用于因子分析。

sig 意为"显著性"，表示该变量中的公因子能否代替其他因子。其后面的值为统计出的 P 值，如果 $0.01<P<0.05$，则为差异显著，如果 $P<0.01$，则差异极显著。

其次，确定变量中的主因子，如图 5-12 所示，前两个最大特征值大于 1 且共同解释占 80.420%，表示前两个指标可分别解释 3.723 个和 1.102 个指标，丢失的信息较少，可共同解释 80.420% 的指标，所以提取前两个因子作为主因子。

如图 5-13 所示，碎石图中纵坐标为特征值，横坐标为因子个数。特征值越小，则对原有变量的贡献越小，可以忽略。从图中可以看出，前两个指标的特征值均大于 1，且随后趋于平缓，表示前两个指标为提取的主因子。

再次，用主成分分析法确定变量权重时，由于指标权重使用主成分方差贡献率作为权重，因此，将此指标在各主成分线性组合中的系数进行加权平均归一化，进而确定指标因子权重则需做到以下三点：

解释的总方差

成份	初始特征值			提取平方和载入			旋转平方和载入		
	合计	方差的%	累积%	合计	方差的%	累积%	合计	方差的%	累积%
1	3.723	62.050	62.050	3.723	62.050	62.050	2.499	41.646	41.646
2	1.102	21.370	80.420	1.102	18.370	80.420	2.326	38.774	80.420
3	0.518	8.631	89.051						
4	0.343	5.717	94.768						
5	0.192	0.194	97.962						
6	0.122	2.038	100.000						

提取方法：主成分分析。

图 5-12　解释的总方差图

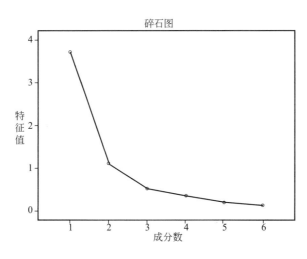

图 5-13　碎石图

1) 确定指标因子在各主成分线性组合中的系数时，以各指标因子载荷数除以主成分特征根的开方，由此得到两个主成分线性组合如下：

$F_1 = 0.452x_1 + 0.434x_2 + 0.398x_3 + 0.393x_4 + 0.390x_5 + 0.376x_6$

$F_2 = -0.121x_1 + 0.291x_2 - 0.484x_3 - 0.536x_4 + 0.394x_5 + 0.473x_6$

2) "初始特征值"的"方差%"代表各主成分方差贡献率，方差贡献率越大，代表主成分的重要性越强，因此，方差贡献率可以看成不同主权重的权重。

$Y = 0.321x_1 + 0.401x_2 + 0.196x_3 + 0.181x_4 + 0.391x_5 + 0.398x_6$

3) 因子权重的归一化，令所有因子的权重和为1，将综合模型中的指标因子系数作归一化处理，将所得因子权重乘以相应评分，再将各因子权重的分相加，以此得到历史价值的综合评分（图 5-14）。其余 5 个价值均按照此类方法进行计算得出综合值，在此不一一举出。最后，各维度综合值再重复此模型计算，最终得到各遗产综合评分排名，并与评价模型所得排序相对比（表 5-24）。

		成分				第一主成分F_1	第二主成分F_2
		第一主成分F_1	第二主成分F_2		主成分的方差% (方差贡献率)	62.05036103	18.36980996
载荷数	历史事件X_1	0.872787253	−0.12719502	线性组合中的系数	历史事件X_1	0.4523354	−0.121155
	历史完整X_2	0.837729391	0.305444329		历史完整X_2	0.4341662	0.2909405
	岁月痕迹X_3	0.767256046	−0.50829001		岁月痕迹X_3	0.3976423	−0.484154
	原真性X_4	0.759155014	−0.56260142		原真性X_4	0.3934438	−0.535887
	历本重要X_5	0.753102871	0.413692282		历本重要X_5	0.3903072	0.3940483
	历信惟一X_6	0.726162124	0.496682379		历信惟一X_6	0.3763447	0.4730977
主成分的特征根		3.7230217	1.102188598	综合得分模型中的系数	历史事件X_1	0.321337028	
线性组合中的系数	历史事件X_1	0.4523354	−0.121155		历史完整X_2	0.401450127	
	历史完整X_2	0.4341662	0.2909405		岁月痕迹X_3	0.196219766	
	岁月痕迹X_3	0.3976423	−0.484154		原真性X_4	0.181163432	
	原真性X_4	0.3934438	−0.535887		历本重要X_5	0.391161725	
	历本重要X_5	0.3903072	0.3940483		历信惟一X_6	0.398445297	
	历信惟一X_6	0.3763447	0.4730977				

图 5-14 主成分权重计算图

SPSS 计算的遗产综合价值排序 表 5-24

名称	综合价值	SPSS 排序	评价模型排序
横道河子教堂	0.174	1	1
横道俄式木屋	0.168	2	2
横道河子机车库	0.132	3	3
横道 7 号住宅	0.130	4	4
横道火车站	0.122	5	6
横道卫生所(油画村)	0.123	6	5
佛山路 72 号住宅	0.045	7	8
欣新路 12 号局宅	0.044	8	7
满山岗 7-2 号住宅	0.037	9	9
欣新路 34 号局宅	0.025	10	10

本书通过 SPSS 因子分析方法求得的综合值排名可以发现，横道教堂、横道俄式木屋及横道机车库依旧排前三名，纵观全表，对比遗产排名与之前雷达图综合值法，大体未变，惟一的两处变动即横道火车站与横道卫生所及欣新路 12 号局宅和佛山路 72 号住宅排名互换且分值相近。究其原因，有两点：一是两种求综合值权重的计算方法不同，评价模型采用的是熵值法，按离散度来决定权重，而因子分析法则是根据主因子的方差贡献率测得权重，虽然都是客观求权法，但由于算法的差异，多少都会给结果带来一些变化；其二是评价模型的综合值计算更偏向于维度特性，分值相当的两个维度，特性更鲜明的遗产综合价值评分更高。所以，此次验证遗产价值评价模型评价数据经过校验可信，评价模型可行，且计算方法更突出遗产的价值特性，为遗产的定性、定量分类研究提供了有力的保障。

四、评价模型的执行逻辑

中东铁路建筑遗产的价值构成有明确的层次关系。评价所得到的结果不仅体现了建筑遗产综合价值的排序,也体现了遗产自身多维价值的排序以及不同遗产同一维度价值的排序。根据遗产不同的价值排序进行分类保护,做到对遗产保护的精准性和针对性。评价模型求综合值的功能是计算出各遗产价值的综合量值(图 5-15),只是评价模型的一种功能,是遗产多维价值评价模型中的计算模型,对于遗产价值的保护,需要的不仅是定量,更重要的是分类的、有针对性的保护措施。

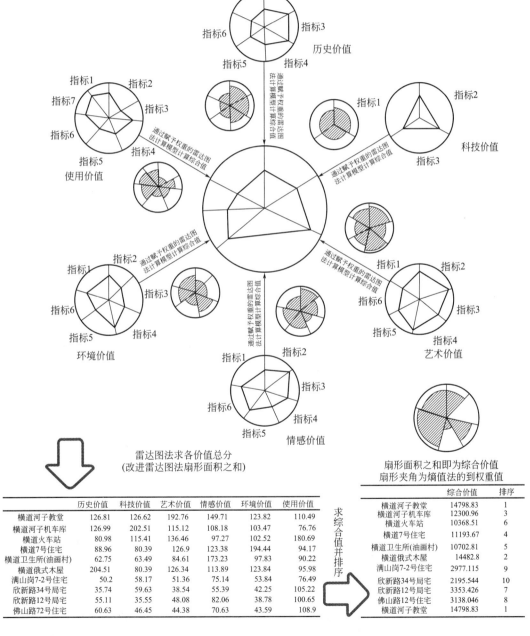

图 5-15 以横道河子教堂为例的评价模型

评价模型的执行逻辑如下：

（1）对建筑遗产定性描述。对建筑遗产进行全面调研，总结遗产特征及基本状况，分析遗产影响因子。

（2）专家对遗产价值打分。通过专家打分法对遗产进行评价，以此得到各价值指标因子分值。

（3）基于指标因子分值用熵值法求权重。以专家对价值指标因子的打分为数据库，运用熵值法对遗产影响因子进行权重计算，以此得到不同维度价值的权重值。

（4）用评价模型求遗产价值综合值并得到排序。将权重值带入评价计算模型，求得各建筑遗产的综合量值以及遗产价值雷达图。

（5）根据雷达图划分遗产价值类别。以价值基准线、价值标准线或价值中线为参考标准，根据雷达图划分价值类别。

（6）对建筑遗产进行分类。对建筑遗产各项指标评分数据进行预处理，用 SPSS 软件对数据进行主成分分析，以此得到相关度最大的两个指标，之后采用神经网络方法分类校验。

（7）制定建筑遗产价值分类器。基于传统模糊理论系统（Mamdani）推理出雷达图形分类器自动分类法。

（8）价值评价与遗产保护相关联。基于遗产价值评价所得到的一系列信息，与遗产保护建立紧密的关联，使遗产保护有的放矢，针对性更强。

五、遗产价值特征与价值分类

通过中东铁路建筑遗产多维价值评价模型，我们得到了更直观的遗产维度量值雷达图，根据雷达图可以看出遗产本身的价值特征。不同的遗产也可根据其所拥有的雷达图的相似性进行遗产分类保护，而遗产价值雷达图本身根据专家打分标准制定的价值平均值，可以判断和甄别该遗产价值是否具有保护意义及需要保护的程度（图 5-16）。

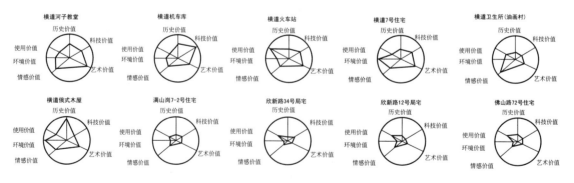

图 5-16　遗产价值雷达图

同样，可根据评价雷达图及评价基础数据绘制每栋建筑遗产价值的综合量值表（表 5-25、图 5-17、图 5-18）。据此，可以清晰地看出遗产多维价值的量值关系和价值特征关系。

横道河子教堂遗产评价量值关系 表 5-25

遗产价值	指标因子	评分	1	2	3	4	5	6	7	8	9	10
历史价值	历史事、人	5										
	历信完整	8										
	历信惟一	8										
	历本重要	7										
	岁月痕迹	5										
	原真性	4										
科技价值	建本原真	6										
	技术典型	7										
	参考借鉴价值	6										
艺术价值	艺术代表	8										
	外形完好程度	9										
	艺术完整性	7										
	地域特色	9										
	设计参考价值	7										
	城镇文化景观	6										
情感价值	政治活动场所	6										
	纪念宗教	9										
	遗产活动人数	7										
	民俗活动延续	5										
	遗产精神象征	7										
	场所心理认同	7										
环境价值	遗产环境原真	7										
	遗产环境完整	5										
	环境风貌协调	5										
	城市名片	8										
	地标作用	5										
	自然环境遗产	7										
使用价值	建筑本体安全	7										
	设施完备性	4										
	装饰完好性	7										
	位置优越性	5										
	经济适用性	4										
	遗产合理性	7										
	群体空间完整	8										
遗产综合量值		分值	14798.83									

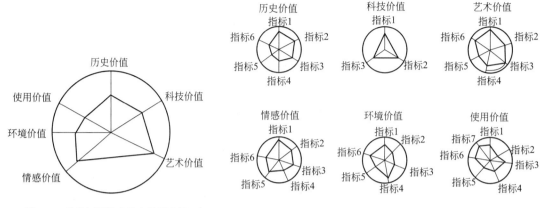

图 5-17 横道河子教堂综合值雷达图　　　　图 5-18 横道河子教堂各价值指标因子雷达图

从图表中可以看出横道河子教堂各价值及其价值指标因子的基础评分以及最后的综合价值评分，评价指标得分相对较均匀，在 4~9 分之间，且分值较高，以 7 分居多，以此可知，横道河子教堂保护价值较高，应引起重视。根据其指标因子雷达图和综合价值雷达图，可更直观地观察遗产保护价值及其指标因子的特征关系，以便于更有效地保护该遗产，使管理更方便。

（1）遗产价值的保护基准值。根据中东铁路建筑遗产价值评价评分标准（表 4-67），以各维度价值指标因子遗产评分最低标准为基准，得到遗产价值基准雷达图（图 5-19），并将上文所得各遗产价值雷达图与之相比较。

将各遗产雷达图与基准雷达图进行对比发现，除佛山路 72 号住宅、欣新路 12 号局宅、欣新路 34 号局宅、满山岗 7-2 号住宅的环境价值低于保护基准值外，其余量值均高于保护基准值（图 5-20）。

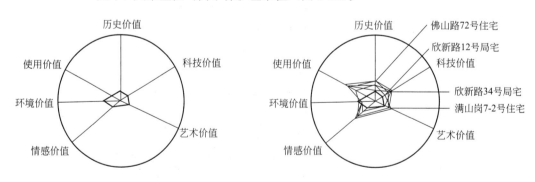

图 5-19 遗产价值保护基准雷达图　　　　图 5-20 各遗产价值维度量值与基准值对比

（2）遗产价值的标准值。遗产价值的标准值用来衡量遗产各维度价值量值与不同遗产对比中的重要程度以及在遗产价值中各维度的相对重要性。遗产价值标准值的界定是根据各遗产不同维度量值相加再除以遗产个数，考虑到平均值受极值影响较大，所以在此次求值过程中需去掉一个最大值和最小值，再将剩下的量值平均计算。这里以遗产的历史价值为例（表 5-26），去掉其最高值——横道俄式木屋（204.5）和最低值——欣新路 34 号局宅，求出它 8 栋遗产的平均值,所得结果便是历史价值标准值,同法可以计算出其余 5 类价值的标准值,将六大价值的标准值带入雷达图模型中,得到遗产价值标准值雷达图(图 5-21)。

遗产价值维度标准值　　　　　　　　　　　　　　　　　　表 5-26

历史价值									
横道河子教堂	横道机车库	横道火车站	横道 7 号住宅	横道卫生所	横道俄式木屋	满山岗 7-2 住宅	欣新路 34 号局宅	欣新路 12 号局宅	佛山路 72 号住宅
126.8	127	80.98	88.96	62.75	204.5	50.2	35.74	55.11	60.63

以横道俄式木屋为例,说明遗产价值雷达图自身的价值保护特点(图 5-22)。通过横道俄式木屋的范式模型雷达图可以看出,横道俄式木屋的各维度价值综合评分远在基准价值之上,且历史价值、环境价值的维度量值均远高于价值标准值,说明这两大价值在建筑遗产的价值构成中处于突出地位,在遗产的保护和管理中应给予足够的重视。

图 5-21　遗产价值维度标准值

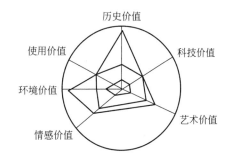
图 5-22　以横道俄式木屋为例说明遗产的价值特点

(3)遗产价值类型关系。对建筑遗产价值的保护仅做到宽泛、统一、综合的研究是不够的,应对不同类型的遗产做出更有针对性、有差别的保护,基于上文所得到的建筑遗产价值雷达图进行遗产价值分类,这也是对建筑遗产的分类,以此做到对建筑遗产有的放矢的保护。

从图中可以看出,遗产的价值可以分为三类,其中欣新路 12 号、34 号局宅和满山岗 7-2 号、佛山路 72 号住宅的雷达图特征接近,归为第一类,即一般保护价值类型;横道 7 号住宅、横道火车站、横道俄式教堂以及横道机车库的雷达图特征相似,归为第二类,即全面保护价值类型;而横道卫生所则归为第三类,即差别保护价值类型。建筑遗产价值类型关系雷达图如图 5-23。

保护类型也存在着一定的交叉关系,一般保护类型和全面保护类型中均会出现较为突出的维度价值,在制定保护方案时应有所区分。

1)从雷达图中可以看出,一般保护类型的 4 个建筑遗产图形相似,且多数维度量值在保护价值线以内,价值差别存在,但不突出,对于此类建筑遗产的保护,应该重点关注超过保护价值线的突出量值,对建筑遗产的其他遗产价值作基本维护(图 5-24)。

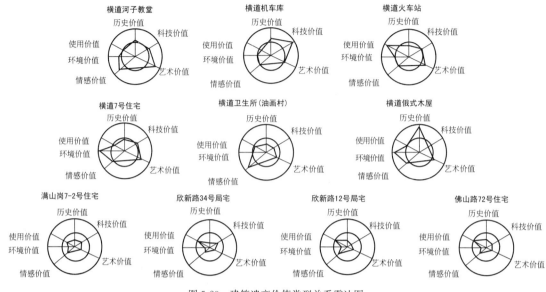

图 5-23 建筑遗产价值类型关系雷达图

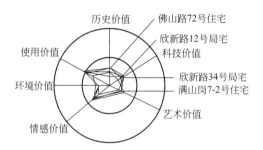

图 5-24
一般保护价值类型
关系图

2）从全面保护类型的建筑遗产价值类型关系图中可以看出，不同于一般保护类型的建筑遗产，全面保护类型的建筑遗产价值各维度量值接近或高出保护价值线，指标突出，素质较高，定级应较高，适宜进行全面的保护（图 5-25）。

差别保护类建筑遗产，其维度量值之间差异明显，雷达图呈现显著的尖角凸起，说明遗产多数维度价值较平淡，个别价值突出，在保护时，应使遗产价值保护效率最大化，如图 5-26 中横道卫生所价值保护的重点为其情感价值，即和它的"使用人群"发生了紧密的联系。

图 5-25　差别保护价值类型关系图　　　　图 5-26　全面保护价值类型关系图

（4）遗产价值特征相似度。根据遗产价值雷达图发现，雷达图相似的遗产，遗产的价值特征也相似，可进行统一关联性的保护。如图 5-19、图 5-23

所示，佛山路 72 号住宅、欣新路 12 号局宅、欣新路 34 号局宅、满山岗 7-2 号住宅这 4 座建筑具有相似的雷达图形式，都是环境价值略低，而使用价值和情感价值略高，这一结果和表面效度判断的结果也相同，究其原因，这 4 栋建筑均不是横道河子教堂那样的国家级文物保护建筑，只是普通的中东铁路时期的职工住宅，从表面效度上看，价值平平，并不出众，但这 4 座建筑的现今使用率很高，多少会在使用方面和情感方面对评分有一定的影响，但恰恰是这一类建筑构成了中东铁路建筑遗产的主流，它们平凡、坚固，默默地被人们使用，衬托那些保护建筑。这些遗产看似微不足道，但已经成为当地人记忆中的一部分，保护其情感价值有助于延续遗产价值的真实性。这些平凡的建筑遗产都属于正在使用之中的活态遗产，其价值还处在形成过程中。然而，它们所包含的生活的真实性体现了它们作为遗产存在的价值。活态的遗产与活态的环境，恰恰是我们对遗产保护的重点。

对于这一类建筑的保护，我们可以将重点放在使用价值与情感价值上，对建筑作必要的维护，保证使用者的权益，调动使用者参与遗产保护的积极性，将有限的保护经费有效地投入到历史建筑遗产的保护中，使保护更有目的性，更加高效。

同样用上文对遗产价值进行分类的方法，也可以为构成各维度遗产价值的指标因子绘制雷达图并进行分类与分析，以便于更直观地对各遗产的价值构成进行分类，更细化地对建筑遗产进行保护。这里，以使用价值为例来分析价值影响因子（图 5-27）。

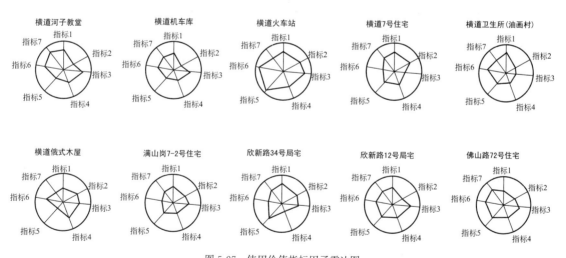

图 5-27　使用价值指标因子雷达图

我们同样以中线为指标因子分类参考线，对使用价值雷达图进行统一分析。图 5-28 所示为 10 座建筑遗产使用价值指标因子类型雷达图，从图中可以看出，横道火车站为使用价值最全面的遗产，其原因在于横道火车站自建成起就一直担负着该地区的枢纽重任，从未间断过。综合指标与横道火车站接近的横道机车库，其使用价值指标因子雷达图相对就小了许多，原因是机车库在车站建设伊始是该机务段的重地，然而随着近些年铁路相关技术的提升，旧机车库因年久失修而不能满足日益增长的时代需求，最后只能废弃。其科技价值与艺术价值均得分较高，但其使用价值逐渐转化成了旅游价值。纵观整个使用价值指标因子雷达图，其雷达图面积较大的无外乎现如今正在使用或利用的建筑遗产，这一指标正体现了遗产的当代价值传承，也从侧面说明了该指标因子的准确性。

通过对横道河子建筑遗产使用价值指标因子雷达图的分析（表5-27、图5-29）可以看出，其建筑遗产群体空间保存完好，遗产承重结构保存较好，教堂当前使用较为合理且能够反映出该遗产的特征，内外修饰比较完好，但适用性一般，位于主要的遗产轴线或景观轴上，是建筑遗群和景观重要的组成部分，对整个环境有一定的统筹作用。

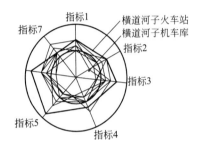

图 5-28　使用价值指标因子类型关系图

图 5-29　横道火车站使用价值指标因子雷达图

使用价值指标因子构成　　　　　表 5-27

指标 1	指标 2	指标 3	指标 4	指标 5	指标 6	指标 7
建筑结构的安全性	配套设施的完备性	遗产的适用性	地理与区位	群体空间格局的完整性	再生的经济性	遗产当前用途的合理性

第五节　中东铁路建筑遗产价值评价与遗产保护

通过对中东铁路建筑遗产 10 个典型案例的评价的数据统计与分析，我们对案例的保存状况、价值特色、使用状况都有了定性的了解，结合遗产多维价值评价模型，又对遗产价值特征有了定量的认识。可以看出，在评价模型中，评价客体的价值特色不是通过单一的价值量值反映出来的，而是通过雷达图体现出来的。雷达图清楚地呈现了遗产各维度价值的量值和权重关系及各维度价值的指标因子构成，指标因子的权重构成和量值，可以很清晰地判断遗产某维度价值在一组评价客体中处于何种地位，是高于平均值还是低于平均值，每个遗产的自身价值的排序关系，自身何种价值处于突出地位，进而有针对性地保护。

一、基于雷达图的遗产价值排序

遗产各维度价值的对比，我们称之为遗产价值排序。遗产价值排序是建筑遗产多维价值评价模型的重要功能之一。通过价值排序，能充分地展示遗产自身的价值特征，而不会因为综合价值排名靠后而被忽略。也就是说，这种评价模型更多地关注了平凡建筑遗产的价值特征。

（1）价值排序含义。对遗产的价值排序包含同一遗产客体多维度价值之间的排序，排序体现了这一遗产的何种价值在它自身的价值系统中处于强势地位，何种价值又处于弱势地位[184]，遗产的何种价值对使用者更有意义。区别于既有建筑遗产价值评价体系，根据遗产评价综合值对遗产客体进行排序以区分不同建筑保护措施。遗产价值排序体现了遗产个体自身的价值特征，有助于在遗产保护时进行选择和判断。

价值排序的另一层含义是不同遗产客体的同一价值维度的量值对比，根据对比排序可以得出遗产彼此间的价值优劣及遗产某一维度价值在整个中东铁路建筑遗产此维度价值中的地位，在确定保护方案时会对应优先选择。

（2）价值排序的多元差异。同一类别的建筑遗产，价值构成相同，但由于评价目的不同、评价主体的价值观念不同及针对对象不同，价值评价的结果都会有所不同。用户、开发商、政府管理者与专家都会以自己的需求和价值最大化作为目标导向，普通的用户更加关注的是普遍的使用价值，而开发商往往从经济利益的角度去进行遗产的分析，进而挖掘建筑遗产的价值，保护专家和政府则希望在保护遗产的同时得到综合效益，所以价值排序与评价目标紧密结合才有意义。

二、价值评价与保护对策

中东铁路建筑遗产多维价值评价的目的就是与遗产多维保护相关联，这种关联是建立在遗产保护的原真性原则和可持续发展原则的基础上的。对遗产价值保护传承的目的是为了尽可能地减缓中东铁路建筑遗产及其环境的衰败速度，延长遗产的生命，使之更长久地保存下去。因此，保护对策强调在保护遗产文化价值的基础上发挥遗产的经济价值，强调遗产的当代价值，简而言之，就是对中东铁路建筑遗产要以各种适宜的方式去使用。只有使用才能最大程度地延长遗产的寿命，只有使用才能使遗产得到更好的维护，只有使用才能使遗产重新聚拢更多的人气，只有使用才能使遗产的影响力和文化传播能力得到扩展。然而，在使用过程中应避免遗产的不当开发和利用、掠夺性经营和过度开发、建设性破坏等情况发生，这会给遗产保护带来更多的问题。

遗产的价值体系不是孤立的，而是相互关联的整体，所以对于遗产评价生成的雷达图，也应充分考虑遗产所有价值的状态，得出相关保护对策（表5-28）。

三、价值评价与价值传承

中东铁路曾经是东北地区重要的陆运交通工具，连接了诸多中东铁路时期的文化遗存，其附属地内的建筑遗产资源一直以来都是中国的地域特色旅游资源，具有鲜明的文化特征。其遗产廊道的特征强调了它的整体价值，对遗产价值真实性的保护也由物质层面扩展到了非物质层面，即遗产的用途、功能、精神和传统的统一。遗产价值保护是为了遗产价值更好地传承。遗产价值传承应从以下几方面去实施：

中东铁路建筑遗产价值体系与保护对策关联　　　　　　　　表5-28

价值类型	价值描述	保护对策
历史价值	它见证了20世纪中国东北社会的政治、经济、文化的发展、变迁和更替，反映了这一历史时期的社会生产、生活及思想、民风、民俗和社会风尚，历经各种重大历史事件的发生，目睹了众多历史人物的活动，也见证了这一区域居民的日常生活，很多建筑物成为了象征性纪念物，成为了表达某种精神的场所，并且留住了对逝去的人物和事件的记忆	①在保护过程中强调遗产作为历史信息载体的可读性；②当代的整饬、加固和不可避免的修补必须保持在整体和谐的前提下进行，添加部分应区别于原有部分，而且不应该影响对遗产历史信息和历史价值的判断；③对遗产的一切改造、加固和改动均应符合可逆性原则；④对遗产历史信息的传承应更多地通过组织有关遗产的保护活动及对遗产场所进行导览和解说实现
艺术价值	中东铁路建筑遗产特有的空间布局和风格类型、环境协调性、独特的材料肌理与质感、结构形式、建造工艺以及细部处理等保留着独特的美学特质，反映了那一时期典型的建筑艺术风格，在艺术效果上有一定的审美感染力	①对遗产的艺术价值在不影响遗产正常使用和观赏的前提下，应施加最低程度的修复干预，且干预的结果应可识别和可逆；②对待遗产的岁月价值所形成的沧桑感，在不影响使用和结构安全的前提下，应接受常态化处理；③原址重建和原址移位的做法都应谨慎对待；④将传统的建筑遗产艺术价值保护方式与当代多元化的建筑遗产保护方式进行结合；⑤对遗产修复时的材料选择和施工技艺要重点关注；⑥强调对遗产的整体性保护，避免保存遗产片段造成的对遗产的破坏性伤害；⑦中东铁路建筑遗产的艺术价值在保护过程中应当和更多门类的其他艺术形式进行充分的融合和互动
科技价值	中东铁路建筑遗产的规划选址与布局、建筑结构、材料与施工工艺及它们所代表的当时的科技水平，独特的建筑结构、构造、材料，独特的建设思想和理念，建造技术和工艺水平，都对当代科学技术有所启发和借鉴	①对于遗产的科技价值，在保证遗产使用安全、有利于延长遗产使用寿命的前提下，可以施加最低程度的加固、改建干预，在不破坏遗产原真性的前提下，与现代生活舒适性相关的设施的添加也可以存在；②遗产的功能置换涉及遗产结构改动时，要慎重对待，防止建设性破坏；③有关遗产地域适应性的一些建筑细节处理应予以保留；④新材料的应用应注意在色彩和材料质感上同原有建筑风格保持协调
使用价值	中东铁路建筑遗产满足使用者需要的功能或效用，或是建筑物所形成的室外空间的使用功能或效用，这种功效可以是物态的，亦可是非物态的，非物态的使用价值可以通过旅游价值体现出来，但都与当代社会直接创造财富相关联	①使遗产保持适宜的功能，满足当代的功能需要，或开发遗产的区域旅游功能，保持遗产的活态使用状态，延缓衰老，让其功能重生，可以置换为新的功能，重新焕发生命力；②满足"使用者"的使用需求，在不影响遗产原真性的前提下合理、适度地利用遗产；③在遗产保护过程中，应发挥使用人群的群体智慧，调动公众参与的积极性，遗产使用者一般情况下担当遗产管理者的角色，但要关注其与专业遗产保护者之间存在的差异；④处理好遗产产权、遗产物业管理、遗产功能置换、遗产利用开发与遗产文化价值冲突等现实问题，注意遗产开发强度；⑤适度的、协调的改建、加建要在管理部门的严格管控下进行
环境价值	中东铁路建筑遗产参与构成了其所在城镇城市空间，组成城镇景观，参与形成城镇意向，反映了建筑遗产的历史、空间组织脉络，形成了独具特色的建筑群落规模效应，协调建筑群布局与周边环境，在地域之间形成空间联系和视廊组织	①它是旅游实践中不可再生的高品质资源，也会成为地方发展的独特名片，在保护过程中应注重对遗产风貌完整性的保存，即要有原址保护的原则，必须在原址上保护遗产，不能割裂遗产和环境间的联系；②注意对环境价值"真实性"的保存，必要的环境整饬可以提升遗产的环境品质，但要避免大面积的遗产环境复原；③要对遗产场所的发展和使用进行合理的规划和定位；④注意人工环境和自然环境的协调关系

续表

价值类型	价值描述	保护对策
情感价值	承托了人们的精神情感,提供给人们从使用到记忆的多层级功效,形成了城镇发展的空间基础和文脉的延伸,它影响、引导、代表、象征、限定着当代特定的公众文化和价值取向,还可以对人们进行历史思想教育	①强化了当地居民的地域认同感,承载着人们的记忆传承,可唤起人们独特的情感体验,起到了精神象征等方面的作用;②在保护过程中应注重对遗产"场所"记忆的保存,更多的应该是使用者自发的对遗产场所的认同和维护;③对不同的使用人群的评价差异予以关注,使用者使用时的舒适度直接和情感价值的保护相关联;④通过网络宣传、学术专著以及访谈等形式增强地域建筑遗产的认同感和归属感,使遗产成为城镇发展重要的人文资源;⑤爱国主义教育可以同积极的人文情感一起进行宣传和强调,注意区分情感之中的辩证关系

（1）全方位的遗产涵盖。首先应明确构成中东铁路建筑遗产的要素不仅是那些重要的、具有代表性的国家级和省级重点文物保护单位及市县级文物保护单位,而应是全方位的遗产涵盖,包括一般历史建筑及未挂牌遗产建筑,把更多的散落的平凡遗产都包含进来,把更多的具备完整、丰富的人文信息的多层次遗产构成涵盖进来。中东铁路建筑遗产体现了一种整体性,它超越了"各单体遗产组成之和",任何个体遗产的损害会都会使整体遗产价值造成损失。建筑遗产群中每一个不出众的遗产个体在建筑群体内与其他遗产要素都有相互的作用关系,这种互动可以使建筑群更加整体、统一。即使其中某处建筑遗产的某些价值并不出众,但其融入整个遗产系统后便能彰显出其整体价值。

（2）统一的遗产评价管理。中东铁路建筑遗产的管理应形成一个完整的系统。在遗产的评价管理上,应打破省市的行政界线,协调铁路系统与地方政府之间的关系,形成统一的遗产评价和管理标准,制定统一的遗产保护方案与措施,合理、适度地开发,增强遗产在新时期的经济性与适用性。中东铁路附属地中大量存在的个体遗产,虽然微不足道、平凡无奇,然而如果将其融入整个遗产廊道,系统性、整体性地进行保护、研究与开发、利用,则会形成庞大的独一无二的遗产体系,这样的组合会产生强大的整体效果,更加凸显出中东铁路建筑遗产不可替代的价值。"圈护"的保护方法,只适用于"突出"遗产个体的保护,或是遗产群体的保护,不适用于宏观层面的遗产保护。要把单个的遗产要素置于整体遗产的保护、管理和阐释框架下,强调其对遗产整体价值的贡献,建立全面的管理机制,制定整体的保护规划和各附属地遗产间的统一协调机制。

（3）有针对性的遗产保护措施。中东铁路建筑遗产的保护不仅是对建筑遗产形态和空间的保护,更包含了其内在的文化与工程属性,包括民族文化、宗教文化、地域文化、工程技术等。遗产价值评价形成的雷达图展现了遗产的价值特征,针对遗产的价值特征形成有针对性的遗产保护是遗产价值评价的目标,在中东铁路建筑遗产价值构成中,多维度价值之间呈现出了复杂的关系,有涵盖的关系、复合的关系及矛盾的关系等。在保护过程中,也会面临多种价值的平衡思考，保护遗产价值的目的就是使遗产价值利益最大化，所以需要从社会价值需求方面去考虑遗产价值之间的关系，不应因为对某维度价值超理性的认知和推崇而阻碍其他维度价值的开发利用。根据评价结果，有针对性地提出遗产保护政策及保护所需要的资金预算。同时应当明确的是，对中东铁路建筑遗产的保护、开发与利用一定要基于完整保护遗产三大价值的保护原则，最大程度地发挥遗产的经济价值。

（4）保护与合理利用相结合。中东铁路建筑遗产不能被简单视为单纯地反映过去变迁的仅仅供专家使用的推判历史信息的载体。它们应当成为可持续造福当代及子孙后代的优质资源。尤其是对中东铁路建筑遗产当代经济价值的重视，把遗产看作是一种资源，一种具有使用价值、环境价值和情感价值的不可替代、不可再生的资源，把遗产保护与遗产经济价值增值统一起来考虑，为建筑遗产在新的历史时期找到新的"角色"，而非对立起来对待。充分发挥遗产在使用过程中的积极作用，能吸引更多普通人的关注，带来更多的资金流入，使得当地政府在保护与开发、修复与经济之间获得平衡。例如把中东铁路建筑遗产价值保护与经济、社会发展紧密结合，发展"中东铁路特色文化旅游"，在人们畅游历史、品味历史的同时，传承中东铁路建筑遗产价值，培育富有东北地域特色和中东铁路多元韵味的文化产业，在保护和传承遗产价值的同时实现当地经济的发展。遗产地居民是中东铁路建筑遗产价值保护与传承的参与者和受益者，在遗产保护和利用的环节，需要发挥居民作为"使用者"的积极作用，强化居民对遗产价值的认知，增强其传承与保护遗产的自觉性。[185] 同时，在遗产保护过程中，要协调不同利益群体在遗产使用问题上的矛盾与冲突，明晰专业遗产保护者与遗产使用者对遗产历史文化场所的认知差异，制定好遗产的保护发展与定位，在保护、使用遗产的基础上对遗产价值实现传承和提升。

第六节　本章小结

中东铁路建筑遗产的价值体系是由多个价值子集构成的系统，每个价值子集内部之间都存在着密切的联系。将预评价的遗产分解为若干个评价列项，以评价模型来表达其逻辑关系。关键的步骤是信息结果的统计处理，怎样减少不利因素对评价结果的影响以及如何处理数据等带来的误差，这些都是本次价值评价得深入的思考和研究的问题。本章提出了中东铁路建筑遗产的价值评价的目标：在对中东铁路建筑遗产整体保护的前提下，在完整保护遗产的文化价值的基础上，充分发挥遗产的当代价值（经济价值），有针对性地对遗产进行价值类型的分类与价值排序，把价值评价与遗产保护建立关联，从而确定最恰当的遗产保护与利用方式。

确定了中东铁路建筑遗产的评价原则，即整体性原则、原真性原则、发展性原则和开放性原则。针对中东铁路建筑遗产的当代经济价值特点，对评价过程中的评价主体，分别从专家和"情感利益"相关者两方面进行了研究，探讨了公众参与过程中的需求差异导致的评价结果多元化的问题，指出了使用者的认识存在局限性，更多地考虑的是局部的利益需求。中东铁路建筑遗产的当代经济价值的参与人群呈现出明显的多元化特征，所以，在遗产的价值评价中，重视不同类型使用者之间的实际需求与认识分歧，通过控制调研人群的广度和数量，利用软件检验的方法去弥补这种评价差异，对于评价得出的数据应进行效度与信度的检验，以确保评价结果的准确、客观。

　　本书以中东铁路的重要"附属地"海林市横道河子镇作为主要研究区域，选取10栋有代表性的建筑遗产作为研究对象，按照评价的流程进行评价检验，结合遗产多维价值评价模型，得出遗产各维度价值的量值关系及各维度价值的指标因子构成、指标因子的各维度构成及量值，清晰地了解遗产的某种维度的价值在整个中东铁路建筑遗产相关价值中处于何种地位，是高于平均值还是低于平均值，每个遗产的自身价值排序关系，自身的何种价值处于突出地位，进而有针对性地保护。探讨了遗产多维价值评价与遗产多维保护的关联，强调对中东铁路建筑遗产要采用各种适宜的方式去使用，只有使用才能最大程度地延长遗产的寿命，只有使用才能使遗产得到更好的维护，只有使用才能使遗产重新聚拢更多的人气，只有使用才能使遗产的影响力和文化传播能力得到扩展。在遗产的使用过程中，应关注使用者的利益需求，提升公众参与与保护遗产的积极性。

第六章 结　　论

中东铁路建筑遗产的价值评价是进一步对遗产进行保护与开发的前提，评价的效度和科学性仍有进一步提升的空间。中东铁路建筑遗产的多维价值评价体系不仅要对多种评价方法的可行性进行尝试，更要通过建筑遗产多维价值评价范式模型来倡导一种遗产价值评价的思维方式，即树立多维的、当代的建筑遗产价值评价观念。本研究的主要研究成果及创新点：

（1）本书针对中东铁路建筑遗产的多维遗产保护建立了遗产多维价值评价模型，模型体现了遗产价值维度与指标因子的层级关系，可以直观对比价值维度之间的量值差异，清晰地观察遗产价值的构成关系，强调了遗产多维价值的平等性；引入熵值法求权重并结合改进雷达图求综合值，获得遗产价值综合量值，避免了主观赋权法对遗产权重的先验式确定，在此基础上形成了遗产价值雷达图的分类、对比及价值排序，有针对性地解决了一系列遗产保护相关问题；强调遗产价值评价的目的不仅仅是为了分级，也是为了分类。针对遗产的价值特性，确定遗产的保护方式和保护设计，在遗产保护和遗产价值评价之间建立关联，强调建筑遗产价值分类和价值排序对遗产价值保护和传承的影响，是一种评价思维范式的转变，有助于拓展建筑遗产价值评价学的研究论域，也是对遗产价值问题研究的补充、丰富和发展。

（2）本书总结了中东铁路建筑遗产建造活动的规律性，分析了其多样化的城镇规模与空间形态呈现出的独特的遗产特征及其本质价值内涵，强调了其作为近现代建筑遗产价值构成的多元化特点，把中东铁路建筑遗产看作是一种当代社会资源，从资源整合的视角对使用人群和使用活动重视，建构属于当代的中东铁路建筑遗产价值体系，即历史价值、艺术价值、科技价值、环境价值、使用价值和情感价值，指出中东铁路建筑遗产的价值评价是以它的文化价值（历史价值、艺术价值、科技价值）为基础，最大程度地发挥它的经济价值（环境价值、使用价值和情感价值），以实现其当代社会价值，分析了中东铁路建筑遗产的价值整体性，认为遗产价值的整体意义大于个体意义的简单组合，提出了对中东铁路建筑遗产进行整体保护的思路，把非保护类遗产纳入评价关注的视野。

（3）本书建立了中东铁路建筑遗产的评价指标体系，正视遗产不同类型的价值在当代的使用过程中产生的矛盾，提出了中东铁路建筑遗产价值评价的目标和评价原则，检验了评价的过程，明确了评价过程中的指标评分处理、权重计算、综合求值、价值排序及价值分类等环节的细节处理，利用改进的评价计算方法提升评价的效度和信度，对评价结果进行了分析并得出了与遗产价值特征相对应的价值传承策略，强调了对遗产的合理使用的重要性。对遗产价值指标因子的挖掘和理解体现了中东铁路建筑遗产的独特性，奠定了有针对性的遗产保护的基础。评价指标体系涉及 6 个维度 29 项指标，通过对每一项指标的释义、说明，建立了统一的评价标准，明确评分的尺度与细节，减少主观因素导致的不客观。

（4）在涉及建筑遗产公众参与的评价层面，通过问卷调研与访谈得出评价的基础数据，发现不同遗产评价使用者主体的认识均存在局限性，不同群体更多考虑的是不同局部的利益需求，指出遗产的多元复合价值既矛盾又统一，在评价时应当尽可能地认知遗产的复杂的价值关系，平衡相关矛盾，充分发挥遗产使用主体的能动性，综合考虑相关因素，确保遗产保护的长远利益和可持续发展，充分考虑遗产保护过程中的可操作性。

可以继续拓展研究的问题：

由于研究的篇幅有限，本书提出的建筑遗产评价模型还有拓展研究的空间，主要表现在以下几个方面：

（1）多元的中东铁路建筑遗产的价值构成决定了其评价体系和评价方法不可能是完美和惟一的，从遗产价值体系的建构到遗产价值指标体系的形成，受研究者和专家团队选取的限制影响，都存在着主观性。对评价模型的效度检验方法还可以进一步进行深化研究。本书重点关注了单体建筑遗产的评价，对于群体建筑遗产的研究可以进一步加强。

（2）中东铁路建筑遗产包含东西线和南线，本书主要讨论了东西线的相关内容，南线内容空缺，东西线和南线在设计建造、建筑类型构成、人文特征等方面存在着明显的差异。所以，遗产的价值构成和价值指标因子构成均会发生改变。

（3）本评价体系的权重是根据评价信息量值用熵值法确定的，是一种变权的评价模型，权重不是常量，所以在评价不同分组的遗产时，权重会发生相应的改变，不同组的建筑遗产的价值综合值如何排序还有待进一步探讨。此外，针对不同的评价目标，可以采用熵值法与其他方法相结合的方法确定评价中的权重关系，可以进行拓展研究。同时，对中东铁路建筑群体价值评价进行实证研究，对评价的专家团队进行优化，对中东铁路建筑遗产价值指标因子进行推敲完善，对中东铁路建筑遗产多维价值评价模型进行检验都可以是进一步研究的内容。还可以编制相关自动化程序，形成一个辅助计算、聚类和分析的数据平台，使遗产价值的评价过程和评价结果简化、直观。

附 录

附录 1 圣母进堂教堂价值综合调研与评分（中东铁路建筑群之圣母进堂教堂）

价值分类	调研内容					评分		合计
	年代	类型	级别	现状用途	现状评价	分项		
	1903年	教堂类建筑——基督教的一个分支"东正教"	2006年，评为国家级文物保护建筑	现今是远东博物馆	较好			
	图片							
	1923年的教堂							
	历史人物与事件			建筑历史	地段历史			
历史价值	1902年11月1日一位名叫"伊诺坎基·别耶拉夫斯基"的司祭曾在此教堂接受洗礼；1962年教堂改作疗养院；1968年3238部队进入横道河镇，为部队使用并在两年后备战开始时作为战备医院使用；1980年4月之后先后做过果酒车间和补酒车间			1902年以信仰为目的的俄国人开始建造这座教堂 2009年教堂的外表皮已经开始脱落，部分建筑结构破坏，从而修缮	位于中东铁路沿线，东山脚下	历史信息保存的唯一性	8	
						历史信息本身的重要性	7	
						建筑本体的真实性	4	
						分项		合计
						相关历史事件与人物	5	
						历史信息保存的完整性	8	
						岁月痕迹的沧桑感	5	

续表

价值分类	调研内容				图片	评分		
	结构形式	承重形式	位置	结构技术评价		分项	评分	合计
科技价值	教堂的结构形式为木刻楞，主体为圆木，地基为宽50cm，高1m左右地下五六十厘米，地面上四五十厘米，屋顶为人字架，外有铁皮包裹。其形式为典型的井干式木结构	承重墙用整根的原木层层叠加而成，再将内部辅以圆木柱子，原木彼此咬合形成榫卯的形式以此提高墙体的稳定性，在室内大空间处增设柱子	1. 墙体采用顺直的落叶松木，直径约为20cm 2. 屋顶架为木质，表面为镀锌铁皮或金属板 3. 基础为大粒径石材	1. 采用当地丰富的木材原料，因地制宜 2. 结构形式成熟，跨度大		建筑技术的典型性	7	
						建筑技术对现实的参考借鉴价值性	6	
		描述外观		描述状况				
		教堂子建立至今已有上百年了，这期间有过一次较为严重的损坏，前后也曾有几次修缮，如今教堂外面为绿色油漆		教堂的结构没有改变，墙体有部分脱落，但已修缮一新，建筑原真性保存良好		工艺材料的适宜性	6	
	总体规模	平面格局		风格		分项	评分	合计
艺术价值	教堂建筑面积约为614m²，室内可容纳500名信徒进行宗教活动，其规模仅次于哈尔滨的"圣尼古拉大教堂"，教堂保护区占地10623m²；标志性建筑之一	平面呈集中式布局的希腊十字形，建筑南侧左右各有一个入口，西北侧为次入口		全国著名的木质东正教堂，纯正的俄罗斯早期建筑风格	平面图（作者自绘）	建筑艺术的代表性	8	
						建筑外形的完好程度	9	
						艺术特征的完整性	7	
						反映地域特色的程度	9	
						对当代建筑设计的参考借鉴	7	
						城镇文化景观的艺术价值度	6	

续表

价值分类	调研内容			图片	评分		合计
情感价值	情感影响程度	标志性及社会知名度	1. 中国早期的宗教文化影响 2. 曾发生过许多历史事件 3. 是日本侵华战争的见证者	是中东铁路附属地唯一的木质东正教堂，为当地最为标志性的建筑之一，称为"喇嘛台"，是沙俄侵华最好的证明	分项		合计
					典型典型人居活动场所	6	
					纪念和宗教场所	9	
					生活习惯的延续性	5	
					遗产的使用人群	7	
					遗产的精神象征作用	7	
					场所心理认同	7	
环境价值	地段环境景观	景观特色	1. 位于佛手山背面，居子高地 2. 周围树木茂密，成环抱之势，视野良好	周围环境神秘而又静谧，教堂位于高地上，视野开阔，周围绿树成荫	分项		合计
					遗产与自然环境的关联性	7	
					与群体建筑环境的风格协调性	5	
					城市名片作用	8	
		布局特色	教堂位于横道河子镇东面的一个台地上，其东面是301国道，铁路职工住宅位于西面，地理位置为东经129°03′41″，北纬44°48′37″，海拔高度439m，小镇中心偏东，位居道路端头重要节点上，因此周围经常有各类活动	道路轴线的尽头，地势最高，显示出其地位在横道河子镇的重要程度	分项		合计
					地标作用	5	
	街区环境	街区生活的延续性	生活仍然受俄罗斯文化影响较大，但是近年来的发展使得民俗文化有部分缺失	西部街区火车站周边以商业为主，东部街区以教堂为中心，居住苍插其中	分项		合计
		街区景观的延续性	建筑大部分保持原貌，基本再现当年的景观特色		反映文化特色程度	5	

续表

价值分类	调研内容				图片	评分		合计
	历史风貌保存状况	建筑风貌保存状况	空间格局保存状况	位置场所的变迁		分项		
环境价值	城镇发展的需要，原有风貌部分破坏，传统风貌点状分布于街区内部	原有宽敞公共空间和院落空间被加建和私建建筑占用，街区内零乱的小道通往马路，大部分住家没有明显的标识，建筑主要是原有俄式建筑	街区保存较为完好，周边居住空间从闹到静，从开放到封闭的完整的空间组织序列构成，反映出居民从公共生活到私密生活的过渡	基本位置保持原有格局，教堂中心性随着俄国人的离去而变得冷清；相反，该地区成为城镇商业中心	历史建筑点状分布	遗产环境的真实性	7	

	调研内容				图片	评分		合计
	教堂的配套设施	现状用途		结构安全		分项		
使用价值	由于教堂修建时中东铁路东部线刚刚通车不久，各方面条件还不够完善，教堂规模、功能、建筑材料等方面都受到一定制约	1955年俄国人迁走，东正教活动停止，这里成为横道河子果酒厂的厂房，现今是东正教博物馆		建筑材料缺乏，当地木材却取得方便，木结构教堂成为首选；近年维修又将教堂大厅用钢筋混凝土框架加固	建筑风貌现状	建筑结构的安全性	7	
						配套设施的完备性	4	
						遗产的适用性	7	
						遗产当前用途的合理性	7	

	调研内容				图片	评分		合计
	交通区位	繁华程度		城镇区位		分项		
	交通较为便利，位于俄罗斯老街的重要节点	位于全镇人口最密集的居住区之中，学校和政府比邻而建，当年俄罗斯人礼拜的地方，极为热闹		在横道河子镇东山脚下一个较高的台地上，背山面居，地势较高，位置显著，具有全镇最好的景观视线		地理与区位	5	
						群体空间格局的完整性	8	

续表

价值分类	调研内容			图片	评分	
	外部形态的改扩建	内部功能的改变	改扩建质量		分项	合计
使用价值	教堂院内四角的方向扩建有四处塔楼,与教堂风格接近,屋顶增建尖顶及细部装饰构件,如檐口等。教堂早期色彩为原木色,现已刷成墨绿	教堂建造之初其使用功能为礼拜、朝圣,为传统教堂的"T"形布局,后用作疗养院,将神像拆毁,如今作为爱国教育基地与历史展示厅	改扩建尊重建筑的原真性,改扩建的部分很好地与教堂本身融合,并不突兀	1923年接近原貌的教堂 1975年左右破损的教堂(炮塔丢失) 2014年的教堂(粉饰墨绿色)	再生的经济性	4

附录 2　横道河子机车库价值综合调研与评分（中东铁路建筑群之机车库）

价值分类	调研内容				图片	评分		合计
	年代	类型	级别	现状用途	现状评价		分项	
	1903年7月	工业建筑	于2006年被评为全国重点文物保护单位	海林市中东铁路历史展览馆	保留较为完整，经整修后焕然一新		岁月痕迹的沧桑感	6
							建筑本体的原真性	6
	总体规模			平面格局	风格		分项	合计
	中东铁路在沿线设了10个务段，横道河子是其中最大的机车库，在东北地区铁路史上具有一定的影响，是横道河子标志性建筑之一，它见证了沙俄19世纪对我国的侵略扩张			平面呈扇形布局，一次性可容纳机车15台，分别与扇形的圆心处的调车台相对应	机车库为俄式建筑风格		历史信息保存的完整性	6
	历史人物与事件			建筑历史	地段历史		分项	合计
历史价值	1903年，由于张广才岭地势较高，当时的技术很难解决翻越张广才岭的问题，诺多俄罗斯专家齐聚于此，最终确定建造机车库，直到1990年，被内燃机车完全取代，老机车库才完成其历史使命。历经沧桑，后用作石材厂			1903年建造1990年被内燃机车取代1990~2004年石材厂使用2004年至今，机车库被保护起来	20世纪90年代，蒸汽机车退出历史舞台，热闹的机车库定格在了人们的记忆中	机车库调车盘 修整之前的机车库	相关历史事件与人物	6
							历史信息保存的惟一性	6
							历史信息本身的重要性	8

续表

价值分类	调研内容			图片	分项	评分	合计
艺术价值	功能装饰	机车每道门上方都呈三角拱顶，15个门拱顶互相连接起来，均匀起来，细节处理也非常到位，铁制节点做工精美。在门扇最里面除外，最里面一层垂直铺设木板，并从对角线水平方向用木板加固	门窗构件修复	门窗构件按机车库原本的设计进行更新，最大程度上保留原本的构造形态，让横道河子机车库以原本的形态再次出现在人们的生活之中	修正之后的机车库	建筑艺术的代表性	5
						建筑外形的完好程度	7
	立面装饰造型	门的立柱则用两道花岗石，既加固又装饰。在檐下，可以看到在砖砌时檐口是层层出挑的，出现锯齿形的线角，仔细看时，可以想象到当时工匠的技艺与细心	风格延续	机车库结构和建筑材料的特点促使建筑的艺术价值能够完整地延续下去，又没有受到外在破坏，很好地保留下来，对后人有很重要的参考价值	闲置状态的机车库 2015整修后的机车库	艺术特征的完整性	8
						反映地域特色的程度	6
						对当代建筑设计的参考借鉴	4
						城镇文化景观的艺术价值	5
科技价值	结构形式	远东机车库厚重的墙面为红砖砌筑而成，四周墙体设构扶壁。建筑由于受结构技术的限制而采用厚重的结构体系，这种结构形式的转变造就了它坚不可摧的建筑形象	承重形式	机车库的承重结构以钢柱和外墙承重为主，以墙梁承重为辅，屋顶为改良的拱券结构	结构技术评价	1. 采用当时最为先进的拱券结构 2. 整体跨度较大，空间灵活	建筑技术对现实的参考借鉴价值	8
							建筑技术的典型性	9

续表

价值分类	调研内容			图片	评分		合计
	位置	描述外观	描述状况		分项		
科技价值	主体为红砖砌筑,室内设有钢柱。屋顶采用拱券结构,结构层中设钢肋条,屋面铺设铁皮	1. 建筑已有百年,缺乏保护措施 2. 由于年久失修,外观破坏严重,缺乏维护和管理	1. 直到1990年才停止使用 2. 1990以后用作石料厂,对外观和内部结构破坏都较为严重		工艺材料的适宜性	7	
	情感影响程度		标志性及社会知名度		分项		合计
情感价值	机车库形成与发展是横道河子城镇的历史见证,以其自身真实的建筑形象,成为国人尤其是青少年进行历史教育的活课堂,让人身临其境地学习历史,全身心地去感受它		机车库是横道河子最具标志性建筑。建筑规模在地图上清晰可见。引用一句横道河子站长苏吉海的话:"机车库是横道河子的标志性建筑,但是岁月让它失去往日的辉煌",可以看出其地位之高		典型人居活动场所	5	
					纪念和宗教场所	7	
					遗产的使用人群	6	
					遗产的精神象征作用	7	
					生活习惯的延续性	5	
					场所心理的认同	5	
	地段环境景观		景观特色		分项		合计
环境价值	1. 位于张广才岭的腹地,四面高而中间低,地势平出 2. 周边环境较差,有待改进		弧形的机车库限定出特定的空间,绿化较少,原本的建筑景观已经被破坏,场地里由于缺乏修理,杂草丛生		遗产环境的真实性	4	
					遗产与自然环境的关联性	6	
	街区环境		布局特色		分项		合计
	与调度室、维修办公室机务公寓,共同组成了机车库建筑群,位于横道河子镇北侧的山脚下		机车库选址的位置最为重要,依据功能要求,置于镇西北侧山脚下最为适用,作为向西爬岭高岭子的起点,最大限度地满足服务要求		反映文化特色的程度	4	
					地标作用	8	

续表

价值分类	调研内容		图片	评分		
				分项		合计
环境价值	建筑空间	从建筑立面上看，屋顶的拱券结构连绵起伏，富有韵律。每个单元所对应的背面设一组拱形窗，窗间墙上设置一个圆形小窗，满足工业光的要求，虚实结合，也丰富了室内的空间层次		与群体建筑环境的风貌协调性	4	
	环境空间	远东机车库根据功能需求，巧妙地设计了圆形车台。将机车库平面设计为扇形，代替了以往只以矩形呆板的矩形车库		城市名片作用	7	
	发展旅游	近几年，将横道河子机车库整修后开始对外开放，作为海林市中东铁路历史陈列馆，供游人旅游观光				
使用价值	机车库的历史使命	机车和机车位子横道河子镇产生后一直在使用，直到1990年，比古老的蒸汽机车先进一步，动力更大的内燃机车完全取代之时，高岭子中东铁路终于完成其历史使命		建筑结构的安全性	6	
		1916年，中东铁路从美国又购进了造略博脱型(DP、DK)蒸汽机车和部件，由哈尔滨铁路总工厂组装，并成为了中东铁路牵引的主型的机车		配套设施的完备性	3	
	保存完整	现在，不但在中东铁路沿线，就是在全国，能够大面积完整保留下来的旧址已经十分难得		遗产的适用性	6	
				遗产当前用途的合理性	6	
	交通区位	横道河子机车位于横道河子镇北，属于一个重要的交通枢纽，西接望岭，东临公寓楼，南靠连东线、北面是居民住房		地理与区位	4	
	城镇区位	它以镇北的山景作为建筑背景，风景修理，环境优美		群体空间格局的完整性	6	
	内部功能的改变	横道河子机车库1990年以后作为石材加工场所，2004年，石材加工厂迁出机车库，因此对机车库内部和周围空间破坏较大				
	外部形态改扩建	现在机车库周围质储装，并在附近增被、转盘、铁轨以及机械设备现今已基本复原		再生的经济性	4	
	改扩建质量	横道河子机车库现已基本复原，用于旅游、展览等项目				

附录3 横道河子俄式木屋价值综合调研与评分（中东铁路建筑群之俄式木屋）

价值分类	调研内容					图片	评分		合计
	年代	类型	级别	现状用途	现状评价		分项		
	不详（大约1903~1907年之间）	铁路职工住宅	市级文物保护单位	住宅	较好		历史信息保存的完整性	8	
							历史信息本身的重要性	7	
							建筑本体的真实性	9	
历史价值	历史人物与事件			建筑历史		地段历史	分项		合计
	20世纪初，成为37岁的前苏联专家达丽娅复娃的住宅			具体建造年代不详，可能与俄式7号木屋在一个时期。当时期到地工作学习方便，铁路局专门盖了这栋独门独院的木刻楞建筑		1903年建成，作为达丽娅娃住处 2005年，成为田牧明的根雕馆	相关历史事件与人物	9	
							历史信息保存的惟一性	7	
							岁月痕迹的沧桑感	8	
	根据北方气候寒冷等特点，在入口处设计了凸凹出的门斗，起到了保温、防风的功效，使立面的界面有了凸凹的变化，另外还设有雨搭						分项		合计
							建筑艺术的代表性	7	
							建筑外形的完好程度	8	
艺术价值	屋顶			屋顶部分构件			分项		合计
	人字形木屋架，然后钉木楞，屋面上覆镀锌薄钢板或金属板			屋顶山墙上两脊相交处有木制十字架，造型独特，檐口挑出的部分较大			艺术特征的完整性	6	
							反映地域特色的程度	4	
	主墙面			转角处理			分项		合计
	立面墙体用木板制作，通过木板的摆放形成独特的纹理；墙体内填充石灰、木屑保温			转角为硬角处理，再包上竖向的长条木板并涂上油漆，未分割建筑的界面			城镇文化景观的艺术价值度	5	
							对当代建筑设计的参考借鉴	7	

续表

价值分类	调研内容			图片	评分		合计
	结构形式	承重形式	结构技术评价		分项		
科技价值	木质墙体结合人字架屋顶	木墙承重	建筑整体采用木构,精美,结构稳定		建筑技术的典型性	4	
					建筑技术对现实的参考借鉴价值性	6	
	位置	描述外观	描述状况		分项		合计
	1.墙体采用落叶松木,中间夹干苔藓 2.屋顶采用木屋架,覆铁皮		建造已有百年历史,全木结构没变,经修缮后,保留了原本的建筑风格		工艺材料的适宜性	5	
			腐蚀较为严重,后经住户修缮过				
	情感影响程度	标志性及社会知名度	环境空间		分项		合计
情感价值	1.俄罗斯民族粗犷性的映射 2.中俄文化的交融	是中东铁路沿线仅存的几栋独门独院的木刻"毛子房"之一	独立的院落空间		典型人居活动场所	5	
					纪念和宗教场所	8	
	建筑空间				生活习惯的延续性	6	
	一室一厅的空间格局,平面功能较为单一				遗产的使用人群	7	
					遗产的精神象征作用	6	
					场所心理认同	4	
	地段环境景观	街区环境	景观特色		分项		合计
环境价值	1.镇北301国道路基下,地势平坦 2.周边环境较差,需要维护		院落式景观设计,恬静深远		反映文化特色的程度	6	
					遗产环境的原真性	7	
			布局特色		分项		合计
	位于教堂东南住宅区内,大部分住宅都设有独立院落,住宅呈集中式布局		独门独户的建筑布局,的延长部分,住宅正面朝向老街		地标名片作用	6	
					城市建筑环境的风貌协调性	6	
					与群体建筑环境的风貌协调性	7	
					遗产与自然环境的关联性	5	

续表

价值分类	调研内容			图片	评分		合计
					分项	评分	
使用价值	配套设施 住宅年久失修,配套设施保留较少	现状用途 居民住宅	结构安全 结构整体为木结构,稳定性较差		建筑结构的安全性	4	合计
					配套设施的完备性	5	
					遗产的适用性	7	
					遗产当前用途的合理性	6	
	交通区位 交通便利,位于俄罗斯老街开端部分	繁华程度 位于全镇人口最密集的居住区之中,人口居住非常居中	城镇环境 位于横道河镇东山脚下,静谧深远,环境优美		地理与区位	7	合计
					群体空间格局的完整性	6	
	外部形态的改扩建 建筑装饰保存较好,先用于民居,装饰保留原有俄罗斯特色,改建之后又混有主人自己的宗教信仰特色,贴面装饰细部和屋顶部都维修过	内部功能的改变 内部空间保留较为完整地仍可以使用	改扩建质量成果 这些特色不但没有破坏掉原来的建筑风格,反而为建筑增添了新的建筑色彩		再生的经济性	3	合计

附录 4 横道河子 7 号住宅价值综合调研与评分（中东铁路建筑群之 7 号住宅）

年代	类型	级别	现状用途	现状评价
1925 年	木材商人住宅	全国重点文物保护单位	现状住宅	较好

调研内容

历史人物与事件：俄罗斯木材开发商住宅。俄国布尔什维克党员、铁路教师乌曼斯基曾在此居住过。1918 年 5 月 15 日，乌曼斯基被沙俄白匪杀害，由此引发中东铁路第一次大罢工

建筑历史：建造年代不详，可能和俄式 7 号木屋属于一个时期

地段历史：1903 年，中东铁路建成以后，大批俄国人集聚于此，从此以后大量木材从中国运往俄国，且该住宅距离原木材厂较近

功能装饰：利用北方气候寒冷的特点，根据需要，在建筑一层设有采光房。屋顶为双坡，上表面附着铁皮屋面。既起到了保温、防风的功效，又使建筑整体界面有了灵活的变化

屋顶：屋面为人字形木屋架，屋顶为双坡，上表面附着铁皮屋面

立面装饰造型：墙体清水砖砌，红砖外粉饰黄色涂料，建筑立面贴面装饰较少。主要集中在檐口位置，在檐口部位采用砖砌锯齿装饰，增加檐口的层次感，使建筑形象生动活泼

屋顶部分构件：在屋顶的两侧采用切尖的山墙顶，由于建筑规模较小，烟囱较少

评分

价值分类	分项	评分	合计
历史价值	历史信息保存的完整性	5	
	历史信息本身的重要性	4	
	建筑本身的真实性	7	
	相关历史事件与人物	4	
	历史信息保存的唯一性	4	
	岁月痕迹的沧桑感	7	
艺术价值	建筑艺术的代表性	7	
	建筑外形的完好程度	6	
	艺术特征的完整性	6	
	反映地域特色的程度	7	
	城镇文化景观的艺术价值度	6	
	对当代建筑设计的参考借鉴	6	

续表

价值分类	调研内容			图片	评分		合计
	结构形式	承重形式	描述外观		分项	评分	
科技价值	砖木结构，清水砖砌筑墙体，结合木质人字形屋顶	墙承重	坚固耐用，厚重稳定	—	建筑技术的典型性	4	合计
	位置		描述状况		分项	评分	
	1.墙体为红砖砌筑 2.屋顶人字形木屋架，铁皮覆盖 3.基础采用大块石材砌筑 4.铁艺窗框，木制门斗		墙体转角有装饰的线脚基本没有被破坏，部分窗扇为了方便利用被替换成铁艺窗框，破坏了建筑整体形象		建筑技术对现实的参考借鉴价值性	6	
					工艺材料的适宜性	5	
	情感影响程度		标志性及社会知名度		分项	评分	
情感价值	1.中国人对于俄国布尔什维克的尊重和敬仰之情 2.中俄文化的共鸣		是当时俄国共产党人和教师在中国东北地区工作与生活的写照		典型人居活动场所	6	合计
					纪念和宗教场所	5	
	建筑空间		环境空间		生活习惯的延续性	6	
	为两室一厅的廊式空间格局，平面功能较为单一		位于街道旁边，有独立的院落空间		遗产的使用人群	9	
					遗产的精神象征作用	6	
					场所心理认同	5	
	地段环境景观		景观特色		分项	评分	
环境价值	1.镇北301国道路基下，地势平坦 2.地势较低，环境良好		住户设有独立的院落，绿化较少		遗产环境的原真性	8	合计
					遗产与自然环境的关联性	6	
					城市名片作用	7	
	街区环境		布局特色		分项	评分	
	位于教堂东南方向的住宅区内，木材厂位于东南方，交通四通八达，属于过渡区		木材厂就近布局，考虑了交通因素，缩短工作和生活之间的距离，最大限度地提高工作效率		反映文化特色的程度	7	
					地标作用	9	
					与群体建筑环境的风貌协调性	9	

续表

价值分类	调研内容			图片	评分		合计
	历史使命	配套设备	完整度		分项	分项	
使用价值	继续延续建筑原本的住宅功能	建筑一侧设有附加的杂货棚	建筑保存较为完整，基本保持原貌		建筑结构的安全性	6	合计
					配套设施的完备性	7	
					遗产的适用性	7	
					遗产当前用途的合理性	5	
	交通区位	繁华程度	城镇环境		分项		合计
	交通便利，位于俄罗斯老街开端附近	位于全镇最南端，位置相对偏远，主要为俄国人提供便利	在横道河镇东山脚下，远离镇中心，环境安静祥和		地理区位	4	
					群体空间格局的完整性	4	
	外部形态的改扩建	内部功能的改变			分项		合计
	为了方便利用，部分窗扇被替换为塑钢窗，在其侧加建木质库房	内部功能保留完整，没有受到太大破坏	改扩建部分较少，侧面库房由于年代较近，保存相对较好，对整体建筑风格破坏较小		再生的经济性	5	

附录 5 横道河子站房价值综合调研与评分（中东铁路建筑群之站房）

价值分类	调研内容					图片	评分		合计
	年代	类型	级别	现状用途	现状评价		分项		
历史价值	1901年开工站，当时是二等站	公共建筑	市级文物保护单位	仍为车站候车室	较好		岁月痕迹的沧桑感	4	
							建筑本体的真实性	5	
							历史信息本身的重要性	7	
	历史人物与事件			建筑历史			分项		合计
	由中东铁路工程局第十一工程段施工，负责建筑施工的是俄籍工程师阿莫索夫，1901年又被工程师库利科夫接替			1967年车站遭火灾后，进行过一次修复，2002年，在原俄罗斯传统建筑的基础上改建维修			历史信息保存的完整性	4	
							相关历史事件与人物	5	
				地段历史			历史信息保存的唯一性	5	
				1903年中东铁路建成至日伪时期，一直作为军政机关所在地					
	功能装饰			立面装饰造型			分项		合计
艺术价值	站房重新修建以后，立面装饰较为单一，只有简单的贴面装饰保留下来，根据寒冷的特点，设计了独立的门斗，起到了保温的效果			建筑立面保留了哥特式尖塔，俄罗斯民间砖木结构的传统形式			建筑艺术形的代表性	6	
							建筑外形的完好程度	7	
							艺术特征的完整性	4	
	屋顶			屋顶部分构件			反映地域特色的程度	8	
	屋顶为哥特式尖塔造型			红色屋顶，原有的木质构件在1976年车站遭大火后未能保留下来			对当代建筑设计的参考借鉴	5	
							城镇文化景观的艺术价值度	5	

续表

价值分类	调研内容			图片	评分		合计
		结构形式	承重形式		分项	评分	
			结构技术评价				
科技价值	横道河子车站为砌体结构	在建筑基础部分由石块砌筑而成	建筑整体打破了平房的感觉,两个哥特式的尖塔使建筑有高低错落之感		建筑技术对现实的参考借鉴价值	5	
	位置	描述外观			建筑技术的典型性	7	
	是牡丹江西隆门户,中东铁路东部线上的一个重要车站	色彩依然是米黄色基调,白色点缀,配上帐篷顶的红色			工艺材料的适宜性	6	
情感价值	情感影响程度	标志性及社会知名度	环境空间		典型人居活动场所	5	
	俄罗斯风情生活的延续,中俄文化的交织	除了火车站是全国重点文物保护单位外,还有圣母进教堂、铁路大白楼、铁路治安所驻地、俄式木屋、中东铁路横道河子机务旧址等	车站前为单一的矩形广场,绿化较少,交通便捷		纪念和宗教场所	6	
	建筑空间				遗产的精神象征作用	5	
	建筑空间呈矩形分布,功能分区较为明确				遗产的使用人群	8	
					生活习惯的延续性	5	
					场所心理认同	4	
环境价值	地段环境景观	景观特色			遗产与自然环境的关联性	4	
	周边种植低矮的树木,为了避免破坏花建筑的整体美感,点缀几棵树木来托车站的红色配上周边的绿以及天空的蓝顶,构成一幅美丽的图画	建筑本身就是环境中的一件艺术品,屋顶			遗产与自然环境的关联性	8	
	街区环境	布局特色			反映文化特色的程度	5	
	小镇周边环境优美,景色宜人,由于位于张广才岭脊背的最回地,空气清晰,吸引很多游客前来观光	横道河子街区布局延续了原有的街区空间,在横道河子南北大道,河流穿过			地标作用	5	
					与群体建筑环境风貌协调性	6	
					城市名片作用	6	

续表

价值分类	调研内容			图片	评分		合计
	配套设施	现状用途	结构安全		分项		
使用价值	配套设施 站内配套建筑为材料装卸房	现在车站仍用作车站候车室,车站内的其他建筑用作材料装卸区	建筑结构为二层砌体结构,站内为一层,站外为二层,结构稳定	—	建筑结构的安全性	7	合计
					配套设施的完备性	7	
					遗产的适用性	8	
					遗产当前用途的合理性	9	
	交通区位 是通往青岭子的必经之路	繁华程度 过去用于车站候车室,现在仍延续着原来的功能	城镇环境 环境优美,还保留了原有的建筑环境,人文气息浓厚		地理与区位	6	合计
					群体空间格局的完整性	6	
	外部形态的改建 重新改建后去掉了原本的雨蓬,屋顶整体色调一致	内部功能的改变 内部功能未变,还用于乘客候车	改扩建建质量或成果 建筑质量提高,基础稳定,提高了车站的利用率		再生的经济性	9	合计

附录6 横道河子满山岗7-2号建筑价值综合调研与评分（中东铁路建筑群之住宅）

价值分类	调研内容					图片	评分		合计
	年代	类型	级别	现状用途	现状评价		分项		
历史价值	不详，估计和俄式7号住宅同一个时期	住宅建筑	市级文物保护单位	现状住宅	较好	（满山岗7-2号建筑照片）	岁月痕迹的沧桑感	2	合计
							建筑本体的真实性	5	
							历史信息本身的重要性	4	
	历史人物与事件			建筑历史			分项		合计
	俄罗斯铁路职工住宅			1903年，中东铁路建成，俄国人集聚于此 地段历史		—	历史信息保存的完整性	5	
							相关历史事件与人物	4	
							历史信息保存的唯一性	3	
艺术价值	功能装饰			立面装饰造型			分项		合计
	因为横道河子地处北方寒冷地区，住宅建筑的立面设计了凸出的木质雨蓬，使原本简单的立面增加了一些虚实的变化			墙体清水砖砌，红砖外粉饰黄色涂料，古典主义装饰较少，主要集中在檐口位置，在檐口部位用砖砌落影装饰，增强了建筑物的生动感		—	建筑艺术的代表性	5	
							建筑外形的完好程度	3	
							艺术特征的完整性	5	
	屋顶			屋顶部构件			分项		
	根据北方地方的气候特征，屋顶为人字形木屋架，表面附着铁皮			有多个烟囱，采用梯形山墙		—	反映地域特色的程度	3	
							对实当代建筑设计的参考借鉴	5	
							城镇文化景观的艺术价值度	3	
科技价值	结构形式			结构技术评价			分项		合计
	砖木结构住宅建筑，清水砖砌结合木质人字形屋顶设计		砖墙承重	住宅建筑采用当地的建筑材料，坚固耐用		—	建筑技术对现实的参考借鉴价值性	6	
							建筑技术的典型性	2	
	位置			描述外观			分项		
	1.基础采用大块石材 2.墙体红砖砌筑 3.铁艺窗框、木质门			建筑整体保存完好，窗门的改造对其整体形象有一定影响		—	工艺材料的适宜性	4	

续表

价值分类	调研内容			图片	评分		合计
情感价值	情感影响程度	标志性及社会知名度	中俄文化的交织	地理位置优越,是市级文物保护单位		典型人居活动场所	4	
					纪念和宗教场所	4	
					遗产的精神象征作用	3	
	建筑空间	环境空间	住宅内部空间为单一联排式的模式划分	每一户对面都有与此对应的小院落空间,视野开阔	—	遗产的活态使用人群	5	合计
					生活习惯的延续性	7	
					场所心理认同	6	
环境价值	地段环境景观	景观特色	地势较高,靠山而建,地段环境保护较好,在文物保护控制地带,建筑多为单层	住宅后面有住户私自建设的院落,没有景观设置,环境较为杂乱		遗产环境的真实性	3	合计
					遗产与自然环境的关联性	4	
					反映文化特色的程度	5	
	街区环境	布局特色	位于教堂东南住宅区内	位于横道河子东山坡下,地势相对较高。位于生活区边缘,充分考虑了地域特色	—	地标作用	4	合计
					与群体建筑环境的风貌协调性	4	
					城市名片作用	5	
使用价值	配套设施	结构安全	没有附加建筑	传统横墙与纵墙承重,结构稳定安全		建筑结构的安全性	6	合计
					配套设施的完备性	5	
	现状用途		原为住宅建筑,现状具体用途不详			遗产的适用性	6	
		外部形态的改扩建	门窗没有因为使用问题而作更换,只对外立面进行粉刷,装饰线脚保留较为完整			遗产当前用途的合理性	4	
	交通区位	城镇环境	交通相对便捷,位于俄罗斯老街相邻街道	位于横道河子东山脚下,住宅区域较为宁静		地理与区位	4	合计
					群体空间格局的完整性	5	
					再生的经济性	5	

附录 7 横道河子欣新路 34 号局宅价值综合调研与评分（中东铁路建筑群之住宅）

价值分类	调研内容						图片	评分		合计
	年代	类型	级别	现状用途	现状评价			分项	分值	
	不祥，估计和俄式 7 号住宅一个时期	住宅建筑	市级文物保护单位	现状住宅	较好			岁月痕迹的沧桑感	3	
历史价值								建筑本体的真实性	3	
								历史信息本身的重要性	4	
	历史人物与事件			建筑历史		地段历史		分项		合计
	铁路建成以后，成为俄罗斯铁路职工家属住宅			不详，估计和俄式 7 号住宅一个时期		1903 年，中东铁路建成，俄国人集聚于此		历史信息保存的完整性	3	
								相关历史事件与人物	4	
								历史信息保存的惟一性	3	
	功能装饰							分项		合计
	根据北方的地域性特征，在建筑的北面设计了三个木质门斗，使简单的外立面有了体量上的变化			墙体清水砖砌，红砖外粉饰黄色涂料，古典主义装饰较少，只有少量装饰线脚，采用组合门窗样式				建筑艺术的代表性	3	
艺术价值								建筑外形的完好程度	2	
	屋顶			立面装饰造型				艺术特征的完整性	2	
	主要为"人"字形屋顶式（四坡顶），简洁朴素，具有较好的保温性能			屋顶有多个烟囱、山墙简洁，铁艺的窗扇构件		屋顶和门窗部分构件		反映地域特色的程度	5	
								对当代建筑设计的参考借鉴	2	
								城镇文化景观的艺术价值度	5	
	结构形式			承重形式				分项		合计
	砖木结构住宅建筑，清水砖砌结构			砖墙承重	住宅建筑采用当地的建筑材料（当地的红砖和木材），坚固耐用			建筑技术对现实的参考借鉴价值性	4	
科技价值								建筑技术的典型性	5	
	位置			描述外观				分项		合计
	1. 基础采用大块石材 2. 墙体红砖砌筑 3. 铁艺窗框、木质门 4. 铁艺屋面			建筑保存较为完整，建筑北面门斗之间有一房，方便放杂物，的改造对建筑整体形象有一定的影响				工艺材料的适宜性	4	

续表

价值分类	调研内容		图片	评分		
				分项	评分	合计
情感价值	情感影响程度	标志性及社会知名度		典型人居活动场所	3	
	充满俄罗斯风情的住宅建筑,反映了当时人民的居住文化,中俄文化的交织	地处俄罗斯老街旁,位置优越,是市级文物保护单位		纪念和宗教场所	2	
				遗产的精神象征作用	4	
	建筑空间	环境空间		遗产的使用人群	7	
	住宅内部空间为单一联排式的模式划分	住宅建筑沿布置,没有院落空间,由于当地居民使用,建筑周围较为杂乱	—	生活习惯的延续性	4	
				场所心理认同	4	
环境价值	地段环境景观	景观特色		分项		合计
	地势较为平坦,街区环境优美,周围建筑都是住宅区内的建筑,整体环境保存较好	建筑周边没有景观设计,因为没有院空间		遗产环境的原真性	4	
				遗产与自然环境的关联性	4	
				反映文化特色的程度	3	
	街区环境	布局特色		分项		合计
	位于教堂东南住宅区内	充分利用地势的优势,既考虑了街区的便捷性,又考虑了建筑所处的地段优势,建筑整体较高		地标作用	5	
				与群体建筑环境的风貌协调性	2	
				城市名片作用	3	
使用价值	配套设施	结构安全		分项		合计
	建筑北面的门斗之间附加杂物棚,方便使用	传统横墙与纵墙承重,基础采用大块石材,结构安全稳定		建筑结构的安全性	7	
	现状用途			配套设施的完备性	6	
	现为当地人民居住			遗产的适用性	6	
	外部形态的改扩建			遗产当前用途的合理性	5	
	杂货棚的加建,对建筑整体有一定的破坏,窗框的部分更替多为方便使用,墙体简单粉刷,装饰线脚			分项		合计
	交通区位	城镇环境		地理区位	3	
	交通相对便捷,位于俄罗斯老街相邻街道	位于一定临边的小街道上,较为宁静		群体空间格局的完整性	6	
				再生的经济性	7	

附录8 横道河子欣新路12号局宅价值综合调研与评分（中东铁路建筑群之住宅）

价值分类	调研内容				图片	评分		合计
	年代	类型	级别	现状用途		分项		
	不祥，估计和欣新路12号宅一个时期	住宅建筑	市级文物保护单位	现状住宅		现状评价		
				较好				
历史价值	历史人物与事件			建筑历史		分项		合计
	铁路建成以后，成为俄罗斯商人住宅			1903年，中东铁路建成，俄国人集聚于此，位于住宅区域内，仍作为住宅建筑		岁月痕迹的沧桑感	4	
						建筑本体的真实性	5	
						历史信息本身的重要性	2	
						历史信息保存的完整性	4	
						相关历史事件与人物	3	
						历史信息保存的惟一性	6	
艺术价值	功能装饰			立面装饰造型		分项		合计
	建筑入口简单，没有门斗等设计，窗框采用仿古典主义做法，独具特色			墙体清水砖砌，红砖外粉饰黄色涂料，古典主义装饰较少，主要集中在门窗之间的贴面设计上，增加了建筑立面的生动性		建筑艺术的代表性	4	
						建筑外形的完好程度	4	
						艺术特征的完整性	5	
	屋顶			屋顶部分构件		反映地域特色的程度	2	
	根据北方的气候特征，屋顶为人字木屋架，表面附着铁皮屋面			有多个烟囱，山墙简洁，没有装饰线脚		对当代建筑设计的参考借鉴	4	
						城镇文化景观的艺术价值度	4	

续表

价值分类	调研内容			图片	评分		合计
	结构形式	承重形式	结构技术评价		分项	评分	
科技价值	砖木结构住宅建筑，清水砖砌结合木质人字形屋顶设计	砖墙承重	住宅建筑采用当地的建筑材料，坚固耐用		建筑技术对现实的参考借鉴价值性	3	合计
	位置		描述外观		建筑技术的典型性	4	
	1.基础采用大块石材 2.墙体红砖砌筑 3.铁艺窗框、木质门		建筑整体保存完整，窗门的改造对其整体形象有一定的影响		工艺材料的适宜性	3	合计
情感价值	情感影响程度		标志性及社会知名度		分项	评分	
	中俄文化的交织，是俄罗斯文化的延续		地理位置优越，是市级文物保护单位，是住宅区内经典代表之一		典型人居活动场所	4	合计
	建筑空间		环境空间		纪念和宗教场所	5	
	住宅内部空间为单一联排式的模式划分		建筑的南面设有院落空间，由于当地居民使用，空间较为杂乱		遗产与自然的精神象征作用	5	
					遗产的使用人群	6	
	地段环境景观		景观特色		生活习惯的延续性	6	
	地势较为平坦，街区环境优美，周围建筑都是住宅区内的建筑，整体环境保存较为完整		建筑周边设有景观设计		场所心理认同	5	
环境价值	街区环境		布局特色		分项	评分	
	位于教堂东南住宅区内，周围环境较为安静		根据地域特点和地理位置的特色合理地布局		遗产环境的真实性	5	合计
					反映文化特色的程度	3	
					地标作用	4	
					与群体建筑环境的风貌协调性	3	
					城市名片作用	3	
						2	

续表

价值分类	调研内容			图片	评分		合计
	配套设施	现状用途	结构安全		分项	分值	
使用价值	住宅建筑一侧附加杂物棚，方便使用	现为当地人民居住	传统横墙与纵墙承重，基础采用大块石材，结构安全稳定	—	建筑结构的安全性	6	
					配套设施的完备性	4	
					遗产当前用途的适用性	7	
					遗产当前用途的合理性	6	
	交通较为便利，位于俄罗斯老街末端	外部形态的改扩建部分窗扇被替换成为塑钢窗，只是为了方便利用，在其侧加建木质侧房	位于住宅区内的街道上，环境较为宁静		地理与区位	5	
					群体空间格局的完整性	6	
					再生经济性	6	

附录 9 横道河子佛山路 72 号俄式住宅价值综合调研与评分（中东铁路建筑群之住宅）

价值分类	调研内容					图片	评分		合计
	年代	类型	级别	现状用途	现状评价		分项		
历史价值	不详，估计和欣新路 12 号宅一个时期	住宅建筑	市级文物保护单位	现状居民住宅	较好		岁月痕迹的沧桑感	6	
							建筑本体的真实性	5	
							历史信息本身的重要性	3	
	历史人物与事件			建筑历史	地段历史		分项		合计
	铁路建成以后，成为俄罗斯铁路职工家属住宅			不详，估计宅一个时期	1903年，中东铁路建成，俄国人集聚于此		历史信息保存的完整性	4	
							相关历史事件与人物	5	
							历史信息保存的惟一性	2	
	功能装饰			立面装饰造型			分项		合计
艺术价值	建筑入口简单，没有门斗等设计。窗框采用仿古典主义做法。住宅前的院落中还设有全木杂物棚，样式优美，独具特色			墙体清水砖砌，红砖外粉饰黄色涂料。古典主义装饰较少，只有少量装饰线脚在檐口上。在凸出的山墙墙角设隅石护角			建筑艺术的代表性	2	
							建筑外形的完好程度	3	
							艺术特征的完整性	4	
	屋顶			屋顶部分构件			反映地域特色的程度	4	
	根据北方的气候特征，屋顶为人字形木屋架。表面附着铁皮			有多个烟囱，采用梯形山墙			对当代建筑设计的参考借鉴	4	
							城镇文化景观的艺术价值度	5	

续表

价值分类	调研内容			图片	评分		
	结构形式	承重形式	描述外观		分项		合计
科技价值	砖木结构住宅建筑,清水砖砌结合木质人字形屋顶设计	砖墙承重	住宅建筑采用当地的建筑材料,坚固耐用		建筑技术对现实的参考借鉴价值性	5	
	1.基础采用大块石材 2.墙体红砖砌筑 3.铁艺窗框、木质门		建筑和辅助建筑保存完整,窗门的改造对其整体形象有一定影响	—	建筑技术的典型性	4	合计
					工艺材料的适宜性	2	
情感价值	中俄文化的交织,是俄罗斯情感生活的延续		地理位置优越,是市级文物保护单位,是俄式住宅经典代表之一		典型人居活动场所	4	
					纪念和宗教场所	4	
	住宅内部空间为单一联排式的模式划分,建筑中间还设有连接的拱门,虚实结合、别具特色		两座建筑前部设有院落空间,还有保存完好的全木杂物棚	—	遗产的精神象征作用	4	合计
					遗产的使用人群	7	
	地势较为平坦,街区环境优美,周围建筑都是住宅区内的建筑,整体环境保存较好		建筑周边没有景观设计,建筑周围放大量木材,对整体形象有一定的影响		生活习惯的延续性	6	
					场所心理认同	3	
环境价值					遗产环境的真实性	4	合计
					遗产与自然环境的关联性	5	
	位于教堂东南住宅区内,周围环境较为安静		根据地域特点和地理位置的特色合理地布局		反映文化特色的程度	5	
					地标作用	2	合计
					与群体建筑环境的风貌协调性	3	
					城市名片作用	3	

续表

价值分类	调研内容			图片	评分		合计
					分项		
使用价值	配套设施	有保存完整的全木杂物棚，现在仍被使用			建筑结构的安全性	5	
	现状用途	现为当地人民居住			配套设施的完备性	5	
	结构安全	传统横墙与纵墙承重，基础采用大块石材，结构安全稳定			遗产当前用途的适用性	6	
					遗产当前用途的合理性	7	
					分项		合计
	交通区位	交通较为便利，位于俄罗斯老街末端			地理与区位	5	
	外部形态的改扩建	部分窗扇被替换成为塑钢窗，只是为了方便利用，建筑周边堆满木材			群体空间格局的完整性	7	
	城镇环境	位于住宅区内的街道上，环境较为宁静			再生经济性	6	

附录 10　横道河子卫生所价值综合调研与评分（中东铁路建筑群之油画村）

<table>
<tr><th rowspan="2">价值分类</th><th colspan="6">调研内容</th><th colspan="3">评分</th></tr>
<tr><th>年代</th><th>类型</th><th>级别</th><th>现状用途</th><th>现状评价</th><th>图片</th><th>分项</th><th>评分</th><th>合计</th></tr>
<tr><td rowspan="5">历史价值</td><td rowspan="2">建于20世纪20年代</td><td rowspan="2">公共建筑</td><td rowspan="2">市级文物保护单位</td><td rowspan="2">高校美术实训基地</td><td rowspan="2">较好</td><td rowspan="2"></td><td>岁月痕迹的沧桑感</td><td>3</td><td rowspan="3"></td></tr>
<tr><td>建筑本体的真实性</td><td>4</td></tr>
<tr><td colspan="2">历史人物与事件</td><td colspan="2">建筑历史</td><td colspan="2">地段历史</td><td>历史信息本身的重要性</td><td>4</td></tr>
<tr><td colspan="2" rowspan="2">原为横道河子卫生所，后来由于地段环境优美，从20世纪50年代开始，许多独具慧眼的画家跑到横道河子来，继而发展为油画村延续下来</td><td colspan="2" rowspan="2">具体建筑年代不祥，估计和欣慰新12号局一个时期</td><td colspan="2" rowspan="2">原为横道河子卫生所，现为美术高校实训基地</td><td>历史信息保存的完整性</td><td>6</td><td rowspan="3"></td></tr>
<tr><td>相关历史事件与人物</td><td>5</td></tr>
<tr><td colspan="6"></td><td>历史信息保存的惟一性</td><td>4</td></tr>
<tr><td rowspan="6">艺术价值</td><td colspan="2">功能装饰</td><td colspan="2">立面装饰造型</td><td colspan="2" rowspan="3">红砖外粉饰黄色涂料，古典主义装饰较多；组合型窗附加贴面装饰、山墙角设隅石护角</td><td>建筑艺术的代表性</td><td>4</td><td rowspan="6"></td></tr>
<tr><td colspan="4" rowspan="2">建筑入口简单，没有门斗等设计，窗框采用仿古典主义做法；组合型窗的设计，别具特色</td><td>建筑外形的完好程度</td><td>5</td></tr>
<tr><td>艺术特征的完整性</td><td>3</td></tr>
<tr><td colspan="2">屋顶</td><td colspan="2">屋顶部分构件</td><td colspan="2" rowspan="3">设有一个烟囱和一个老虎窗</td><td>反映地域特色的程度</td><td>6</td></tr>
<tr><td colspan="4" rowspan="2">根据北方的气候特征，屋顶为人字形木屋架，表面附着铁皮</td><td>对当代建筑设计的参考借鉴</td><td>8</td></tr>
<tr><td>城镇文化景观的艺术价值度</td><td>4</td></tr>
</table>

续表

价值分类	调研内容		图片	评分		合计
				分项		
科技价值	结构形式	承重形式		建筑技术对现实观的参考借鉴价值性	4	
	砖木结构住宅建筑,清水砖砌结合木质人字形屋顶设计	砖墙承重		建筑技术的典型性	6	
	描述外观			分项		合计
	1. 基础采用大块石材。2. 墙体红砖砌筑 3. 铁艺窗框、木质门和雨篷	油画村建筑整体原貌保存完整,红砖外粉饰黄色涂料,檐口出挑,古典艺术气息浓厚		工艺材料的适宜性	3	
情感价值	标志性及社会知名度			分项		合计
	中俄文化的交织,是俄罗斯生活、文化的延续,独特的俄式风情和秀丽的自然山水	横道河子油画村,艺术家、画家的天堂,艺术创作基地		典型人居活动场所	9	
				纪念和宗教场所	6	
	环境空间			遗产的精神象征作用	8	
	建筑整体空间布局为"L"形,建筑的尽头为大空间	建筑前设有院落空间,交通便捷,位于街区边上,少许绿化设计,环境优美清新		遗产的使用人群	8	
				生活习惯的延续性	6	
				场所心理认同	6	
环境价值	地段环境景观	景观特色		分项		合计
	地势较为平坦,街区环境优美,周围建筑都是住宅区内的建筑,俄式景观,整体保存较好	建筑周边设有小许的景观节点区域,景色独特,植被敏点缀较多		遗产环境的真实性	5	
				遗产与自然环境的关联性	6	
				反映文化特色的程度	6	
	街区环境	布局特色		分项		合计
	位于俄罗斯老街内的中国横道河子油画村内,有历史文化、俄式景观、民俗风情及自然风光等方面得天独厚的优势	油画村的建筑沿着俄罗斯风情街的两旁依次布局		地标作用	3	
				与群体建筑环境的风貌协调性	5	
				城市名片作用	8	

续表

价值分类	调研内容			图片	评分		合计
	配套设施	现状用途	结构安全		分项	评分	
使用价值	没有附加建筑	原为卫生所建筑,现在作为高校美术实训基地居住或者展示空间使用	传统横墙与纵墙承重,结构稳定安全		建筑结构的安全性	7	
					配套设施的完备性	4	
					遗产的适用性	4	
					遗产当前用途的合理性	7	
	交通区位	外部形态的改扩建	城镇环境		分项		合计
	交通相对便捷,位于俄罗斯老街	门窗没有因为使用问题而作更换,只对外立面进行粉刷,装饰线脚保留较为完整	位于横道河子老街内的油画村内,景色优美,有独特的俄式风情		地理与区位	4	
					群体空间格局的完整性	6	
					再生的经济性	5	

附录 11 遗产多维价值评价模型计算过程

	历史价值						情感价值						环境价值					
	历史事、人	历信完整	历信唯一	历本重要	岁月痕迹	原真性	政治活动场所	纪念宗教	遗产活动人数	民俗活动延续	遗产精神象征	场所心理认同	遗产环境原真	遗产环境完整	环境风貌协调	城市名片	地标作用	自然环境遗产
横道河子教堂	5	8	8	7	5	4	6	9	7	5	7	7	7	5	5	8	5	7
横道河子机车库	6	6	6	8	6	6	5	7	6	5	7	5	4	4	4	7	8	6
横道火车站	5	4	5	7	4	5	5	6	8	5	5	4	4	5	6	6	5	8
横道7号住宅	4	5	4	4	7	7	6	5	9	6	6	5	8	7	9	7	9	6
横道卫生所(油画村)	5	4	4	4	3	4	9	6	8	6	8	6	5	6	5	8	3	6
横道食衣木屋	9	8	7	7	8	9	5	8	7	6	6	4	7	6	7	6	6	5
满山岗72号住宅	4	5	3	4	2	5	4	4	5	7	3	6	3	5	4	5	4	4
欣新路34号局址	4	3	3	4	3	3	3	2	7	4	4	4	4	3	2	3	5	3
欣新路12号局宅	3	4	6	2	4	6	4	5	6	6	5	5	5	4	3	2	3	3
佛山路72号住宅	5	4	2	3	6	5	4	4	7	6	4	3	4	5	3	3	2	5
标准化	0.33333333	1	0.83333333	0.83333333	0.5	0.16666667	0.5	1	0.5	0.33333333	0.8	1	0.8	0.5	0.42857143	1	0.42857143	0.8
横道河子教堂	0.5	0.6	0.66666667	1	0.66666667	0.5	0.33333333	0.71428571	0.25	0.33333333	0.8	0.5	0.2	0.25	0.28571429	0.83333333	0.85714286	0.6
横道河子机车库	0.33333333	0.2	0.5	0.83333333	0.33333333	0.33333333	0.33333333	0.57142857	0.75	0.33333333	0.4	0.25	0.2	0.5	0.57142857	0.66666667	0.42857143	1
横道火车站																		
横道7号住宅	0.16666667	0.4	0.33333333	0.33333333	0.83333333	0.66666667	0.5	0.42857143	1	0.66666667	1	0.75	0.4	0.75	0.42857143	1	0.14285714	0.6

续表

	历史价值					情感价值						环境价值			
	历史事人	历信完整	历信唯一	历本重要	岁月痕迹	原真性	政治活动场所	纪念宗教	遗产活动人数	民俗活动延续	遗产精神象征	场所心理认同	遗产环境原真	遗产环境完整	环境风貌协调	城市名片	地标作用	自然环境遗产
横道卫生所（油画村）	0.33333333	0.6	0.33333333	0.33333333	0.16666667	0.16666667	0.33333333	0.57142857	0.75	0.66666667	1	0.75	0.4	0.75	0.42857143	1	0.14285714	0.6
横道俄式木屋	1	1	0.83333333	0.83333333	0.16666667	0.33333333	0.33333333	0.85714286	0.5	0.66666667	0.6	0.25	0.8	0.75	0.71428571	0.66666667	0.57142857	0.4
滴水岗7-2号住宅	0.16666667	0.4	0.16666667	1	0.16666667	0.33333333	0.16666667	0.28571429	0	1	0	0.75	0	0.5	0.28571429	0.5	0.28571429	0.2
欣新路34号局局宅	0.16666667	0	0.16666667	0.33333333	0.16666667	0.33333333	0.16666667	0.42857143	0.5	0	0.2	0.25	0.2	0.25	0.14285714	0.16666667	0.42857143	0.2
欣新路12号局宅	0	0.2	0.66666667	0.16666667	0.33333333	0.33333333	0.16666667	0.28571429	0.25	0.66666667	0.4	0.5	0.4	0.5	0.14285714	0	0.14285714	0
佛山路72号住宅	0.33333333	0.2	0	0	0.66666667	0.33333333	0.16666667	0.28571429	0.5	0.66666667	0.2	0	0.2	0.5	0.14285714	0.16666667	0	0.4
P	3.33333333	4.6	4.66666667	5	4.66666667	3.83333333	3.5	5.14285714	5	5.33333333	5	4.75	4.2	5	4	5.83333333	4.28571429	4.8
横道河子教堂	0.1	0.2173913	0.21428571	0.16666667	0.10714286	0.04347826	0.14285714	0.19444444	0.1	0.0625	0.16	0.21052632	0.1904619	0.1	0.10714286	0.17142857	0.1	0.16666667
横道河子机车库	0.15	0.13043478	0.14285714	0.2	0.14285714	0.13043478	0.0952381	0.13888889	0.05	0.0625	0.16	0.10526316	0.04761905	0.05	0.07142857	0.14285714	0.2	0.125
横道火车站	0.1	0.04347826	0.10714286	0.16666667	0.07142857	0.08695652	0.0952381	0.11111111	0.15	0.0625	0.08	0.05263158	0.04761905	0.1	0.14285714	0.11428571	0.1	0.20833333
横道7号住宅	0.05	0.08695652	0.07142857	0.06666667	0.17857143	0.17391304	0.14285714	0.08333333	0.2	0.125	0.12	0.10526316	0.23809524	0.2	0.25	0.14285714	0.23333333	0.125
横道卫生所（油画村）	0.1	0.13043478	0.07142857	0.06666667	0.03571429	0.04347826	0.28571429	0.11111111	0.15	0.125	0.2	0.15789474	0.0952381	0.15	0.17857143	0.17142857	0.03333333	0.125
横道俄式木屋	0.3	0.2173913	0.17857143	0.21428571	0.21428571	0.26086957	0.0952381	0.16666667	0.15	0.1875	0.12	0.05263158	0.19047619	0.15	0.07142857	0.11428571	0.13333333	0.13333333
滴水岗7-2号住宅	0.05	0.08695652	0.03571429	0.06666667	0	0.08695652	0.04761905	0.05555556	0	0	0	0.15789474	0	0	0.07142857	0.08571429	0.06666667	0.16666667
欣新路34号局宅	0.05	0	0.14285714	0.03333333	0.03571429	0	0.04761905	0.05555556	0.05	0.125	0.04	0.05263158	0.04761905	0.05	0.03571429	0.02857143	0.1	0.04166667
欣新路12号局宅	0	0.04347826	0.03571429	0	0.07142857	0.08695652	0.04761905	0.08333333	0.2	0	0.08	0.10526316	0.0952381	0.2	0.03571429	0.02857143	0.03333333	0
佛山路72号住宅	0.1	0.04347826	0	0.03333333	0.14285714	0.08695652	0.04761905	0.05555556	0.1	0.125	0.04	0.05263158	0.04761905	0.1	0.03571429	0.02857143	0	0.08333333
XJ	−0.2302585	−0.3317513	−0.3300953	−0.2986266	−0.2393134	−0.1363258	−0.2779871	−0.3184725	−0.2302585	−0.1732868	−0.293213	−0.3280304	−0.3158529	−0.2302585	−0.2393134	−0.3302395	−0.2302585	−0.2986266
横道河子教堂	−0.2302585	−0.3317513	−0.3300953	−0.2986266	−0.2393134	−0.1363258	−0.2779871	−0.3184725	−0.2302585	−0.1732868	−0.293213	−0.3280304	−0.3158529	−0.2302585	−0.2393134	−0.3302395	−0.2302585	−0.2986266

续表

	历史价值						情感价值						环境价值				
	历史事人	历信完整	历信唯一	历本重要	岁月痕迹	原真性	政治话动场所	纪念宗教	遗产活动人数	民俗活动延续	遗产精神象征	场所心理认同	遗产环境原真	遗产环境完整	环境风貌协调	城市名片	地标作用	自然环境遗产
横道河子机车库	-0.284568	-0.2656802	-0.2779871	-0.3218876	-0.2779871	-0.2656802	-0.2239405	-0.2741779	-0.1497866	0.1732868	-0.293213	-0.2369781	-0.1449772	-0.1497866	-0.1885041	-0.2779871	-0.3218876	-0.2599302
横道火车站	-0.2302585	-0.1363258	-0.2393134	-0.2986266	-0.1885041	-0.212378	-0.2239405	-0.244136	-0.284568	0.1732868	-0.2020583	-0.1549705	-0.1449772	-0.2302585	-0.2779871	-0.2478918	-0.2302585	-0.326795
横道7号住宅	-0.149866	-0.212378	-0.1885041	-0.1805367	-0.3076369	-0.3042087	-0.2779871	-0.2070755	-0.3218876	-0.2599302	-0.2544316	-0.2369781	-0.3416868	-0.3218876	-0.3465736	-0.2779871	-0.339567	-0.2599302
横道卫生所(油画村)	-0.2302585	-0.2656802	-0.1885041	-0.1805367	-0.1190073	-0.1363258	-0.3579323	-0.244136	-0.284568	-0.2599302	-0.3218876	-0.2914463	-0.2239405	-0.284568	-0.2239134	-0.3023295	-0.1133732	-0.2599302
横道僑武夫屋	-0.3611918	-0.3317513	-0.3076369	-0.2986266	-0.3300953	-0.3505395	-0.2239405	-0.2986266	-0.2302585	-0.2599302	-0.2544316	-0.1549705	-0.3158529	-0.284568	-0.3076369	-0.2478918	-0.2688537	-0.2070755
满山岗72号住宅	-0.1497866	-0.212378	-0.1190073	-0.1805367	-0.1190073	-0.212378	-0.1449772	-0.1605762	-0.2302585	-0.3138706	0	-0.2914463	-0.1449772	-0.2302585	-0.1885041	-0.2105773	-0.1805367	-0.1324189
欣薪路34号住宅	-0.1497866	0	-0.1805367	-0.1805367	0	-0.212378	0	0	0	0	-0.128755	-0.1549705	-0.2239405	0	0	-0.1015814	-0.2302585	-0.1324189
欣薪路12号住宅	0	-0.1363258	-0.2779871	-0.1133732	-0.1885041	-0.212378	-0.1449772	-0.2070755	-0.1497866	-0.2599302	-0.2020583	-0.2369781	-0.1449772	-0.1497866	-0.1190073	0	-0.1133732	0
佛山路72号住宅	-0.2302585	-0.1363258	0	-0.1805367	-0.2779871	-0.212378	-0.1449772	-0.1605762	-0.2302585	-0.2599302	-0.128755	-0.2369781	0	-0.2302585	-0.1190073	-0.1015814	0	-0.2070755
EJ	-20161536	-2.0285966	-2.0480427	-2.0532872	-2.0480427	-2.04592	-2.0206598	-2.114804	-2.1116307	-2.1333818	-2.078834	-2.0867686	-2.0011826	-2.1116307	-2.0258472	-2.0701569	-2.0281669	-2.0842009
k -0.43429																		
EJ	0.87560443	0.8810838	0.8894537	0.89173134	0.8894537	0.88708648	0.87756144	0.91844774	0.91706962	0.926516	0.90281291	0.90627216	0.86910263	0.91706962	0.87981432	0.89905779	0.88082175	0.90515702
DJ	0.1243557	0.11899162	0.1105463	0.10826866	0.1105463	0.11291352	0.12243856	0.08155226	0.08293038	0.073484	0.9718709	0.09372784	0.13089737	0.08293038	0.1218568	0.10094221	0.11917825	0.09484298
SumDJ	0.68566197						0.55132013						0.6497685					
WJ(指标权重)	0.18142404	0.17354269	0.16122565	0.15790385	0.16122565	0.1646812	0.22208252	0.14792178	0.15042146	0.1332875	0.1762868	0.17000621	0.20169806	0.12778634	0.18519255	0.15554053	0.1836021	0.14614231
角度	65.312654	62.4753688	58.0412345	56.8453853	58.0412345	59.2841215	79.9497064	53.2518415	54.1517245	47.9834465	63.4610463	61.2022348	72.6113	46.030829	66.6693164	55.994592	66.1104763	52.612324

附录12 遗产多维价值评价模型计算过程

	科技价值			艺术价值						使用价值						
	建木原真	技术典型	参考借鉴价值	艺术代表	外形完好程度	艺术完整性	地域特色	设计参考价值	城镇文化景观	建筑本体安全	设施完备性	装饰完好性	位置优越性	经济适用性	遗产合理性	群体空间完整
横道河子教堂	6	7	6	8	9	7	9	7	6	7	4	7	5	4	7	8
横道河子机车库	7	9	8	5	7	8	6	4	5	6	3	6	4	4	6	6
横道火车站	6	7	5	6	5	4	4	5	5	7	7	8	6	9	9	6
横道7号住宅	5	4	6	7	6	6	6	6	8	6	7	4	4	5	5	4
横道卫生所（油画村）	3	6	4	4	5	3	6	8	4	4	4	7	4	5	7	6
横道俄式木屋	5	4	6	7	8	6	4	7	5	6	5	6	7	3	6	6
满山岗7-2号住宅	4	2	6	5	3	5	3	5	3	7	6	6	4	5	4	5
欣新路34号住宅	4	5	4	3	2	2	5	2	5	4	7	6	3	7	5	6
欣新路12号局宅	3	4	3	4	4	5	2	4	5	4	4	7	5	6	6	6
佛山路72号住宅	2	4	5	2	3	4	4	4	5	5	5	6	5	6	7	7
标准化																
横道河子教堂	0.8	0.71428571	0.6	1	1	0.83333333	1	0.83333333	0.6	1	0.25	0.75	0.5	0.16666667	0.6	1
横道河子机车库	1	1	1	0.5	0.71428571	1	0.57142857	0.33333333	0.4	0.66666667	0	0.5	0.25	0.16666667	0.4	0.5
横道火车站	0.8	0.71428571	0.4	0.66666667	0.71428571	0.33333333	0.85714286	0.5	1	1	1	1	0.75	1	1	0.5

续表

建筑	科技价值			艺术价值						使用价值						
	建本原真	技术典型	参考借鉴价值	艺术代表	外形完好程度	艺术完整性	地域特色	设计参考价值	城镇文化景观	建筑本体安全	设施完备性	装饰完好性	位置优越性	经济适用性	遗产合理性	群体空间完整
横道7号住宅	0.6	0.28571429	0.6	0.83333333	0.57142857	0.66666667	0.71428571	0.66666667	0.6	0.66666667	1	0.75	0.25	0.33333333	0.2	0
横道卫生所（油画村）	0.2	0.57142857	0.2	0.33333333	0.42857143	0.16666667	0.57142857	1	0.2	1	0.25	0	0.25	0.33333333	0.6	0.5
横道俄式木屋	0.6	0.28571429	0.6	0.83333333	0.85714286	0.66666667	0.28571429	0.83333333	0.4	0	0.5	0.75	1	0.33333337	0.4	0.5
满山岗7-2号住宅	0.4	0	0	0.5	0.14285714	0.5	0.14285714	0.5	0	0.66666667	0.5	0.5	0.25	0	0	0.25
欣新路34号局宅	0.4	0.42857143	0.2	0.16666667	0	0	0.42857143	0	0.4	1	0.75	0.5	0	0.66666667	0.2	0.5
欣新路12号局宅	0.2	0.28571429	0	0.33333333	0.28571429	0.5	0.28571429	0.33333333	0.2	0.66666667	0.25	0.75	0.5	0	0.4	0.5
佛山路72号住宅	0	0.28571429	0.4	0	0.14285714	0.33333333	0.14285714	0.33333333	0.4	0.33333333	0.5	0.5	0.5	0	0.6	0.75
P	5	4.57142857	4.6	5.16666667	4.85714286	5	4.85714286	5.33333333	4.2	7	5	6	4.25	4	4.4	5
横道河子教堂	0.16	0.15625	0.13043478	0.19354839	0.20588235	0.16666667	0.20588235	0.15625	0.14285714	0.14285714	0.05	0.125	0.11764706	0.04166667	0.13636364	0.2
横道河子机车库	0.2	0.21875	0.2173913	0.09677419	0.14705882	0.2	0.11764706	0.0625	0.0952381	0.0952381	0	0.08333333	0.05882353	0.04166667	0.09090909	0.1
横道火车站	0.16	0.15625	0.08695652	0.12903226	0.14705882	0.06666667	0.17647059	0.09375	0.23809524	0.11428714	0.2	0.16666667	0.16666667	0.04166667	0.09090909	0.1
横道7号住宅	0.12	0.0625	0.13043478	0.16129032	0.11764706	0.13333333	0.14705882	0.125	0.14285714	0.0952381	0.2	0.125	0.05882353	0.08333333	0.04545455	0
横道卫生所（油画村）	0.04	0.125	0.04347826	0.06451613	0.08823529	0.03333333	0.11764706	0.1875	0.04761905	0.14285714	0.05	0.05	0.05882353	0.08333333	0.13636364	0.1
横道俄式木屋	0.12	0.0625	0.13043478	0.16129032	0.17647059	0.13333333	0.05882353	0.15625	0.0952381	0.14285714	0	0.125	0.2352941	0	0.09090909	0.1
满山岗7-2号住宅	0.08	0	0.13043478	0.09677419	0.02941176	0.1	0.02941176	0.09375	0	0	0.1	0.08333333	0.05882353	0.08333333	0	0.05
欣新路34号局宅	0.08	0.09375	0.04347826	0.03225806	0	0	0.08823529	0	0.0952381	0.14285714	0.15	0.08333333	0	0.16666667	0.04545455	0.1
欣新路12号局宅	0.04	0.0625	0.06451613	0.06451613	0.05882353	0.1	0.05882353	0.0625	0.4761905	0.0952381	0.05	0.125	0.11764706	0.125	0.09090909	0.1

续表

	科技价值			艺术价值					使用价值					
	建木原真	技术典型	参考借鉴价值	艺术代表	外形完好程度	艺术完整性	地域特色	设计参考价值	城镇文化景观	建筑本体安全	设施完备性	装饰完好性	位置优越性	经济活用性	遗产合理性	群体空间完整
横山路72号住宅	0	0.0625	0.08695652	0	0.02941176	0.06666667	0.05882353	0.0625	0.0952381	0.04761905	0.1	0.08333333	0.11764706	0.125	0.13636364	0.15
XJ																
横道河子教堂	−0.293213	−0.2900465	−0.2656802	−0.3178505	−0.3253868	−0.2986266	−0.3253868	−0.2900465	−0.2779871	−0.2779871	−0.1497866	−0.2599302	−0.2517725	−0.1324189	−0.271695	−0.3218876
横道河子机车库	−0.3218876	−0.3324619	−0.3317513	−0.226004	−0.2819004	−0.3218876	−0.2517725	−0.1732868	−0.2239405	−0.2239405	−0.2070755	−0.2070755	−0.1666596	−0.1324189	−0.2179905	−0.2302585
横道火车站	−0.293213	−0.2900465	−0.212378	−0.2642184	−0.2819004	−0.1805367	−0.306106	−0.2219178	−0.3416868	−0.2779871	−0.3218876	−0.2986266	−0.306106	−0.3465736	−0.3367283	−0.2302585
横道7号住宅	−0.2544316	−0.1732868	−0.2656802	−0.2942821	−0.2517725	−0.2686537	−0.2779871	−0.2599302	−0.2779871	−0.2239405	−0.3218876	−0.2599302	−0.1666596	−0.2070755	−0.1405109	0
横道卫生所(油画村)	−0.128755	−0.2599302	−0.1363258	−0.1768284	−0.2142131	−0.1133732	−0.2517725	−0.3138706	−0.1449772	−0.2779871	−0.1497866	0	−0.1666596	−0.2070755	−0.271695	−0.2302585
横道镶武木屋	−0.2544316	−0.1732868	−0.2656802	−0.2942821	−0.306106	−0.2686537	−0.1666596	−0.2900465	−0.2239405	0	−0.2302585	−0.2599302	−0.3404515	0	−0.2179905	−0.2302585
满山岗7-2号住宅	−0.2020583	0	−0.2656802	−0.226004	−0.1037165	−0.2302585	−0.1037165	−0.2219178	−0.2239405	−0.2239405	−0.2302585	−0.2070755	−0.1666596	0	0	−0.1497866
欣新路34号局宅	−0.2020583	−0.2219178	−0.1363258	−0.1107738	0	0	−0.2142131	−0.1732868	−0.2239405	−0.2779871	−0.284568	−0.2070755	0	−0.2986266	−0.1405019	−0.2302585
欣新路12号局宅	−0.128755	−0.1732868	0	−0.1768274	−0.1666596	−0.2302585	−0.1666596	−0.1732868	−0.1449772	−0.2239405	−0.1497866	−0.2070755	−0.2517725	−0.2599302	−0.2179905	−0.2302585
佛山路72号住宅	−0.128755	−0.1732868	−0.212378	0	−0.1037165	−0.1805367	−0.1666596	−0.1732868	−0.2239405	−0.1449772	−0.2302585	−0.2070755	−0.2517725	−0.2599302	−0.271695	−0.284568
k=−0.43429	−2.0788034	−2.0875501	−2.0918799	−2.0870717	−2.0353717	−2.0927851	−2.0681869	−2.1175898	−2.0833775	−2.1526878	−2.0684784	−2.1666494	−2.0685134	−2.0511249	−2.0867885	−2.1377931
EJ	0.90281291	0.90661154	0.90849196	0.90640379	0.88395075	0.90888509	0.89820223	0.91965763	0.9047941	0.93490048	0.89832881	0.94096395	0.898344	0.89079228	0.9062808	0.92843181
DJ	0.09718709	0.0938846	0.09150804	0.09359621	0.11604925	0.09111491	0.10179777	0.08034237	0.09520059	0.06509952	0.10167119	0.05903605	0.101656	0.10920772	0.0937192	0.07156819
SumDJ	0.2820835			0.57810109						0.60195785						
WJ(指标权重)	0.34453295	0.33106662	0.3244003	0.16190284	0.20074213	0.15761069	0.1708992	0.13897633	0.1646781	0.1081463	0.16890084	0.09807339	0.16887561	0.18142087	0.15569063	0.11889236
角度	124.031862	11.183984	116.784154	58.2850232	72.2671676	56.7398475	63.3923701	50.0314773	59.2841143	38.9326686	60.8043027	35.3064216	60.795221	65.3115718	56.0486258	42.8012485

附录13 遗产多维价值评价模型计算过程

	历史价值	科技价值	艺术价值	情感价值	环境价值	使用价值
横道河子教堂	126.81	126.62	112.76	149.71	123.82	110.49
横道河子机车库	126.99	202.51	115.12	108.18	103.47	76.76
横道火车站	80.98	115.41	136.46	97.27	102.52	180.69
横道7号住宅	88.96	80.39	126.9	123.88	194.44	94.17
横道卫生所(油画村)	62.75	63.49	84.61	173.23	97.83	90.22
横道俄式木屋	204.51	80.39	126.34	113.89	123.84	95.98
满山岗7-2号住宅	50.2	58.17	51.36	75.14	53.84	76.49
欣新路34号局宅	35.74	59.63	37.54	55.39	42.25	105.22
欣新路12号局宅	55.11	35.55	48.08	82.06	38.78	100.65
佛山路72号住宅	60.63	46.45	44.38	70.63	43.59	108.9
标准化						
横道河子教堂	0.53961	0.54546	1	0.800407	0.546319	0.326296
横道河子机车库	0.540677	1	0.499807	0.44798	0.415585	0.002591
横道火车站	0.268057	0.478318	0.637289	0.355397	0.409482	1
横道7号住宅	0.31534	0.268567	0.575699	0.576969	1	0.169674
横道卫生所(油画村)	0.16004	0.167345	0.303247	1	0.379352	0.131766
横道俄式木屋	1	0.268567	0.572091	0.496436	0.546447	0.187044
满山岗7-2号住宅	0.085679	0.135482	0.089035	0.1676	0.096749	0
欣新路34号局宅	0	0.144226	0	0	0.022292	0.27572
欣新路12号局宅	0.114772	0	0.067904	0.226324	0	0.231862
佛山路72号住宅	0.147479	0.065285	0.044066	0.129328	0.030901	0.311036
P	3.171654	3.073251	3.789138	4.200441	3.447128	2.635988
横道河子教堂	0.170135	0.177486	0.263912	0.190553	0.158485	0.123785
横道河子机车库	0.170472	0.325388	0.131905	0.106651	0.12056	0.000983
横道火车站	0.084517	0.155639	0.168188	0.084609	0.118789	0.379364
横道7号住宅	0.099425	0.087389	0.151934	0.137359	0.290097	0.064368
横道卫生所(油画村)	0.05046	0.054452	0.080031	0.23807	0.110049	0.049987
横道俄式木屋	0.315293	0.087389	0.150982	0.118187	0.158522	0.070958
满山岗7-2号住宅	0.027014	0.044084	0.023497	0.039901	0.028067	0
欣新路34号局宅	0	0.04693	0	0	0.006467	0.104598
欣新路12号局宅	0.036187	0	0.017921	0.053881	0	0.08796
佛山路72号住宅	0.046499	0.021243	0.01163	0.030789	0.008964	0.117996
XJ						
横道河子教堂	−0.30134	−0.30685	−0.35157	−0.3159	−0.29194	−0.25861

续表

		历史价值	科技价值	艺术价值	情感价值	环境价值	使用价值
横道河子机车库		−0.3016	−0.36533	−0.2672	−0.23871	−0.25506	−0.00681
横道火车站		−0.20882	−0.28952	−0.29982	−0.20896	−0.25307	−0.3677
横道 7 号住宅		−0.22951	−0.213	−0.28629	−0.27268	−0.35901	−0.17657
横道卫生所(油画村)		−0.1507	−0.15848	−0.2021	−0.34168	−0.24286	−0.14976
横道俄式木屋		−0.36393	−0.213	−0.28545	−0.25239	−0.29198	−0.18773
满山岗 7-2 号住宅		−0.09756	−0.13762	−0.08814	−0.12853	−0.10029	0
欣新路 34 号局宅		0	−0.14356	0	0	−0.0326	−0.23614
欣新路 12 号局宅		−0.12011	0	−0.07207	−0.15739	0	−0.21382
佛山路 72 号住宅		−0.14267	−0.08182	−0.0518	−0.10716	−0.04226	−0.25217
		−1.91623	−1.90818	−1.90444	−2.0234	−1.86906	−1.84932
K	−0.55811						
EJ		1.069469	1.065532	1.062888	1.129278	1.043143	1.032124
DJ		−0.06947	−0.06553	−0.06289	−0.12928	−0.04314	−0.03212
SumDJ		−0.40244					
WJ(价值权重)		0.172623	0.162838	0.156269	0.32124	0.107206	0.079825
角度		62.14419	58.62184	56.25671	115.6464	38.594	28.73683

参 考 文 献

[1] 刘洁.中东铁路的修筑对满洲里的影响[J].黑龙江史志,2015(3):280.
[2] http://image.so.com/i?ie=utf-8&src=hao_360so&q=中东铁路.
[3] 马富英.中俄关系中的边疆安全研究[D].中央民族大学博士学位论文,2012.
[4] 荆蕙兰.近代大连城市文化研究(1898-1945)[D].东北师范大学博士学位论文,2009.
[5] http://image.so.com/i?q=中东铁路历史渊源&src=srp.
[6] 武国庆.建筑艺术长廊-中东铁路老建筑寻踪[M].哈尔滨:黑龙江省出版社,2008:30-45.
[7] [日]越泽明,琋亮泽.哈尔滨的城市规划.哈尔滨城乡规划局,2007:15.
[8] http://www.hljcc.gov.cn/wM_ReadNews.asp?NewsID=478.
[9] 张佳.大运河"申遗成功"之后的文化治理与规划研究[D].浙江大学博士学位论文,2014.
[10] 胡光.文化遗产保护立法的特点与功能[J].沈阳工业大学学报(社会科学版),2014(3):207-208.
[11] 薛林平.建筑遗产保护概论[M].北京:中国建筑工业出版社,2013:17,20.
[12] 陈文龙.清末黑龙江地方政府:收回中东铁路权益的微弱抗争[J].黑龙江史志,2013(15):5-6.
[13] James,M F. Historic Preservation: Curatorial Management of the Built Environment [M]. Charlottesville: University Press of Virginia, 1990: 12.
[14] 邵甬.法国建筑·城市·景观遗产保护与价值构建[M].上海:同济大学出版社,2010:33,35.
[15] 王欣,廉昇阳,任成好.我国工业遗产旅游价值与开发利用模式[J].商情,2010(7).
[16] 竺剡瑶.建筑遗产与城市空间整合量化方法研究-以西安市为例[M].南京:东南大学出版社,2015:20-26.
[17] 王一丁,吴晓红.建筑遗产的价值与保护原则体系探讨[J].建筑与文化,2012(8):72-73.
[18] 刘临安.意大利建筑文化遗产保护概观[J].规划师,1996(1).
[19] 黄明玉.文化遗产的价值评估及记录建档[D].复旦大学博士学位论文,2009.
[20] 姚迪.申遗背景下大运河遗产保护规划的编制方法探析——与基于多给与动态价值的保护规划比较后的反思[D].东南大学博士学位论文,2012.
[21] 郭旃.《西安宣言》——文化遗产环境保护新准则[J].中国文化遗产,2005(6):32-33.
[22] 张松.历史城市保护学导论——文化遗产和历史环境保护的一种整体性方法[M].上海:上海科学技术出版社,2001.
[23] Mydland L, Grahn W. Identifying heritage values in local communities [J]. International Journal of Heritage Studies, 2012, 18 (6): 564-587.
[24] 吴晓,陈薇,王承慧等.历史文化资源评估的总体思维与案例借鉴[J].城市规划,2012(2):90-91.
[25] 黄松.历史建筑评估及其指标体系研究——以上海地区的文化遗产管理为例[D].同济大学博士后学位论文,2006.
[26] 尹占群,钱兆悦.苏州建筑遗产评估体系课题研究[J].东南文化,2008(2):46-47.
[27] 霍晓卫,张晶晶,张杰.兼容传统村镇复杂情况探索聚落价值评估盲区编制实践——传统村镇保护价值评价标准[J].南方建筑,2013(5):80-85.
[28] 胡斌,陈蔚.木结构建筑遗产价值综合评价方法研究[J].新建筑,2010(6):28-29.
[29] 毕中东.城市规划中的文化遗产及历史建筑保护研究[J].城市建设理论研究(电子版),2015(14):

4239-4240.
- [30] 宋刚,杨昌鸣.近现代建筑遗产价值评估体系再研究[J].建筑学报,2013(10):198-200.
- [31] 唐岳兴,邵龙,曹弯.遗产廊道城镇旅游开发潜力评价——以中东铁路滨绥线为例[J].规划师,2016(2):96-101.
- [32] 李浈,雷冬霞.历史建筑价值认识的发展及其保护的经济学因素[J].同济大学学报(社会科学版),2009(5):46-47.
- [33] 李世涛.试析非物质文化遗产的基本特点与性质[J].广西民族研究,2007(3):183-184.
- [34] 叶文辉.基于专家知识的主观评价方法综述——经济管理活动视角[J].湖北经济学院学报(人文社会科学版),2011(9):70.
- [35] 刘敏.天津建筑遗产保护公众参与机制与实践研究[D].天津大学博士学位论文,2012.
- [36] 董一平,侯斌超.工业遗存的"遗产化过程"思考[J].新建筑,2014(4):41-42.
- [37] 张松,镇雪锋.遗产保护完整性的评估因素及其社会价值[C].哈尔滨:中国城市规划学会,2007.
- [38] 张茜.南水北调工程影响下京杭大运河文化景观遗产保护策略研究[D].天津大学博士学位论文,2014.
- [39] 李国友.文化线路视野下的中东铁路建筑文化解读[D].哈尔滨工业大学博士学位论文,2013.
- [40] (美)A·迈里克·弗里曼.环境与资源价值评估——理论与方法[M].曾贤刚译.北京:中国人民大学出版社,2002.
- [41] (俄)普鲁金.建筑与历史环境[M].韩林飞译.北京:社会科学文献出版社,2011.
- [42] 邵宏.设计史学小史[J].南京艺术学院学报(美术与设计版),2011(5):8-9.
- [43] 王红军.美国建筑遗产保护历程研究:对四个主题性事件及其背景的分析[M].南京:东南大学出版社,2009:76-90.
- [44] 吕舟.面对挑战的中国文化遗产保护[J].世界建筑,2014(12):24-25.
- [45] 尹占群,钱兆悦.苏州建筑遗产评估体系课题研究[J].东南文化,2008(2):86-87.
- [46] 李浈,杨达.关于传统建筑工艺遗产保护框架体系的思考[C].上海:中国建筑学会,第四届中国建筑史学国际研讨会,2007.
- [47] 张艳华.在文化价值和经济价值之间——上海城市历史建筑(CBH)保护与再利用[M].北京:电力出版社,2007.
- [48] 张艳华.市场经济背景下的城市建筑遗产(CBH)保护——以上海为例论遗产经济价值与文化价值的结合[D].同济大学博士学位论文,2004.
- [49] http://www.doc88.com/p-548885804931.html.
- [50] 秦红岭.论建筑文化遗产的价值要素[J].中国名城,2013(7):19-20.
- [51] 侯凤英.价值哲学视域的政绩评价研究[D].大连海事大学博士学位论文,2013.
- [52] Forster A M, Vettese-Forster S, Borland J. Evaluating the cultural significance of historic graffiti[J]. Structural Survey, 2012, 30(1):43-64.
- [53] 张松.城市文化遗产保护国际宪章与国内法规选编[M].上海:同济大学出版社,2007.
- [54] 李刚,秦红岭.综合评价方法探讨[J].节能,2004(7):12-13.
- [55] 王肖宇.基于层次分析法的京沈清文化遗产廊道构建[D].西安建筑科技大学博士学位论文,2013.
- [56] 蒋楠.近现代建筑遗产保护与适应性再利用综合评价理论、方法与实证研究[D].东南大学博士学位论文,2013.
- [57] 周薇,李筱菁.基于信息熵理论的综合评价方法[J].科学技术与工程,2010(23):5840-5841.
- [58] 徐进亮,吴群.历史建筑价值评价关键指标遴选研究——以苏州历史民居为例[J].北京建筑工程学院学报,2013(6):8-9.

[59] 刘伯英，李匡.工业遗产的构成与价值评价方法 [J].建筑创作，2006（9）：26-28.

[60] 许可，宫华，刘慧萍，宋鸣奇，韩继东.应急物流保障能力评价的模糊熵模型研究 [J].沈阳理工大学学报，2015（2）：73-74.

[61] 朱明.南京历史文化资源存量与价值评估 [J].现代城市研究，2004（5）：21-27.

[62] 毕中东.城市规划中的文化遗产及历史建筑保护研究 [J].城市建设理论研究（电子版），2015（14）：4239-4240.

[63] 蔡骏.基于历史和科学革命的社会科学范式新审视——以情报学为例的研究 [J].情报资料工作，2013（5）：12-13.

[64] 尤嘎·尤基莱托.建筑保护史 [M].郭旃译.北京：中华出局出版社，2011.

[65] 周坤，颜珂，王进.场所精神重解：兼论建筑遗产的保护与再利用 [J].四川师范大学学报（社会科学版），2015（3）：68-69.

[66] 曹坤梓.浅议工业遗产保护规划 [J].城市建设理论研究（电子版），2013（20）.

[67] 光辉，祁术洪.基于改进熵值法的建筑业发展水平综合评价研究 [J].工程经济，2015（8）：18-19.

[68] 王雁凌，李艳君，许奇超.改进雷达图法在输变电工程综合评价中的应用 [J].电力系统保护与控制，2012（5）：121-122.

[69] 郑惠莉，刘陈，翟丹妮.基于雷达图的综合评价方法 [J].南京邮电学院学报（自然科学版），2001（2）：77-78.

[70] 唐虹.分配资源价值评价技术与分配模型研究 [D].华北电力大学博士学位论文，2012.

[71] 刘伟，田嘉.工业遗产保护规划及设计研究——以天津滨海新区核心区天津碱厂地区为例 [J].规划师，2010（7）：58-59.

[72] 姚迪.申遗背景下大运河遗产保护规划的编制方法探析——与基于多给与动态价值的保护规划比较后的反思 [D].东南大学博士学位论文，2012.

[73] 张彦.论当代中国的价值排序及核心价值观建设 [J].武汉科技大学学报（社会科学版），2013（1）：2-3.

[74] Forster A M, Vettese-Forster S, Borland J. Evaluating the cultural significance of historic graffiti [J]. Structural Survey, 2012, 30 (1): 43-64.

[75] 卢永毅.遗产价值的多样性及其当代保护实践的批判性思考 [J].同济大学学报（社会科学版），2009（5）：35-36.

[76] 孔军.非物质文化遗产传承人口述史的效度与限度研究 [J].文化遗产，2015（5）：12-13.

[77] 蒋涛.市场调查的信度与效度研究 [J].科技信息（学术版），2008（12）.

[78] 李桂华.基于绩效的国际产业市场细分战略研究 [D].南开大学博士学位论文，2007.

[79] http://www.docin.com/p-247369833.html.

[80] 刘艳，段清波.文化遗产价值体系研究 [J].西北大学学报（哲学社会科学版），216（46）：23-27.

[81] 横道河子地方志编纂委员会.横道河子镇志 [M].北京：中国文史出版社，2009.

[82] 博客图地方志编纂委员会.博客图镇志 [M].北京：中国文史出版社，2009.

[83]（俄）谢·尤·维特.维特伯爵回忆录 [M].北京：商务印书馆，1976：74.

[84] 司道光，刘大平.中东铁路近代建筑技术价值解析 [J].城市建筑，2015（10）：47-48.

[85] 冒亚龙，何镜堂.分形建筑审美 [J].华南理工大学学报（社会科学版），2010（4）：58-60.

[86] 刘丽华.中东铁路线性工业遗产的整体性保护与利用 [J].沈阳师范大学学报（社会科学版），2013（18）：24-26.

[87]（俄）Крадин Н. П. Православные храмы в городах Китая / Н. П. Крадин [M]. Христианское зодчество. Новые материалы и исследования / отв. ред. И. А. Бондаренко. М: Едиториал УРСС, 2004.

[88] 张济忠.分形（第2版）[M].北京：清华大学出版社，2011：30，33.
[89] 梁雪松.遗产廊道区域旅游合作开发战略研究——以丝绸之路中国段为例[D].陕西师范大学博士学位论文，2007.
[90] 车霁虹.安重根与20世纪初叶的东北亚——兼论东北亚在日本对外侵略扩张中的战略地位分形建筑审美[J].北方文物，2009（3）：106-107.
[91] 孙俊桥，孙超，刘蕊，薛芃芃.基于遗产廊道模式的工业建筑遗产保护更新研究——以世界锡都个旧为例[J].西部人居环境学刊，2014（6）：77-78.
[92] 沈悦.东省铁路研究（1897-1913）[D].吉林大学博士学位论文，2014.
[93] 何颖.哈尔滨近代建筑装饰的审美研究[D].哈尔滨工业大学博士学位论文，2012.
[94] 施煜庭.现代木结构建筑在我国的应用模式及前景的研究[D].南京林业大学博士学位论文，2006.
[95] Крадин Н. П. Н. В. . Никифоров -издатель архитектурного журнала в Харбине [M]. Россия и Китай на Дальневосточных рубежах. вып. 5. Благовещенск：Изд-во АмГУ，2003.
[96] 季国良.近代外国人在华建筑遗存的遗产化研究[D].山东大学博士学位论文，2015.
[97] 魏笑雨，刘松茯.中东铁路历史建筑 多种艺术风格的荟萃[J].中国文化遗产，2013（1）：20-27.
[98] 司道光，刘大平.中东铁路近代建筑技术价值解析[J].城市建筑，2015（10）：47-49.
[99] 刘大平，王岩.中东铁路建筑材料应用技术概述[J].建筑学报，2015（6）：80-81.
[100] 梅洪元，朱莹，张向宁.适应理念下的寒区山地建筑创作——以东软国际软件园大连河口园区为例[J].建筑学报，2011（12）：93-94.
[101] 李国友，刘大平."绿色建筑"理念的人文拓展——兼谈中东铁路沿线历史建筑的文化生态学特质[J].哈尔滨工业大学学报（社会科学版），2010（2）：16-17.
[102] Chhabra D. Back to the Past. A sub-segment of generation Y's perceptions of Authenticity. Journal of Sustainable Tourism，2010，18（6）：793-808.
[103] （日）村松贞次郎.近代建筑的保存意味着新的创造[J].张钰译.建筑学报，1993（5）.
[104] Madgin R. Reconceptualising the historic urban environment：Conservation and regeneration in Castlefield，Manchester，1960～2009 [J]. Planning Perspectives，25（1）.
[105] 陆地.建筑的生与死——历史性建筑再利用研究[M].南京：东南大学出版社，2004：18，21.
[106] 达日夫.中东铁路与东蒙古[D].内蒙古大学博士论文，2011.
[107] 姜振寰，郑世先，陈朴.中东铁路的缘起与沿革[J].哈尔滨工业大学学报（社会科学版），2011（1）：4-7.
[108] 康红梅.城市基础设施与城市空间演化的互馈研究[D].哈尔滨工业大学博士学位论文，2012.
[109] Christian N S. Genius Loci：Tomards A Phenomenological of Architecture [M]. 2010：7，18，20.
[110] （美）凯文·林奇.城市意向[M].方益萍，何晓军译.北京：华夏出版社，2001：10-15.
[111] （美）梅亚·阿雷菲.美国城市教学：重拾场所、非场所、无场所的概念[M].王新军等译.北京：中国建筑工业出版社，2009：303-306.
[112] 丛桂琴.价值构建与阐释——基于传播理念的文化遗产保护[D].清华大学博士学位论文，2013.
[113] 刘松茯.哈尔滨近代建筑的风格与文脉[J].华中建筑，1992（1）：4-7.
[114] 黄明玉.文化遗产概念与价值的表述——兼论我国文物保护法的相关问题[J].敦煌研究，2015（3）：135-137.
[115] 张艳华.在文化价值和经济价值之间——上海城市历史建筑（CBH）保护与再利用[M].北京：电力出版社，2007：36-40.
[116] http：//www.docin.com/p-968323543.html.
[117] 林源，孟玉.从保护法规看台湾地区的建筑遗产保护[J].建筑学报，2015（1）：91-92.

[118] 陆地.建筑的生与死——历史性建筑再利用研究［M］.南京：东南大学出版社，2004：66-69.

[119] David Throsby.文化创意产业译丛：经济学与文化［M］.北京：中国人民大学出版社，2011：117-125.

[120] 张成渝.遗产解说与展示：对《艾兰姆宪章》的释读［J］.同济大学学报（社会科学版），2012（3）：34-37.

[121] 宣婷.历史风貌区保护规划——以南京浦口火车站为例［M］.南京：东南大学出版社，2013：12-14.

[122] 唐岳兴，邵龙，曹弯.遗产廊道城镇旅游开发潜力评价——以中东铁路滨绥线为例［J］.规划师，2016（2）：98-99.

[123] 刘佳，过伟敏.遗产经济学视野下城市建筑遗产的保护与再生［J］.生态经济，2015（11）：115-116.

[124] 杨开忠，白墨，李莹，薛领，王学军.关于意愿调查价值评估法在我国环境领域应用的可行性探讨——以北京市居民支付意愿研究为例［J］.地球科学进展，2002（2）：423-424.

[125] 吕舟.《中国文物古迹保护准则》的修订与中国文化遗产保护的发展［J］.中国文化遗产，2015（2）：4-5.

[126] 国家文物局法制处.国际保护文化遗产法律文件选编［G］.北京：紫禁城出版社，1993.

[127] （俄）普鲁金.建筑与历史环境［M］.韩林飞译.北京：社会科学文献出版社，2011.

[128] 国际古迹遗址理事会西安国际保护中心.阿姆斯特丹宣言［EB/OL］.http：//www.iicc.org.cn/Info.aspx? ModelId＝1&Id＝283.

[129] 张松.城市文化遗产保护国际宪章与国内法规选编［M］.上海：同济大学出版社，2007.

[130] http：//baike.so.com/doc/89233-94261.html.

[131] 林源.中国建筑遗产保护基础理论［M］.北京：中国建筑工业出版社，2012：83.

[132] 秦红岭.乡愁：建筑遗产独特的情感价值［J］.北京联合大学学报（人文社会科学版），2015（10）：59-60.

[133] 梁航琳.大遗产保护——城市化进程中历史文化遗产保护研究［D］.天津大学博士学位论文，2007.

[134] 刘魁立.非物质文化遗产及其保护的整体性原则［J］.广西师范学院学报（哲学社会科学版），2004（4）：8.

[135] 季家艳.历史建筑的再利用和功能转换发展概况［J］.技术与市场，2010（5）：15.

[136] 朱文一，刘伯英.中国工业建筑遗产调查、研究与保护［A］.2014年中国第五届工业建筑遗产学术研讨会论文集（五）［C］.2014.

[137] http：//history.huanqiu.com/world/2015-01/5530000.html.

[138] 中东铁路建设图集1896-1903［M］.1904：2-300.

[139] 佟玉权.中东铁路工业遗产的分布现状及其完整性保护［J］.城市发展研究，2013（4）：41-44.

[140] http：//dqrb.dqdaily.com/rb2015/wh/2015-07-20/18009.html.

[141] 黑龙江文史资料［M］.第三辑.哈尔滨：黑龙江人民出版社，1982：145-196.

[142] （конец XIX - первая треть XXвв.）［M］.Автореф. дис. на соиск. учен. степ. канд. архитектуры. - Новосибирск，1996.

[143] 赵勇，张捷，卢松，刘泽华.历史文化村镇评价指标体系的再研究——以第二批中国历史文化名镇（名村）为例［J］.建筑学报，2008（3）：65-67.

[144] http：//www.docin.com/p-736313827.html? qq-pf-to＝pcqq.c2c.

[145] http：//baike.so.com/doc/3673764-3861263.html.

[146] （俄）果戈里.死魂灵［M］.北京：人民文学出版社，1995：4-71.

[147] 林源.关于建筑遗产的原真性概念［A］.第十五届中国民居学术会议论文集，2007.

[148] 刘大平，王岩.中东铁路建筑材料应用技术概述［A］.2013年近代建筑技术史国际学术研讨会论文

集,2013.

[149] http://imharbin.com/post/12242.

[150] 德·依·舍芙措娃.俄式建筑在中国——遥远又亲近的哈尔滨[J].建筑,1996.

[151] 李桂文,赵博,郝英舒,徐聪智.农村火墙的实态调研与对策研[J].低温建筑技术,2011,10:103.

[152] (俄)俄罗斯传统建筑细部[M].

[153] 梁玮男.世纪之交的华美乐章——哈尔滨"新艺术"建筑解析[M].武汉:华中科技大学出版社,2009.

[154] http://mt.sohu.com/20160202/n436710452.shtml.

[155] http://baike.sogou.com/v9434160.htm?fromTitle=让湖路站.

[156] J·I·拉帕兹卡娅.18世纪俄罗斯艺术史[M].教育出版社,1995.

[157] 中东铁路工程局.中东铁路大画册[M].1905.

[158] (俄)谢·尤·维特.维特伯爵回忆录[M].北京:商务印书馆,1976:74.

[159] 张军,刘大平,孙尧.横道河子历史街区规划布局及建筑形态特征研究[J].华中建筑,2014(2):106.

[160] Е Х Нилус Исторический обзор Китайской Восточной железной дороги 1896-1923 гг. По поручению Правления О-ва и под редакцией Специальной комиссии составил агент правления Е. Х. Нилус.-Харбин:типографии КВжд и т-ва О-ва,1923.

[161] 齐齐哈尔市地方志编纂委员会.昂昂溪区志[M].哈尔滨:黑龙江人民出版社,2006.

[162] 张军,刘大平,张雨婷.视觉词袋模型理论方法在历史街区特色评价中的应用——以中东铁路沿线历史街区为例[J].规划师,2015(9):91-92.

[163] 郑永旺.俄罗斯东正教与黑龙江文化[M].哈尔滨:黑龙江大学出版社,2010.

[164] 黑龙江省档案管.中东铁路档案史料汇编(一)[M].哈尔滨:黑龙江省档案馆,1986.

[165] 记忆·场所·城市从心理学、社会学角度对城市与建筑的再思考[J].重庆建筑大学学报,2007,29(5):23-25.

[166] 张军,刘大平,张雨婷.历史街区使用者改造感受差异研究——以横道河子镇历史街区为例[J].城市建筑,2015(5):119-120.

[167] 林源.中国建筑遗产保护基础理论研究[D].西安建筑科技大学博士学位论文,2007.

[168] 阮仪三,林林.文化遗产保护的原真性原则[J].同济大学学报(社会科学版),2003(2):1-5.

[169] Fergus T M,M E Des.亚洲历史城市中心区遗产保护的真实性在有关现象和成就中的假象[J].国外城市规划,2001(4).

[170] 尚志市一面坡镇志编纂委员会.一面坡镇志[M].内部资料,2009:10-576.

[171] A STM International(美国材料与试验学会国际组织).Standard Guide for Repointing(Tuckpointing) Historic Masonry[S],2012:E2260 - 03.

[172] 弗兰克·戈布尔.第三思潮(马斯洛心理学)[M].吕明,陈红雯译.上海:上海译文出版社,2006:40-44.

[173] 孙平.受众心理学[M].郑州:中州古籍出版社,2007:30-33.

[174] 张军,刘大平,张雨婷.基于需求差异的历史街区改造评价方法研究[J].建筑学报,2016(2):68-69.

[175] Rui Guangye,Li Rui POE on the Reuse and Innovation of Old Industrial Buildings:through Case Study of the Redtory in Canton[J].South Architecture,2015(2).

[176] 李灿,辛玲.调查问卷的信度与效度的评价方法研究[J].中国卫生统计,2008,25(5):541-544.

[177] 果莹.中东铁路建筑群保护总体规划的制定与实施［J］.黑龙江史志，2011（3）.

[178] 徐进亮，吴群.历史建筑价值评价关键指标遴选研究——以苏州历史民居为例［J］.北京建筑工程学院学报，2013：6.

[179] 侯海桂.关于统计分析内容分类以及相关 SPSS 分析方法使用的探讨［J］.经济师，2014（5）.

[180] United Nations Industrial Development Organization (UNIDO). The International Conference on Green Industries in Asia［R］，2009：9-11.

[181] 苏里云，陈彩霞，高红霞.SPSS19 统计分析基础与案例应用教程［M］.北京：北京希望电子出版社，2012.

[182] http：//www.docin.com/p-674202391.html.

[183] 李国栋，李庚银，杨晓东，周明.基于雷达图法的电能质量综合评估模型［J］.电力系统自动化，2010（7）：72-73.

[184] 李明，王思明.多维度视角下的农业文化遗产价值构成研究［J］.中国农史，2015（2）：123-130.

[185] 罗凯.历史·文化·传承［M］.北京：中国建筑工业出版社，2007.

注：论文中的照片如无特殊标注均为作者自摄。